交通运输部科学研究院
China Academy of Transportation Sciences

"十三五"国家重点出版物出版规划项目

交科智丛·政策类

U0825805

适应新型城镇化的低碳交通运输发展战略与政策研究

张　毅　欧阳斌　等　著

人民交通出版社股份有限公司
China Communications Press Co.,Ltd.

内 容 提 要

本书是中国清洁发展基金项目《适应新型城镇化的低碳交通运输发展战略与政策研究》的重要研究成果，该项目是在新型城镇化、生态文明建设等国家的宏观背景下提出并开展的。新型城镇化是经济增长的引擎，也是新时代实现中华民族伟大复兴的中国梦的重要途径。交通运输是国民经济与社会发展的基础性、先导性、服务性产业，如何在新时期绿色发展理念指导下的新型城镇化过程中发挥好交通运输先行官的作用是本书重点探讨的问题。本书系统分析了交通发展模式与城镇化的关系，回顾了城镇化背景下的交通运输发展历程及碳排放的特征，提出了城镇化发展模式下交通碳排放的影响因素及量化关系；在基于国内外城镇化发展历程和发展模式对比的基础上，提出了新型城镇化低碳交通发展的"中国模式"，同时指出了以发展质量为引领的中国交通集约低碳发展是新型城镇化的重要内涵；突出了交通领域在新型城镇化发展模式及路径选择等方面的差异；并系统提出了新时期适应新型城镇化的战略目标、战略取向（总量控制、错位发展、能源革命）、引领城镇空间格局、完善综合运输服务体系、交通需求引导等八大方面的战略重点及配套战略政策。研究成果高度契合党的十九大精神，可以为制定综合交通布局规划及应对气候变化的总体方案提供决策参考。

图书在版编目(CIP)数据

适应新型城镇化的低碳交通运输发展战略与政策研究/张毅等著. — 北京：人民交通出版社股份有限公司，2019.4

ISBN 978-7-114-14960-3

Ⅰ. ①适… Ⅱ. ①张… Ⅲ. ①城市交通运输—节能—研究—中国 Ⅳ. ①F572

中国版本图书馆 CIP 数据核字(2019)第 035002 号

交科智丛·政策类

书　　名：适应新型城镇化的低碳交通运输发展战略与政策研究
著 作 者：张　毅　欧阳斌　等
责任编辑：韩亚楠　朱明周
责任校对：张　贺
责任印制：张　凯
出版发行：人民交通出版社股份有限公司
地　　址：(100011)北京市朝阳区安定门外外馆斜街 3 号
网　　址：http://www.ccpress.com.cn
销售电话：(010)59757973
总 经 销：人民交通出版社股份有限公司发行部
经　　销：各地新华书店
印　　刷：北京市密东印刷有限公司
开　　本：787 × 1092　1/16
印　　张：13
字　　数：205 千
版　　次：2019 年 4 月　第 1 版
印　　次：2019 年 4 月　第 1 次印刷
书　　号：ISBN 978-7-114-14960-3
定　　价：90.00 元

《适应新型城镇化的低碳交通运输发展战略与政策研究》

课　题　组

欧阳斌　张　毅　卞雪航　凤振华　毕清华

李忠奎　王先进　张海颖　郭　杰　曹子龙

陈书雪　王婉佼　王　双　喻　洁　费文鹏

马武昌　王雪成　周亚林　严义斌　张　琦

王宝春　余　静

丛书前言

PREFACE

科技是国家强盛之基，创新是民族进步之魂。党的十九大站在全球发展和民族复兴高度，科学研判世界科技革命和产业变革走向，提出创新是引领发展的第一动力，是建设现代化经济体系的战略支撑，要加快建设创新型国家。交通运输部高度重视科技创新工作，围绕交通强国建设深化创新工作部署，明确科技创新支撑引领交通运输发展的主攻方向和目标任务，着力推进交通运输科技创新体系建设，大力推动以科技创新为核心的全面创新。

交通运输部科学研究院作为部直属科研事业单位，多年来坚持围绕中心、服务大局，取得了一大批政策研究和技术创新成果，为交通运输行业科技创新与技术进步做出了重要贡献。《交科智丛》丛书立足近年来院有关政策研究、技术研发等方面的科研成果，有计划地组织出版专著，注重专著的学术价值和应用价值，以展示科研精品、传播科学知识、培树高端人才、打造优质品牌，助力一流综合性科研院所建设，致力为交通强国建设做出新的更大贡献！

编委会

二〇一七年十二月

目　录

CONTENTS

第一章　概　　述

一、研究背景

本研究是在新型城镇化、生态文明建设等国家战略背景下提出并开展的。新型城镇化是新时代实现经济增长的重要引擎,也是实现“美丽中国”的重要途径。一方面,党中央、国务院积极推进以人为核心的新型城镇化,坚持走以人为本、四化同步、优化布局、生态文明、传承文化的新型城镇化道路,遵循发展规律,积极稳妥推进,着力提升发展质量;另一方面,中国面临着日益严峻的资源环境约束和气候恶化压力,党的十八大创造性地提出“五位一体”总体布局及建设美丽中国的战略部署。十九大进一步明确了加快生态文明体制改革、建设美丽中国的要求,同时要求坚持环境友好,与他国合作应对气候变化,共同保护好人类赖以生存的地球家园。建设生态文明是中华民族永续发展的千年大计,必须坚定不移贯彻创新、协调、绿色、开放、共享的发展理念,推动新型工业化、信息化、城镇化、农业现代化同步发展。城镇化是一个涉及经济、社会、政治、文化和生态等领域综合变迁的过程。如何以城镇为重点,实现绿色低碳发展,事关“五位一体”总体布局和生态文明建设目标的顺利实现。

按照党中央决策部署,要把生态文明建设融入经济、政治、文化、社会建设各方面和全过程,协同推进新型工业化、城镇化、信息化、农业现代化和绿色化进程,迫切需要让交通真正成为发展的先行官,充分发挥其基础性、服务性和先导性作用。新型城镇化发展需要低碳交通运输的发展与之适应,迫切需要研究制定适应新型城镇化的低碳交通运输发展战略与政策。

首先,我国正处于快速城镇化的进程中,城镇化正在产生广泛而深远的影响。一是对经济社会发展影响深远。当前,我国正处于城镇化加快发展时期,城镇是人口聚集、经济活动集中、资源消耗密集的区域,对建设资源节约型和环境友好型社会具有重要影响。2016 年末我国城镇常住人口已超过农村常住人口,城镇化率已达 57%。无论速度还是规模,中国的城镇化进程都是近代历史上任何一次人类大迁移所无法比拟的。根据相关预测,到 2025 年,中国新增城市人口预计达到 2.5 亿,超过巴西当前的人口总数,有 202 座城市的常住居民数量突破 100 万,是欧洲目前百万以上人口城市总数的 6 倍。二是中国城镇化发展模式影响深远。在加快推进城镇化过程中,我国面临着资源约束趋紧、环境污染加剧、生态系统退化的严峻考验。正如著名经济学家、全国政协经济委员会副主任厉以宁先生所言:"对于城镇化问题,中国应该走与中国国情相适应的道路,国外所推进的城镇化道路在最后造成了一系列的恶果,这样的模式在中国行不通。"根据世界城镇化的一般规律,结合中国城镇化发展实际,城镇化发展模式大致可以归为新兴中小城镇的形成、大中城市的拓展、城市群的形成三种形态,这三种格局形态对应着不同的公共服务需求和基础资源配置,都与交通运输的布局及发展模式密不可分。

其次,交通运输发展为城镇化推进提供了基础保障,但交通运输发展的负面特性也日益显现。一是城市交通拥堵问题日益突出。在大城市,交通拥堵及其导致的时间浪费、运营成本上升是人们感触最深、影响最大、积怨最多的问题,它违背了使用机动车的初衷——提高人与货物的空间位置移动的便捷性和可达性,使城市运行效率和生活质量下降。导致城市交通拥堵的因素包括机动车拥有量、道路总面积、道路布局、交通配套设施及交通管理等。一方面,随着城市化和机动化的快速发展,城市人口日益膨胀,居民出行需求日益增大,此外,生活水平提高也使家庭对机动车的需求日益增加,导致近几年大城市机动车保有量急剧上升。据统计,近年来许多城市道路面积年增长率为 3% ~6%,而机动车年增长率则超过 10%,单位道路面积车辆逐年上升。二是交通污染日趋严重。随着城市机动车保有量急剧增加,交通污染成为城市污染越来越突出的因素。交通引起的噪声、有害废气、烟尘和油污排放等对城市空气、水域和土壤的污染日趋严重。近几年,中国城市机动车污染物排放总量持续攀升,已成为大城市大气污染的最主要因素。根据原国家环保总局统计资料,目前北京、上海、广州等大城市机动车排放的一氧化碳和碳氢化合物已占城市排放总量的80%；深圳市机动车排放的氮氧化物、碳氢化合物和一氧化碳分别占城市污染物排放总量的64.9%、70.6%和94.5%；北京PM2.5内生源交通贡献度接近30%，如城市交通污染问题继续恶化，将严重制约新型城镇化建设。三是城市交通事故频发。由于城市车多路少，缺乏确保交通安全的交通管理措施和交通工程设施，且城市道路网上混合交通现象严重，中国城市交通事故居高不下。据《中国统计年鉴》的数据显示，中国每年交通事故约50万起，因交通事故死亡人数超过10万人，直接经济损失数量惊人，而城市交通事故占了很大的比例。四是资源瓶颈约束日趋加大。交通运输是资源占用型、能源消耗型行业，交通大建设大发展不可避免地会占用一定的土地、岸线等资源，消耗大量水泥、钢材和砂石等建材资源以及石油、天然气等能源，交通运输已成为事关国家能源安全特别是石油安全、国家粮食安全等方面的重要影响因素，因此必须不断强化能源资源节约利用，以缓解不断增加的资源供给压力。

第三，交通运输发展必须支撑并引领集约高效、绿色低碳的新型城镇化发展战略。一是新型城镇化发展必然对交通运输发展模式多元化、能源结构合理化提出更高要求。我国城镇化发展模式与城镇化格局的多样化，对城镇交通运输发展模式多元化提出了更高要求。能源资源的稀缺性要求城镇化过程中资源配置模式和能源结构更加合理，合理利用好区域自身能源资源禀赋，优化能源消费结构，是城镇交通运输发展的必然趋势。二是新型城镇化的健康发展必须依靠交通运输发展的引领。城镇化进程的推进离不开交通运输提供强有力的服务保障，一旦交通运输发展滞后于经济社会发展需求，交通运输将成为城镇化发展的瓶颈制约。在新型城镇化建设中，应注重发挥交通运输的先导性作用，始终坚持“交通先行”的原则，通过合理的交通规划布局引领城镇发展，为推进城镇化、统筹城乡协调发展夯实基础。三是低碳交通运输发展是新型城镇化发展的必然选择。城镇化的发展必然带来巨大的交通需求，交通运输作为国家节能减排的重点领域之一，责任重大，任务艰巨。为适应现代化城镇发展的要求，城镇交通运输发展过程必须树立低碳发展理念，加快形成资源节约、环境友好的交通发展方式和消费模式，建立以低碳为特征的交通运输体系，实现交通运输发展与资源环境的和谐统一。

二、研究思路与框架

基于以上背景，本项目研究的主要目标是：系统分析评估交通发展模式与城镇化的关系，回顾城镇化背景下的交通运输发展历程及碳排放特征，发现我国新型城镇化发展进程中交通运输发展的主要问题，分析我国城镇化对交通运输发展的需求特征以及对其能耗和碳排放的影响，提出适应新型城镇化的低碳交通对策和交通运输提升新型城镇化发展质量、引领城镇化低碳发展的战略与对策，为制定综合交通布局规划、应对气候变化的总体方案提供决策参考。

本研究遵循理论与实践相结合、中国国情与国外经验相结合、前瞻性与现实性相结合的方针，以人口地理学、能源环境经济学、气候变化经济学、绿色低碳经济、公共政策、可持续发展、管理学等相关基本理论为依据，以重大现实问题为导向，以文献综述和国内外典型调研为基础，借鉴与比较国内外城镇化历程中的交通运输需求影响及碳排放评估，总结低碳交通相关理论成果与实践经验，立足中国城镇化的特征与特点，分析该宏观背景下交通运输低碳发展现状，并分别针对适应城镇化的低碳交通运输对策和交通运输引领城镇化低碳发展的战略对策等若干重大问题提出对策措施和政策建议，为相关政府部门加强中国交通运输业应对气候变化能力建设提供决策参考。研究思路如图 1-1 所示。

解析新型城镇化与低碳交通运输相关概念，探索两者的关系。综述相关文献，对新型城镇化与低碳交通运输基础理论、低碳交通发展相关概念进行解析，采用 Kaya 模型等分析城镇化背景下交通运输业碳排放的主要影响因素。

回顾我国新型城镇化的低碳交通运输发展历程、发展现状，总结我国城镇化进程中交通运输发展的主要问题。以定性分析与定量分析相结合的方式，分析我国城镇化背景下交通运输业碳排放的主要特征，并在主要驱动因素分析的基础上探索城镇化与绿色低碳交通的关联机制，辨识适应新型城镇化的低碳交通运输发展的主要问题。

借鉴国外城镇化与低碳交通运输发展的相关经验。总结梳理世界城镇化与低碳交通运输发展概况，分析典型国家城镇化与交通运输发展历程、现状和特征，重点分析国外交通运输能耗和碳排放的历程与现状。总结梳理国外不同城镇化发展道路及交通运输发展模式的碳排放情况，分析列出国外城镇化和低碳交通的主要经验做法及对我国低碳交通运输发展的重要启示。

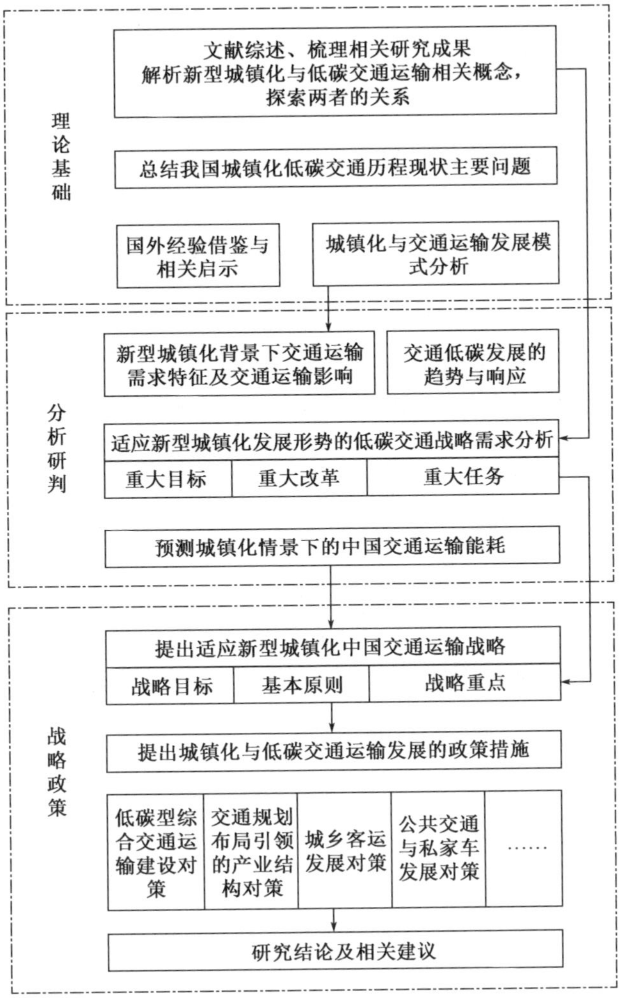

图 1-1 研究框架图

分析新型城镇化对低碳交通运输的战略需求。分析适应新型城镇化发展的任务与目标以及交通行业如何坚持走以人为本、四化同步、优化布局、生态文明、传承文化的新型城镇化道路，如何遵循发展规律，积极稳妥推进，着力提升质量；着重解决好现有“三个1亿人”等新型城镇化的主要问题，适应发展转化成绿色交通的需求趋势；预测我国未来在高速发展向高质量发展转型过程中，基准、低碳、强化低碳三种不同情景下的碳排放强度。

提出新型城镇化进程中低碳交通运输的战略对策。分析我国城镇化对交通运输发展的需求特征以及对其能耗和碳排放的影响，提出适应新型城镇化的低碳交通和交通运输提升新型城镇化发展质量的对策，引领城镇化低碳发展战略，为制定综合交通布局规划、应对气候变化总体方案提供决策参考。

三、主要研究结论

(1)本研究以新型城镇化之“新”是如何体现为出发点,在系统梳理城镇化、新型城镇化与低碳交通的内涵、主要特征、相互关系等基础理论上构建了城镇化背景下交通运输碳排放影响因素分析模型与方法,研究提出了城镇化背景下影响交通运输碳排放的需求、结构、技术三个层面影响因素,具体包括经济发展、城镇化率、能源结构等 12 个核心影响因素。

(2)本研究以新型城镇化与低碳交通关系如何量化为立意,提出了基于城镇化水平、经济发展水平和交通运输碳排放量历史数据的量化关系分析模型,即基于历史趋势的基础情景下城镇化水平变动 1% 会引起交通行业二氧化碳排放同方向变动 2.79% 。

(3)本研究在回顾评价我国新型城镇化与低碳交通运输发展历程和现状特征基础上,总结提出了我国城镇化进程中交通运输发展需求、结构、技术三个层面的主要问题。

(4)基于国外典型国家或地区城镇化与交通运输发展历程和特征分析,提出了交通碳排放的一般规律和对我国的重要启示,主要包括:我国人均交通碳排放水平与其他经济体相比偏低,但保持着快速持续增长;结合国情和城镇化发展阶段特征优化交通运输结构,选择更为适合的低碳交通运输发展模式等。

(5)分析了新型城镇化发展目标、主要任务和生态文明建设要求等宏观形势对低碳交通运输发展的战略需求,以及交通运输碳排放关键影响因素的发展趋势,如经济发展水平、机动车保有量、技术进步水平等趋势动态。

(6)预测了我国未来不同情景下的交通运输碳排放况,提出了中国交通运输行业碳排放峰值的管控目标,即 2030 年采取强化低碳发展情景,交通运输行业碳排放量比基准情景下降 50% ,且能够在 2040 年前达到 14 亿吨的峰值排放。

(7)提出了新型城镇化下低碳交通运输的总量控制、错位发展、能源革命等三大战略取向及交通管理、需求引导、空间格局引领等层面的八大战略;分析了我国城镇化对交通运输发展的需求特征以及对其能耗和碳排放的影响,提出了适应并引领新型城镇化发展的低碳交通战略与对策,为制定综合交通布局规划、应对气候变化总体方案提供了决策参考。

第二章　新型城镇化与低碳交通运输：基础理论

一、城镇化与新型城镇化

（一）城镇化的相关概念与内涵

1. 城镇化相关理论概述

（1）城镇化的定义

“城镇化”作为词语的出现，晚于现代“城镇化”的发展。毫无疑问，这是我国学者在研究城镇化过程中所创造的一个新词汇。从相关资料可以看出，城镇化概念属于一种特定的历史范围，同时，城镇化又是不断发展的概念。在第十个五年计划中，我国正式采用了“城镇化”一词，后来，学者辜胜阻等人在我国全力推广“城镇化”概念，并取得了积极的成果。

目前，关于“城镇化”含义的论述还是要少于对“城镇化”的解读。多年来，学界对城镇化概念进行了广泛而深入的研究，由于观察问题的角度和侧重点不同，不同的学科对城镇化有着不同的定义。人口学者着重从人口结构的变化，即农业人口向非农业人口转化来界定城镇化；地理学者则偏重于从地域空间结构的变化来界定城镇化；经济学者则更多地从经济资源、产业的区域集聚来解释城镇化；社会学者会从生活方式的变迁来注解城镇化；而交通运输领域的学者更倾向于从人口、经济、地理、人流和物流的位移和空间的集疏来观察城镇化。

虽然仍未形成统一的解释，但其中不乏极具代表性的见解和认识。研究城镇化的著名学者辜胜阻认为，城镇化是指在经济发展过程中人口不断由农村向城镇地区集中的过程，包含了城市化、农村城镇化与农村非农化等内涵。胡际权博士则认为，城镇是一个以人为中心的地域综合体，这种特性决定了城镇理论必然是一门包含不同学科的综合理论。基于这一理念，学者骆江玲在总结各学科对城镇化定义的基础上认为，城镇化是农村人口向城镇地区不断集中，产业结构不断升级，人们生活水平不断提高，农村地区向城镇地区逐步转变的过程。国家统计局课题组认为，城镇化是农村人口向城镇转移、集中以及由此引起的产业就业结构非农化重组的一系列制度变迁的过程。原建设部制订的《城市规划基本术语标准》中对城镇化的定义：城镇化（urbanization）是人类生产和生活方式由乡村型向城市型转化的历史过程，表现为乡村人口向城市人口转化以及城市不断发展和完善的过程，又称城市化、都市化。李克强总理强调，城镇化基础是保证粮食安全，核心是“人的城镇化”，关键是提高城镇化质量，目的是造福百姓和富裕农民。

城镇化（Urbanization）一词最早由塞尔达于1867年在《城市化概论》中提出。埃尔德里奇（H. Elridge）认为“城镇化的全部含义就是人口的集中过程”，克拉克（C. C. Clark）则将城镇化视为“第二、三产业人口不断增加，第一产业人口不断减少的过程”。这种“人口城镇化”的观点就是将城市化笼统地概括为农村居民人口逐渐转变为城镇居民人口或者农业人口逐渐转变为非农业人口的动态演变过程。日本社会学家矶村英一则提出了“空间城镇化”，把城镇化分为三类：动态的城镇化、思想感情的城镇化和社会结构的城镇化。他认为城镇化是特定地域内的规模人口、经济结构、服务设施、管理方式、外部条件以及当地居民的生活水平和生产方式等各个组成要素由小变大、由粗变精、由单一变复合、由分散变集中的一种重组或转换的动态变化过程。沃恩（L. Wirth）则提出了“乡村城镇化”，即农村生产生活方式逐渐向城镇生产生活方式转变，并发生质的变化过程，这是抽象的“综合说”。该观点突出表现了城镇化就是要彻底转变传统落后的农村社会为先进的城镇社会的自然演变过程，高度强调了农村与城镇社会的演变过程。

综合国内外学者对城镇化的理解，可以看出城镇化主要包括如下内涵：第一，农村居民向城市转移、农村劳动力的地域转化和职业转化是城镇化的基本内容；第二，城镇化是产业结构从第一产业向第三产业转移，第一产业产值和从业人数比重降低,第三产业产值和从业人数增加的过程;第三,伴随着人口和产业向城市转移,生产生活资料不断向城镇集中,产业集聚效应的过程;第四,随着农村居民的衣食住行等生活方式和生活习惯的市民化,城市社会生活管理方式得以普及和生活质量不断提高的过程。

(2)城镇化与城市化的联系与区别

Urbanization 既可翻译为城市化,也可以翻译为城镇化,在国内文献中,这两个词均有出现,而“城镇化”一词的出现要晚于“城市化”。

在我国的《城市规划标准基本术语》中,“城镇化”和“城市化”并无二致,都被定义为“人类生产和生活方式由乡村型向城市型转化的历史过程,表现为乡村人口向城市人口转化以及城市不断发展完善的过程”。也有学者认为,两者的本质含义是一样的,只是城镇化更符合中国实际、更具有中国特色。然而,城镇化或城市化,不仅仅是同一语意下的不同表述,显而易见,城镇并不完全等同于城市,城镇化也不等于城市化。首先,从字面意思上看,城就是城,镇就是镇,在经济社会状况和基础设施建设上,城要远远比镇更发达、更先进;其次,其内涵与路径差别巨大,城市化道路以城市发展为主体地位,是一条主要推动大、中城市的城市化发展路线,而城镇化则主要立足于小城镇发展,充分发掘小城镇潜力,推动大中小城市和小城镇的协调发展。

陆岷峰等人对城镇化和城市化的区别与联系做了详细的总结:

相同点:①本质相同,我国的城镇化与国际通用的城市化本质含义一致,城镇化更符合中国实际;②指标一致,城镇化率与城市化率均指区域内城镇常住人口占到总人口的比重;③相互包含,有学者认为,城镇包括城市和镇,城镇化应包括城市化,选择城镇化更能反映我国的实际情况,也有学者认为,城镇化是城市化的外延,城市化包括城镇化。

不同点:①概念的来源:城市化为国际上通用概念,城镇化具有中国特色;②发展路径:城镇化的发展路径为乡镇企业—乡村工业化—小城镇—乡镇城市化(工业化是根本动力,乡镇企业是关键,小城镇是中间环节),而城市化的发展路径为建立城市—产业向城市转移—农民大规模进城—城市规模扩张、功能完善—产业向城郊转移—更大规模的农民进城—城市群、城市带形成;③内涵方面:城镇化比城市化更强调小城镇的发展,城市化进程没有考虑到如何让低收入者享受到社会发展的福利,城市化只是资本集聚的过程,整个过程是排斥性的,而非包容性的。城镇化进程就是针对低收入群体的特征而设定的发展模式，寻求中低收入者在城镇化建设中的价值需求，作为经济发展的重要动力；④字面意思方面，在经济社会状况和基础设施建设上，城要远远比镇更发达、更先进。

联系：强调城镇化与城市化的区别，并不是把城镇化与城市化完全置于对立面。强调城镇化并不意味着忽视城市发展，因为没有城市的发展，也就谈不上城镇化，只是城镇化是在强调大中小城市和小城镇的协调发展的同时更加关注中小城市、小城镇和农村的发展。因此，城镇化与城市化是两个不同的术语，它们既有联系，又有区别，不可一概而论。

(3)小城镇的内涵

前文提到城镇化主要立足于小城镇发展，“小城镇”源自城镇这一概念，学术界最早见于费孝通(1978)提出的“小城镇，大问题”，他认为，小城镇指的是一种正从乡村性的社会变成多种产业并存的向着现代化城市转变中的过渡性社区。

根据城乡划分标准，从现状和发展来看，我国城乡居民体系可分为：城市(大、中、小城市)，县城镇(县政府所在地)，县属镇(非县城的建制镇)，集镇，村落(包括行政村和自然村)。小城镇介于城市与乡村之间，属于城市之末，农村之首，是沟通城乡区域经济的桥梁与纽带。费孝通曾对小城镇与农村的关系就地域、人口、经济和环境等多方面进行比较后认为：“小城镇是一种比农村社区高一层次的社会实体，这种社会实体是以一批并不从事农业生产劳动的人口为主体组成的社区，无论从地域、人口还是经济、环境等因素看，它们都既具有与农村相异的特点，又都与周围的农村保持着不可缺少的联系。”也就是指居民密集，房屋相连，拥有街道、水电、通信等公共设施的居民区(或称“镇区”)，不包括在行政上由镇政府管辖的其他村落的地域和人口。这么说来，小城镇的主要含义应包括人口、经济、地域行政和环境四方面的意义。

对于小城镇的外延，不同的学者有不同的观点，主要以定性为主，通常认为“建制镇”或者具有一定发展规模的乡和县即是小城镇，尚缺乏一个定量意义上的共识。尽管国家统计局对“小城镇”有明确的界定，即“小城镇一般是指建制镇”，但有的政府文件却将非建制镇或“集镇”也纳入了小城镇的范畴之内，如我国的《村镇规划标准》第102条便将“集镇”与“小城镇”两个概念作为可替代使用的相同或相近范畴来处理。理论界对“小城镇”的认识也是模糊的、不统一的，概括起来，对小城镇外延的认识主要有以下几种：①小城镇是指20万人口以下的小城市、工矿区、县城、建制镇和农村集镇，即小城镇 = 小镇 + 建制镇 + 集镇；②小城镇是指包括国家已批准设镇建制的县城和未设镇建制的农村集镇，即指县城和乡村以下的比较发达的集镇或乡的所在地，即小城镇 = 建制镇 + 集镇；③按国家现行的行政建制规定划分，凡是建制镇即为小城镇，即小城镇 = 建制镇；④小城镇是指农村里具有城市特征的空间概念，是农村的各级各类镇，包括县城关镇、建制镇及一般集镇。

2. 城镇化的影响因素及推进机制

(1)城镇化的影响因素

一个区域的城镇化发展一般与区位优势、经济发展水平、技术进步、传统文化、制度与政策有关，这些因素共同影响着一个区域的城镇化发展进程。

①区位优势

区位优势是城镇发展的重要条件。一般而言，区位优势越明显越有利于城镇发展。区位优势对城镇发展的影响，首先表现在地理区位；其次，城镇区位优势与地区专门化分工水平密切相关；其三，一些区位优越的地区可能因为开发时序、政治等因素的限制，对城镇化发展的推动不大。

②经济发展水平

经济发展是加快城镇化的内在动力。城镇化是区域经济发展到一定阶段的产物，需要区域经济发展支撑。城镇功能的增强、城镇体系的完善，又会反过来促进区域经济、社会、文化水平的提高。

③技术进步

技术对城镇发展的影响表现在三个方面：一是技术改变城镇的空间布局，技术增加生产要素的流动性，减少了自然条件对城镇发展的限制；二是科技优势正成为城镇发展的决定性因素，科技发达的地区也是城镇发展最快的地区；三是技术进步改变生产要素流动的空间形态，为逆城镇化创造条件。

④传统文化

文化对城镇化的影响表现在两个方面：一是为城镇打上地域特色烙印；二是吸引相同文化背景的人口集聚，推动城镇化进程。

⑤制度与政策

国家空间开发战略影响城镇化宏观格局，行政区划调整影响城镇化进程，政府政策促进城镇化发展。

（2）城镇化的推进机制

城镇化推进机制由城镇化市场机制和城镇化制度机制构成。城镇化市场机制是基础，城镇化制度机制为城镇化市场机制的运行提供制度平台。

①城镇化市场机制

城镇化市场机制是城镇化进程中以市场为基础对资源进行非农化和城镇化配置，是市场机制在城镇化领域中的具体表现形式。城镇化供给主体是指向城镇化需求主体提供其聚集所必需的基本条件的行为主体。城镇化行为主体主要受城镇化供求机制、城镇化成本收益机制和城镇化竞争机制三者的综合作用和影响。

城镇化供求机制。城镇化供求机制指城镇化供给和城镇化需求双方之间的内在联系和动态平衡的规律性。一方是城镇本身在一定时期内为市场提供一定的就业机会、社会保障等经济安排及经济必需品，形成城镇化供给；另一方是城镇化人口和企业用一定数量有支付能力的货币、劳动力购买或交换生产和生活必需的经济和非经济必需品，形成城镇化需求。当城镇化供过于求时，城镇为加快自身的发展而展开激烈竞争，城镇化需求者成本就会下降，收益就会上升；在城镇化供不应求时，城镇化需求者竞相向特定城镇聚集，从而引起成本的上升，收益的下降。

城镇化成本收益机制。城镇化成本收益机制是指城镇化成本、收益、需求、供给及需求和供求关系等进行调节的过程和方式，是城镇化市场机制的主体内容。当城镇化收益提高，会刺激对城镇化的需求，从而促进城镇化供给增加，加快城镇发展，并使城镇化成本上升。当城镇化成本提高，会抑制城镇化的需求，从而减少城镇的供给，延缓城镇的发展，并使城镇化成本降低，城镇化收益提高。只要城镇化的成本收益率保持在一个合理的水平，就会刺激城镇化供给和需求的不断增加，推动城镇化水平的提高。

城镇化竞争机制。城镇化竞争机制是指城镇化行为主体之间通过优胜劣汰的竞争，使资源不断由劣势城镇向优势城镇转移的规律性。城镇化竞争机制是实现对非农化资源和产业优化配置的重要杠杆，是提高城镇化效率的有效手段。

②城镇化制度机制

城镇化的市场机制要有效地、正常地发挥作用，基本前提是城镇化成本收益能够及时、准确地反映城镇供求关系的变化，并随着供求状况的变动而相应调整。

要保证成本收益信号的真实性和灵敏性，不仅要有较为完善的城镇化市场机制，还必须要有较为完善的城镇化制度机制，主要包括：

- 促进城镇经济发展的内外政策

从对外政策看，一方面通过扩大对外开放，有力带动本国或本地区经济发展，再通过经济发展来进一步推动城镇化；另一方面，加快在城镇建设等方面的对外开放力度，为城镇化发展筹集必要的资金、技术。从对内政策看，主要是形成鼓励转移，促进城镇化发展的政策导向，再形成一系列政策合力，引导农村人口向城镇的有序流动。

- 政治保障条件

人的身份、就业选择、迁徙、居住、受教育等自由是否能够得到保障，对于城镇化进程影响极大，如美国和德国在18世纪对定居法的修改和停止执行、德国农奴制的废除、美国内战时期解放南方奴隶的宣言和《宅地法》等，都直接或间接地推动了农村人口向城市流动。

- 城镇化的社会保障体系建立

从世界各国城镇化发展的经验来看，城镇化的进展程度不仅与经济发展水平密切相关，还主要受到社会保障制度的影响。社会保障制度的建立构成发展的主线，公平是追求的主要目标，社会保障制度成为城镇化推进最重要的制度保障。

3. 城镇化发展模式概述

(1)城镇化发展模式的内涵

所谓发展模式，通常是对某个国家或地区在一定历史条件下具有自己特色的改革和发展道路的理论概括。由于视角的不同，不同学科、不同的实际工作部门对城镇化发展模式的理解差异很大，往往是从某一特定的角度去研究城镇化的模式，因此，对概念的界定是研究的前提。王素斋等人提出，城镇化发展模式就是在城镇化过程中，经济社会结构转变的目标、原则、方式、路径及制度体系的总和。作为城镇化进程的具体实现形式，城镇化发展模式也是国家或地区经济社会发展思路的折射和缩影。由于受历史、政治、经济、文化、人口、地理、区位、环境、资源禀赋及体制机制等多重因素的影响和制约，不同国家或地区的城镇化发展模式也具有显著的差异性。因此，城镇化发展模式的选择必然涉及诸多因素和条件的综合考虑及系统筹划，不能简单地仅从某一角度研究城镇化发展模式，而应在不断反思传统城镇化发展模式的基础上，全面考量城镇化发展的目标、原则、条件、路径和体制。

(2)中国传统城镇化发展模式

按照城镇化的空间结构划分，中国传统的城镇化模式大致可以划分为以下几种类型：

①城市扩展模式

城市扩展模式是指伴随着城市人口的不断增长，逐步向外扩大城市用地范围的发展方式。这一模式是中国最为传统的城镇化方式，也是世界上城市化发展的普遍模式。中国实行土地公有制，所以城市扩展非常具有特色。

②新区和新城建设模式

在中国，建市建镇要经过国务院和国家民政部门的严格审批，标准程序非常复杂。新区和新城的建设是通过在新建区域，根据区域发展定位，对入驻人口、土地性质、产业布局、道路交通以及其他水电气等基础设施进行规划，从而使人口和资源逐渐集中在一定范围的城镇化过程。

③开发区城镇建设模式

开发区城镇建设模式主要通过政府对开发区给予一些土地、税收、人员安置等方面的政策，进而形成当地产业结构调整和经济快速发展的一个区域增长极。

④建设产业集聚区、中央商务区或特色商业区模式

产业集聚区主要是以发展工业为主，中央商务区(CBD)和特色商业区主要是以发展服务业为主。政府为了推动工业和服务业的发展，分别划定一块区域或者通过旧城更新改造作为产业发展的载体。一般在发展产业的同时，当地政府提出产城融合，打造宜居、宜业之城，通过创造优美环境，公平竞争的机会促进各种要素进行集聚。

⑤农村就地城镇化模式

城镇化推进还可以采用分散的形式，比如农村就地城镇化。农村就地城镇化是指在农村地域中出现了城市形态。由于区别于农村生活，在农村一定区域的环境中，一些区域拥有良好的生活环境和社会服务，以及大量的工商业就业机会，大量的非农人口逐渐向农村的这些地区聚集，从而引发产业、人口密度、基础设施、建筑形态等方面发生变革，走城市发展之路。我国农村就地城镇化的方式按照空间层次的不同，可以分为村庄产业化和乡镇产业化的发展方式。

(3)中国新型城镇化发展形态

党的十八届三中全会审议通过的《中共中央关于全面深化改革若干重大问题的决定》明确提出，要完善城镇化健康发展体制机制，坚持走中国特色新型城镇化道路，提出了“推动大中小城市和小城镇协调发展、产业和城镇融合发展”的新型城镇化发展模式，凸显了新型城镇化发展的新趋势。未来中国城镇化将不再新建上千万人口的超大城市，转向发展以省会为中心的次区域城市群和以县市为基础推进就地城镇化。

结合《国家新型城镇化规划(2014—2020年)》，中国未来的新型城镇化主要可分为三种发展模式，即超大城市群发展模式、次区域城市群发展模式和小城镇发展模式。

①超大城市群发展模式

超大城市群主要包括以上海为中心的长三角、以广州为中心的珠三角和以北京为中心的京津冀三大城市群。未来十年，这三大都市群经济总量将超过2万亿元，进而超越纽约都市圈和东京都市圈，排在世界前列。这三个超大都市群将是中国三大经济支柱，带动全国经济发展，它们不仅是经济中心，还将是科研中心、金融中心、交通枢纽。

②次区域城市群发展模式

次区域城市群主要是指以省会或区域中心城市为中心与周边城市形成的城市群。目前初具规模的如中原城市群、武汉城市群、长株潭城市群等。在未来的次区域城市群，中心城市与周边城市将靠高速铁路、高速公路等相互连接，进而实现一体化发展。

③小城镇发展模式

小城镇发展模式也可称为就地城镇化，主要是指以县城为中心、小城市为基础，就地城镇化，吸引更多人向中小城市分散。发展中小城市，就是要解决中小城市生活成本低、但就业机会少，而大城市就业机会多、但生活成本高的矛盾。

(二)新型城镇化的科学内涵及发展理论

1.新型城镇化提出的背景

改革开放以来，中国的城镇化在拉动经济快速增长过程中发挥了重要作用。然而，传统城镇化是以做大经济总量和承载投资为中心目标，以工业化为中心主线，以地方政府为主导，以土地为主要内容，以外延扩张为特点，以外部需求为牵引，以物资资本大量消耗作为驱动力的发展模式，是高成本、低收益的城镇化。这种城镇化模式在推动经济增长的同时，也积累了产能过剩、资源浪费、环境破坏、城乡空间失衡等突出问题。随着资源要素和环境要素约束条件的深刻变化，支撑城镇化发展的土地、劳动力和环境容量等要素的稀缺性表现得越来越突出，规模城镇化的代价和风险逐步加大，传统城镇化发展模式的矛盾问题日益凸显。与此同时，在进入发展新阶段后，人们对就业、安居、生活品质等需求全面快速增长，能否适应全社会需求变化，将决定城镇化的质量。

虽然国家经济不断发展，但是城乡二元结构仍然存在，严重阻碍了社会经济的可持续发展。加快推动新型城镇化进程，提升城镇综合承载能力已成为我国现今经济社会发展中的一项重要任务。外部环境的约束及城镇居民的需求迫使我国城镇化必须转型，走一条新型城镇化道路。

党的十八大首次提出坚持走中国特色"新型城镇化道路"，即坚持走中国特色新型工业化、信息化、城镇化、农业现代化道路，推动信息化和工业化深度融合、工业化和城镇化良性互动、城镇化和农业现代化相互协调，促进工业化、信息化、城镇化、农业现代化同步发展。加快完善城乡发展一体化体制机制，着力在城乡规划、基础设施、公共服务等方面推进一体化，促进城乡要素平等交换和公共资源均衡配置，形成以工促农、以城带乡、工农互惠、城乡一体的新型工农、城乡关系。

2012 年 12 月召开的中央经济工作会议提出，要积极稳妥推进城镇化，着力提高城镇化质量。认为城镇化是我国现代化建设的历史任务，也是扩大内需的最大潜力所在，要围绕提高城镇化质量，因势利导、趋利避害，积极引导城镇化健康发展。要构建科学合理的城市格局，大、中、小城市和小城镇、城市群要科学布局，与区域经济发展和产业布局紧密衔接，与资源环境承载能力相适应。要把有序推进农业转移人口市民化作为重要任务抓实抓好。要把生态文明理念和原则全面融入城镇化过程，走集约、智能、绿色、低碳的新型城镇化道路。

2013 年 11 月，十八届三中全会审议通过的《中共中央关于全面深化改革若干重大问题的决定》明确提出，要完善城镇化健康发展体制机制，坚持走中国特色新型城镇化道路。新型城镇化的"新"就是要由过去片面注重追求城市规模扩大、空间扩张，转变为以提升城市的文化、公共服务等内涵为中心，真正使城镇成为具有较高品质的适宜人居之所。城镇化的核心是农村人口转移到城镇，而不是建高楼、建广场。不能妥善处理农村人口转移问题，不仅农业的规模效益得不到提升，扩大内需也无法实现。

2013 年 12 月 12 日召开的中央城镇化工作会议首次对推进新型城镇化做出具体部署，是党中央第一次将城镇化提高到中央层面战略高度的一次具有里程碑的重要会议。

2013 年 12 月 15 日召开的中央经济工作会议再次提出，要积极稳妥推进城镇化，着力提高城镇化质量，走集约、智能、绿色、低碳的新型城镇化道路。

2014 年 3 月 16 日，中共中央、国务院批准实施《国家新型城镇化规划（2014—2020 年）》，为我国新型城镇化道路指明了方向。该规划是按照走中国特色新型城镇化道路、全面提高城镇化质量的新要求，明确未来城镇化的发展路径、主要目标和战略任务，统筹相关领域制度和政策创新，成为指导全国城镇化健康发展的宏观性、战略性、基础性规划。

2014 年 9 月 16 日，李克强总理在推进新型城镇化建设试点工作座谈会上强调，推进新型城镇化，贵在突出“新”字，核心是写好“人”字，要改革创新、试点先行，扎实推进以人为核心的新型城镇化。

2015 年 2 月 10 日，习近平在主持召开中央财经领导小组第九次会议时指出，城镇化是一个自然历史过程，涉及面很广，要积极稳妥推进。推进城镇化的首要任务是促进有能力在城镇稳定就业和生活的常住人口有序实现市民化。推进城镇化不是搞城乡一律化，要加快改革和创新投融资体制机制。

2015 年 3 月 5 日，李克强总理在十二届全国人大三次会议政府工作报告中指出，城镇化是解决城乡差距的根本途径，也是最大的内需所在。要坚持以人为核心，以解决“三个 1 亿人”问题为着力点，发挥好城镇化对现代化的支撑作用。

2015 年 12 月 18 日召开的中央经济工作会议指出，要用新思路新举措深挖内需潜力，持续扩大消费需求，发挥好有效投资对稳增长调结构的关键作用，深入推进新型城镇化。

2016 年李克强总理做的政府工作报告中提到，要推进新型城镇化和农业现代化，促进城乡区域协调发展，缩小城乡区域差距。要深入推进以人为核心的新型城镇化，实现 1 亿左右农业转移人口和其他常住人口在城镇落户，完成约 1 亿人居住的棚户区和城中村改造，引导约 1 亿人在中西部地区就近城镇化。到 2020 年，常住人口城镇化率达到 60%、户籍人口城镇化率达到 45%。深入推进新型城镇化,加快农业转移人口市民化。深化户籍制度改革,放宽城镇落户条件,建立健全“人地钱”挂钩政策,扩大新型城镇化综合试点范围。

2017 年的政府工作报告则要求完善区域发展格局,扎实推进新型城镇化。深化户籍制度改革,加快居住证制度全覆盖。支持中小城市和特色小城镇发展,推动一批具备条件的县和特大镇有序设市,发挥城市群辐射带动作用。2017 年,十九大提出“乡村振兴”战略,深入推进农业供给侧结构性改革,推动农业现代化与新型城镇化互促共进。

2. 新型城镇化的概念及科学内涵

(1)新型城镇化的概念与内涵

“新型城镇化”概念较早于 2007 年 4 月由张荣寰提出,所谓新型城镇化,是指以人为本,以新型工业化为动力,以统筹兼顾为原则,推动城市现代化、城市集群化、城市生态化、农村城镇化,全面提升城镇化质量和水平,走科学发展、集约高效、功能完善、环境友好、社会和谐、个性鲜明、城乡一体、大中小城市和小城镇协调发展的城镇化建设路子。

方创琳等人在《中国新型城镇化发展报告》一书中提出:新型城镇化是一种高效低碳、生态环保、节约创新、智慧平安的可持续健康城镇化,这种城镇化把追求城镇化发展质量作为关键,把以人为本的城镇化作为核心,是一种以人为本、人地和谐的综合型城镇化、质量型城镇化、主动型城镇化、渐进式城镇化和人民至上的市场主导型城镇化,这种城镇化通过释放“正能量”推进城市可持续发展,因而是一种可持续健康城镇化,与我国全面建成小康社会和实现可持续现代化的战略目标完全一致。

2014 年 3 月 16 日,《国家新型城镇化规划(2014—2020 年)》(以下简称《规划》)的公布实施,提出了以人为核心的新型城镇化。《规划》提出:以人的城镇化为核心,合理引导人口流动,有序推进农业转移人口市民化,稳步推进城镇基本公共服务常住人口全覆盖,不断提高人口素质,促进人的全面发展和社会公平正义,使全体居民共享现代化建设成果。可以看出,新型城镇化的“新”就是由过去片面注重追求城市规模扩大、空间扩张,改变为以提升城市的文化、公共服务等内涵为中心,实现“人的无差别发展”。新型城镇化就是坚持以人为本,以产城互动、节约集约、城乡统筹、城乡一体、生态宜居、和谐发展为基本特征,优化城镇格局,构建合理的城镇体系,将生态文明理念和原则融入城镇化过程,全面实现大中小城镇协调发展以及新型工业化、信息化、城镇化与农业现代化“四化”互动，以实现城乡基础设施一体化和公共服务均等化，促进经济社会发展，实现共同富裕。新型城镇化包含了人口、经济、基础设施、资源和环境等各个方面的城镇化，即通过新型城镇化发展使得农村享有与城市同等的服务，使城镇成为具有较高品质的宜居住所。人口城镇化是指通过农村人口成为城镇人口以及条件好的农村变为城镇和人口向城镇集聚两种方式来实现，也就是地域城镇化。经济城镇化是指产业推动城镇化的发展，通过发展三大产业加速实现经济城镇化。基础设施城镇化主要是指保证城乡居民享有同样的基础配套设施，共享经济社会发展进步的成果，以及实现城乡公共服务的均质化等。生态城镇化是指坚持走可持续发展道路，在城镇化发展的同时，重视环境综合治理以及资源的合理开发和利用。新型城镇化的核心是人的城镇化，这就要求在新型城镇化的推进过程中，不仅注重人居环境的改善，还要满足居民多样化的需求，保障农村和城市居民在基本公共服务设施的使用和选择上享有同等的权利和机会，提高城乡居民的生活质量。

(2)新型城镇化与传统城镇化内涵的区别

综合来看，新型城镇化与传统城镇化内涵相比，不同点主要体现在以下几个方面：

①从发展阶段上看，新型城镇化注重实现“土地城镇化”向“人口城镇化”的重大转变。

新型城镇化的根本目的是实现农村居民的人口城镇化。人口的城镇化是新型城镇化的出发点和落脚点。新型城镇化的本质是农业人口向城镇非农产业的转移和集中，让更多农民到城镇定居并享受现代物质文明和精神文明。

新型城镇化的核心是农业转移人口在实现职业转变的基础上，获得与城镇户籍居民均等一致的社会身份和权利，公平公正地享受城镇公共资源和社会福利，全面参与政治、经济、社会和文化生活，实现经济立足、社会接纳、身份认同和文化交融。新型城镇化不是简单的城市人口比例增加和规模扩张，而是强调在产业支撑、人居环境、社会保障、生活方式等方面实现由“乡”到“城”的转变，实现城乡统筹和可持续发展，最终实现“人的无差别发展”。

②从发展模式上看，新型城镇化注重实现由高成本、低质量、低效益模式到低成本、高质量、高效益和可持续发展的转变。

城镇化的内涵包括速度和质量两个方面的内容。正确处理两者的关系是城镇化发展战略的核心。改革开放以来，我国城镇化加快发展，各地区城市建设取得显著成效，但建成区膨胀过快、新城新区设置过多过滥、资源消耗过大、生态环境压力过重等问题也越来越凸显。新型城镇化应更加注重提升质量和效益的发展，高效益意味着城镇化以更少的资源和更优化的要素配置创造更多的社会财富，将为可持续发展奠定更加坚实的基础，同时，更有效率促进人口的集聚。人口的集聚有利于利用规模经济效应、扩大市场容量、深化分工、创造就业和提高生活水平。可持续意味着城镇的资源、环境承载能力不断增强，是维持高效发展的关键所在，具有可持续性发展的城镇化将有利于推广高能效技术的使用，加快产业升级和工业向服务业的转型，要以“集约、智能、绿色、低碳”的要求促进新型城镇化建设。未来我国的新型城镇化将“逐步建立以权利公平、机会公平、规则公平”为主要内容的社会公平体系，“以市场化制度为本，创自由竞争之基”，激发和保障人们平等参与、平等发展的权利。通过新制度供给盘活劳动、土地、资本、技术四大供给要素，强化体制机制保障，并推动整体要素升级和高质量的城镇化。

③从发展目标上看，新型城镇化注重实现由“一维”经济目标到经济、社会和生态“三维目标”的转变。

传统的“一维”经济城镇化发展到一定阶段，势必会受到社会结构和资源环境的结构限制，要想取得进一步的可持续发展，必须要在社会、经济和生态“三维”的目标取得平衡。在满足经济增长的同时，还要保证社会公正和控制生态环境恶化，尤其应把生态文明理念和原则全面融入城镇化全过程。中央经济工作会议上提出，要把生态文明的理念和原则全面融入城镇化的全过程，走集约、智能、绿色、低碳的新型城镇化道路。建设生态城市是推进城镇化模式转型的战略选择。要加大城镇生态环境建设的力度，提高城镇生态环境的承载力，以良好的城镇生态环境支撑新型城镇化发展。应从“五位一体”的高度把握生态文明在城镇化进程中的地位和作用，将资源消耗、环境损害、生态效益纳入城市经济社会发展评价体系。完善生态补偿机制，将实施主体功能区战略和完善城镇化布局形态有机结合，优化国土空间开发格局。

④从发展空间上看，新型城镇化注重由“非均衡型”的城镇化转为“均衡型”城镇化。

加快中小城市及小城镇发展，优化城镇体系空间格局。在今后一段时间内，城市空间扩张蔓延应转变为协调城乡空间结构为主的均衡的城镇化模式。在未来城镇化的过程中，要改变城镇化的空间模式，遵循位置级差地租的客观规律，不能将所有的资源都投入到大城市和特大城市，而忽视中小城市和小城镇的发展。相对于工业化的发展，我国城镇化的发展处在滞后状态，但从具体分析看，我国城镇化的滞后不是大城市，而是中小城市。与发达国家相比，我国小城镇在产业发展、公共资源配置等方面与大城市相比差距巨大，对人口缺乏吸引力。2016 年我国中小城市城镇化率远远低于全国 57% 的城镇化水平。把中小城市作为现阶段我国城镇化的重点，首先能真正改变我国城镇化滞后的局面，并且有助于引领和带动所在区域的产业转型升级；其次，中小城市解决农业转移人口的市民化成本比较低，有助于促进农业转移人口和农业剩余劳动力的就近市民化和城镇化，同时缓解大城市在农业转移人口市民化方面的压力；再次，大多数中小城市与农村连接相对紧密，城乡行政体制比较顺畅，其发展有助于城乡统筹，有助于城镇化和现代农业化、城镇化和新农村建设的互促共进，进而实现城乡发展一体化。因此，要不断地优化大城市的发展，加快中小城市和重点小城镇的基础设施建设，积极构建“特大和大城市——中等城市——小城市（包括县城）——小城镇——农村新型社会”为框架的城镇等级体系。要科学推进农村新型社区及中心村的建设，特别是中小城市、小城镇在城乡统筹中发挥重要的作用，以县城城镇化作为未来 10 ~ 15 年中国城镇化发展的重要环节。

⑤从发展特征上看，新型城镇化改革是以着力统筹“三大关系”为基本特征的城镇化。

新型城镇化是以城乡统筹、产城互动、和谐发展为基本特征的城镇化，是大中小城市、小城镇以及新型农村社区协调发展、互促共进的城镇化。新型城镇化推进需要统筹“三大关系”：即产业发展、就业吸纳和人口集聚的关系，城市发展、资源利用和环境承载力的关系，农村人口向城市集中与城市空间布局优化和城乡协调发展的关系。从国际经验看，进入工业化中后期，城市的角色和功能逐步发生变化：一是从生产主导转向生活（消费）主导，生活（消费）型的城市兴起是客观趋势；二是由工业主导转向服务业主导，工业项目容纳的就业呈减少趋势，服务业的发展成为就业的主要渠道。新型城镇化的发展，是产业聚集、创新驱动、产城融合、“四化”同步的发展。

⑥从发展手段上看，新型城镇化注重加快制度和体制机制的创新，逐步完善城镇公共治理体系。

城镇化直接体现为大量的人口和经济活动在有限空间中的集聚，这种集聚过程，导致了城镇发展中普遍的外部性和公共产品问题，缺乏清晰的产权界定和有效的治理机制，必然出现各方利益主体基于短期私利对公共资源的过度使用，以及公共服务不足的问题。我国不可能走美国等西方发达国家那样蔓延式城镇化发展道路，而必须走循序渐进、资源节约型的城镇化道路。过去30年持续扩张的城镇化引发了公共服务供给、基础设施建设、社会治理、财政分担机制、区域协调等广泛的城镇公共治理问题。推进新型城镇化发展，关键是使加快体制机制的变革与创新，为此，需要尽快在四个方面取得重大突破：一是尽快破题户籍制度改革，把城市户口、农村户口、农民暂住证等统一为居住证，实现流动人口在全国范围内的自由流动和统一管理；二是实现基本公共服务均等化的制度对接，不断扩大城镇基本公共服务覆盖范围；三是统筹推进城乡土地制度一体化，切实保障农民土地财产权益；四是着力改革行政体制，建立适应经济社会发展的城镇化管理体制。

方创琳等人对中国新型城镇化的基本内涵与传统城镇化进行了系统比较，见表2-1。

新型城镇化与传统城镇化的本质区别比较分析表 表2-1

比较内容	新型城镇化	传统城镇化	重大转变
城镇化水平	质量型城镇化，适度适速，提速与提质兼顾	数量型城镇化，过分追求城镇化增长速度	由数量型转为质量型
城镇化核心	以人为本	以地为本	由土地型转为人本型
城镇化驱动要素	创新驱动和智慧驱动	资源与资本驱动	由要素驱动型转为创新驱动型
城镇化驱动模式	“三低一高”的集约型城镇化，低资源消耗、低碳排放、低环境污染，高综合效应的集约型经济增长模式驱动	“三高一低”的粗放型城镇化，高资源消耗、高碳排放、高环境污染，低综合效应的粗放型经济增长模式驱动	由粗放型转为集约型
城镇化路径	“分步到位”的渐进式城镇化	“一步到位”的激进式城镇化	由激进型转为渐进型
城镇化过程	综合性城镇化，包括土地、人口、经济、社会在内的综合城镇化过程	单一土地型城镇化，过分注重以地生财的土地城镇化过程	由单一型转为综合型

续上表

比较内容	新型城镇化	传统城镇化	重大转变
城镇化主体	民至上的城镇化，主动型城镇化	官至上的城镇化，被动型城镇化	由被动型转为主动型
城镇化主导	市场主导型城镇化	政府主导型城镇化	由政府型转为市场型
城镇化状态	健康城镇化，城市向持续稳定方向发展	亚健康城镇化，城市病问题越来越严重	由亚健康型转为健康型
城镇化前景	可持续城镇化，推进城市可持续发展	不可持续城镇化，城市脆弱性增强	由不可持续型转为持续型

3. 新型城镇化的基本特征

从新型城镇化的科学内涵来看，新型城镇化具有以下几大基本特征：

(1)城镇规模协调

大中小城市与小城镇协调发展是新型城镇化的一个重要特征。由于我国特殊国情，农村尚有大量待转移的剩余劳动力，这一历史性任务不只是重点发展大中城市，或者只着重发展小城镇就能完成的，而是要实施各类规模城镇并举、城镇规模结构合理的方针，因地制宜，促进大、中、小城市与小城镇合理、协调、健康、序地发展，形成结构良好的城镇体系。

(2)城镇布局协调

合理的城镇布局体系是保证城镇化健康发展的必要前提。城镇的布局主要取决于区位、自然资源、人口、经济等条件。传统城镇化进程中，受沿海地区发展战略的影响，我国东部城镇化发展速度明显快于西部，造成了大规模的民工东移南下现象，导致城镇布局失衡。新型城镇化发展是根据各地的自然、人口、经济等实际情况，强调区域内城镇间以及区域间的分工协作，通过制定相关政策措施，使其空间结构分布合理，各种规模、功能的城镇相互协调发展。与传统城镇化发展相比，区域内城镇空间布局得到进一步优化，进而形成合理的大、中、小城市布局；区域间城镇分工协作得到进一步加强，进而形成促进东、中、西部地区协调发展的城镇化合理布局。

(3)城镇功能协调

在人口迁移意义上的城镇化达到一定阶段后,有必要转向推进功能意义上的城镇化,这是经济社会发展进入新阶段的标志,也是城镇化和城市化的提升。城镇功能通常包括经济、政治和文化三大基本功能。在全球化、信息化、市场化和生态化的新历史背景下,城镇功能又有新的发展。与传统的城镇化相比,新型城镇化的发展注重突出城镇的主导功能。城市是现代化的中心,是先进社会生产力和现代市场的载体,城市在区域经济和社会发展的主导地位越来越明显。新形势下,城市的主要功能就是以市场活动为主要内容的经济中心、以信息传递为主要内容的科技中心,其作用的形式主要是创新、渗透和辐射。新型城镇化发展不但注重发挥城镇的主导功能,还积极发挥其他的功能,使城镇各种功能相互协调发展,共同推进新型城镇化。

(4)城镇产业协调

城镇化与产业发展密切相关。一方面,产业的发展,产业结构的不断升级与优化推动了城镇的形成与发展;另一方面,城镇化的发展带动了产业发展。可见,有什么样的产业发展状况,才能有什么样的城镇化水平,即产业结构是否合理和其主导产业是否具有发展竞争力决定了城镇化的水平和质量。新型城镇化发展的产业协调表现在:一是城镇主导产业要有特色,因地制宜,根据不同地区的特点,选择不同的主导产业,以发挥本地区的资源优势,实现资源的优化重组,获得比较利益;二是城镇内部要优化产业结构,提高三次产业水平,改造三次产业内在素质,推动产业结构升级,使其不断优化;三是城镇之间产业要合理分工协作,城镇产业的协调发展可以促进各地区经济的协调发展,这是新型城镇化的一个重要特征。

(5)城镇环境协调

城镇化对自然生态环境系统来说是一把双刃剑,一方面可能冲击和破坏原有生态环境系统,加剧自然生态环境系统恶化;另一方面又可能为改进和完善生态环境系统创造条件和机遇。城镇化的发展必须与环境保护相协调,否则将直接阻碍城镇化进程。传统城镇化的发展忽视这一客观规律,结果造成环境污染加剧,生态环境恶化,使得城镇化的可持续发展遭遇到前所未有的严峻挑战。新型城镇化的发展以人与自然和谐、发展与资源环境相协调为根本的价值取向,坚持将环境的损害降低到最低限度,充分考虑资源和环境的承载能力,高效合理地利用自然资源、土地资源、空间资源和智力资源等,使城市人口、经济、资源、环境协调发展,走可持续的生态型城镇化道路。

(6)城镇社会协调

目前,我国正处在社会转型的关键时期,利益关系的调整、新旧观念的冲突、社会结构的重组以及改革与发展的不平衡等都会引发各种社会矛盾。传统城镇化发展中,由于促进社会和谐发展的动力机制和平衡机制不完善,导致某些社会矛盾凸现,这些矛盾的核心都是利益问题,实质是利益关系不顺。妥善地协调各种利益关系、处理好利益矛盾、最大限度地调动人民群众的积极性,是创建城镇和谐社会的必然要求。新型城镇化的发展注重激发社会活力,促进社会公平和正义,保持社会的稳定。具体而言,在经济领域,主要表现效率和公平兼顾;在社会方面,有序、稳定与发展并重;在政治上,发展民主政治与法制建设相结合。总之,城镇社会的和谐发展是新型城镇化发展的一大特征。

(7)区域发展协调

城镇化是区域经济发展的动力,是区域经济和社会发展的一个重要过程。新型城镇化的发展是以区域协调发展为支撑平台,既包括区域内部协调,又包括区域外部协调。城市区域内部的协调就是中心城市和其郊区及边缘区在经济社会发展上的互促互补,消除城市和郊区之间的矛盾和冲突,以实现城市区域的内部利益最大化。城市区域外部的协调包括水平方向与其他城市区域的协调以及垂直方向的与上一级政府之间的协调。区域协调发展是新型城镇化的一个重要特征,除城镇与所在区域的协调外,还应注重不同区域如东、中、西部地区的协调发展。

二、城镇与交通的时空关系

(一)宏观尺度——从国家城镇发展格局角度

从国家层面来说,城市与交通同属于人类文明的伟大发明,在国家大一统的视角下更是孪生的发明。

城市:其产生和发展是一个历史过程,人类的居住方式到目前大致经历了三次重大变革,经历了前农时代和农业化时代,现在是第三次工业化时代,我国从古代的郡、县、邑……已发展为现代的县、镇、市。城市群和都市,城市星罗棋布,城市化浪潮势不可挡。

我国从古至今，从邮驿四方相连到陆路漕运贯通，至今已是高速、高铁纵横驰骋，枢纽达八方，港口通四洋，与城市圈、经济圈紧密相连。

城镇间的往来，逐步演化成为国家的空间格局，从而也带来了与之相对应的交通格局发展。

《国家中长期综合交通规划》提出“五纵五横”的综合交通大通道与城镇化“两横三纵”的五条轴线基本吻合，能够有效覆盖“两横三纵”主体功能区规划中提出的优化开发区域和其他重点开发区域。

（二）微观尺度——从城镇自身发展角度

在现代社会中，城市交通是城市重要的基础设施。城市交通对优化城市空间布局、促进新型城镇化建设具有重要的引领作用。影响着城市化过程中的社会关系、人口滚动、生活方式、文化教育等诸多方向，是城市功能正常运转的基础支撑，是城市发展的血液循环系统，是联系社会生产、消费、流通和人民生活的纽带，对于提升城市综合竞争力具有不可替代的关键作用。同时，城市交通作为城市公共服务的重要内容，是新型城镇化建设的前提条件和重要保障。

（三）中观尺度——从城市群发展角度

城市群的概念在我国“十二五”规划时被正式提出。“十二五”规划中明确指出，要逐步形成辐射作用大的城市群，在东部打造有国际竞争力的城市群，在中西部地区培育壮大城市群。在党的十八大报告中也相应提出科学规划城市群的规模布局等，将城市群提升到重要战略高度。

城市群已成为新型城镇化发展的主体形态。未来全球和区域之间的竞争，将不是城市之间的竞争，而是要形成一个整体，以城市群为单位竞争。城市群的核心和本质是城市群内部城市相互间有着密切的经济产业联系，形成一个系统的整体，与之相一致，城市群内的客货运输联系也是比较密切的。这种城市群交通的特点决定了应对其进行相对独立的研究和体系的打造，城市群交通网络将对城市空间产生巨大的重构作用，在此基础上将在城市群范畴内形成新的核心，空间，关联来推动支撑引领城市群的发展。

城市群交通，不管是理论体系还是实践，都是相对新生的事物，是介于城市交通、大区域交通之间的一种交通体系。城市交通以通勤等短途出行为主，大区域交通中长途旅行等较多。过去我国在交通运输的建设发展过程中，多注重城市交通与大区域交通，如城市道路、干线铁路、高速公路等的建设，紧密空间与外层空间。随着城镇化的发展，未来要对城市群交通体系高度重视，进行研究与建设，以更好地适应未来经济社会发展的战略要求。

三、低碳交通运输发展的理论概述

（一）低碳发展的概念

1. 低碳发展相关概念

“低碳”一词的提出源于人类对全球气候变化问题的关注。由于人为温室气体的大量排放，部分区域因为温室效应而气温上升，在应对这种潜在环境危机过程中，“低碳”被提出并得到广泛使用。低碳发展衍生出许多概念，例如节能减排、绿色发展、生态文明、可持续发展、循环经济等。由此，“低碳交通”的概念也伴随着“低碳经济”的提出而产生。

（1）低碳发展与可持续发展的关系

可持续发展是一个综合性的方向或愿景，它由一系列经济社会发展的具体形态所支撑，其中就包括低碳发展。低碳发展是将能源、环境、经济三者联系起来的一种全新发展模式，其以降低对自然资源依赖为目标、以能源可持续供应为支撑、在发展的过程中注重生态环境的保护，本质上就是可持续发展，是目前最可行的、可量化（因 CO_2 排放量可测定）的可持续发展模式。

（2）低碳发展与绿色发展的关系

绿色发展的概念更为宽泛，虽然它和低碳发展都包括了生产和消费两个方面，但绿色包括伦理、经济、环境诸多方面，而低碳发展的针对性特别强，其范围比绿色发展要小。我国之所以对绿色发展如此重视，在于中国传统的生态环境问题如水污染、大气污染和固体废弃物等问题尚未解决。发展绿色经济要求经济活动从高耗资源能源、高污染环境及高损生态的非持续发展经济模式转变为资源能源消耗最少化、环境污染最轻化及生态损害最小化的可持续发展经济的模式。因此，两者在本质上完全一致，可以说，低碳发展是绿色发展的理想模式。

(3)低碳发展与循环发展的关系

循环发展侧重于考虑生产利用过程,重点强调资源的减量化、再循环利用和废弃物的资源化,过程是绿色还是低碳不做考虑。发展低碳经济是发展循环经济的必然选择、最佳体现及首选途径,但同时又向循环经济的发展提出了新要求:在发展循环经济的目标中,“最少的废物排放”首先应该是碳排放量最小化与无碳化。因此,发展循环经济要求发展低碳经济,低碳发展应当是循环发展的重要特征。

(4)低碳发展与生态文明的关系

工业文明时代的经济是以化石燃料为核心、不可再生能源为基础的碳基能源经济,经济发展存在不可持续性;生态文明时代的经济是以非化石燃料为核心、可再生能源为基础的低碳(无碳)能源经济,是可持续发展的经济。发展低碳经济,推进能源经济革命,使高碳经济与能源结构向低碳(无碳)经济与能源结构转型,是工业文明向生态文明转型的标志。

(5)低碳发展与传统节能减排的关系

低碳发展的方方面面与现在中国正在进行的节能减排目标是一致的。因此低碳发展并非一个新的过程而是对现有的国家能源、环境对策的扩展。过去我国节能减排之“减排”,主要针对大气污染物(SO_2、NO_x、COD 等),较少考虑温室气体(主要成分是 CO_2),近期才将“减排”的内涵明确延伸至温室气体。以往节能减排的工作重心主要是在高碳模式下追求节约和化石能源高效利用的,而“低碳”则更注重开发利用可再生能源,优化能源生产和消费结构,从源头上去碳化、清洁化,节能只是低碳化的第一步。节能减排主要针对地域性的环境污染及治理问题,而低碳发展所针对的是全球性、国际性的环境问题,已成为国际政治经济领域新的博弈工具。

总而言之,“低碳”是可持续发展的核心、本质和灵魂,是两型社会建设的重要“抓手”,目标直指“应对气候变化、解决能源安全、发展创新经济、应对国际挑战”的要害。低碳发展是实现可持续发展的必由之路和主要路径。低碳是纲,抓住了低碳,才能纲举目张。低碳能源是低碳发展的基本保证,清洁生产是低碳发展的关键环节,循环利用是低碳发展的有效方法,可持续发展是低碳发展的根本目的。

2. 低碳发展的内涵

“低碳”顾名思义,就是较低强度的碳排放,既可以理解为燃烧碳基能源引起的温室气体排放,也可以理解为减少碳基能源消耗,从而减少碳元素在化学反应后排入大气中。但从低碳引起的各种社会行为和经济活动的角度来讲,低碳所包含的意思远远不仅于此。

2003 年,英国发表的《我们能源的未来:创建低碳经济》能源白皮书中提出了“低碳经济”一词,此概念的诞生指明了未来经济增长的方向,即如何通过更少的自然资源消耗和更少的环境污染,获得更多的经济产出,创造更高的生活标准和更好的生活质量。英国环境专家鲁宾斯德这样阐述低碳经济:“低碳经济是一种正在兴起的经济模式,其核心是在市场机制基础上,通过制度框架和政策措施的制定和创新,推动提高能效技术、节约能源技术、可再生能源技术和温室气体减排技术的开发和运用,促进整个社会经济朝向高能效、低能耗和低碳排放的模式转型。”时至今日,低碳经济转型已经成为世界经济发展的大趋势,包括英国、德国、法国、日本、加拿大等国在内的各个国家已采取相应的政策措施来发展低碳经济。美国虽然没有明确表示接受或者反对低碳经济的概念,却也一直主张通过技术途径解决气候变化问题,这与低碳经济的内涵也是相一致的。

2007 年 6 月,中国也发布了《中国应对气候变化国家方案》,“低碳”在中国语言体系中也开始被广泛使用,同时也意味着中国开始走“低碳经济”发展之路。2014 年 11 月 5 日,国家发改委发布了《国家应对气候变化规划(2014—2020 年)》,国内众多学者也给出了低碳经济的概念,如中国社会科学院潘家华研究员指出,“通俗地讲,低碳经济就是为了实现公约的最终目标——‘把大气中温室气体浓度稳定在防止气候系统受到威胁的人为干扰的水平上’,在保持经济增长的同时,减少温室气体排放。政府采取低碳经济政策的终极目标就是切断经济增长与温室气体排放之间的联系”。

(二)低碳交通运输的内涵与特征

1. 低碳交通运输相关概念

低碳交通运输(Low Carbon Transport)是在应对全球气候变化、积极发展低碳经济背景下提出的一个新概念,与低碳经济、低碳发展一脉相承,是低碳经济体系中重要的产业组成之一。

低碳交通运输最早是出现在英国的官方文件中——2007 年 5 月英国率先提出“低碳交通运输创新战略”，2009 年 7 月又发布了《低碳交通运输：更加绿色的未来》。我国在应对气候变化的工作部署中，明确提出要加快建设以低碳排放为特征的工业、建筑和交通体系。

目前，国内外对低碳交通运输并无一致的定义。对低碳交通运输的概念宿凤鸣早期做过详细的论述，他认为，低碳交通是在充分认识气候变化危害的前提下，以节约资源和减少排放、实现社会经济可持续发展和保护人类生存环境为根本出发点，并根据各种运输方式的现代技术经济特征，采用系统调节和创新应用绿色技术等手段，实现单种运输方式效率提升、交通运输结构优化、交通需求有效调控、交通运输组织管理创新等目标，最终实现交通领域的全周期全产业链的低碳发展，促进社会经济的低碳转型。陆化普认为，低碳交通是在“绿色交通”的基础上进一步强调减少温室气体排放，重点是采取各种措施减少交通运输带来的 CO_2 排放量。更多的学者则是从广义范畴上理解低碳交通运输的概念。陈洁行等认为，低碳城市交通是指以低碳经济为发展模式、以低碳生活为市民行为特征、以低碳社会为政府建设标准的城市交通。卫蓝等认为，低碳交通是在交通领域的各个环节全面关注能耗和温室气体排放问题，通过运输结构和运输效率的优化，最大限度地实现节能减排，其核心在于交通运输的能源效率提高、用能结构改善、发展方式优化。

池熊伟认为“低碳交通”是以低能耗、低排放、高能效为基本特征，以结构低碳化、技术低碳化、制度低碳化为基础，以可持续发展为目的，以应对气候变化、构建现代化运输体系为核心内容的交通发展模式。其实现途径是：在结构方面，交通建设结构低碳化、交通运输结构低碳化等；在技术方面，能源利用低碳化、交通管理低碳化、交通工具低碳化等；在制度方面，环境管制低碳化、财税政策低碳化、管理机制低碳化等。

基于上述分析，可以从两个角度给出低碳交通运输的定义：

一是从侧重“低碳”特征这个角度，参照低碳经济的概念，我们将低碳交通运输定义为：低碳交通运输是一种以低能耗、低排放、低污染为根本特征的交通运输发展模式，其核心在于提高交通运输的用能效率、改善交通运输的用能结构、减缓交通运输的碳排放，目的在于使交通运输系统逐渐摆脱对化石能源的过度依赖，实现低碳转型发展，支撑低碳经济的成长。

二是从侧重满足“交通运输”需求的角度，可将低碳交通运输定义为：低碳交通运输是既能满足经济社会发展正常需要，又能降低单位运输量碳强度的新型产业形态。换言之，低碳交通运输是以尽可能低的碳强度（或尽可能高的碳生产率）实现最大化效用的新型产业发展模式。

综合来看，“低碳交通运输”是一种以低排放、高能效、高服务水平为基本特征的交通运输发展方式，其核心在于降低碳排放，改善用能结构，提高能源效率，在满足现有交通运输需求的基础上有效调控和优化交通运输活动。

2. 低碳交通运输的主要特征

低碳交通运输是一种全新的交通运输发展模式，其主要特征体现在“三低”和“三高”，具体如下：

一是低消耗。保证较低的交通运输能源消耗强度，能源消耗结构上尽量提高清洁能源和可再生能源的比例。

二是低排放。低碳交通运输发展是力求不断降低碳排放的动态过程。交通运输工具必须依赖能耗，随着碳排放逐渐成为国际政治的焦点，交通运输低碳排放、低碳发展的要求日益迫切，从消耗传统化石能源向清洁能源利用的发展趋势愈发明显。

三是低污染。尽可能降低交通运输污染等负面效应，即保证交通运输的“绿色性”，减少环境污染，促进社会公平。

四是高效能。提高能源使用效率是低碳交通的实现途径之一。采取技术、管理等手段提高能源使用效率，可以从源头上降低交通运输的能源消耗总量，减少交通运输活动的碳排放。

五是高效率。无论怎么样的交通运输，必须是满足社会经济发展需求的交通运输，低碳交通不为低碳目标而降低交通运输业对社会的服务能力，而在满足和引导现有全社会交通运输需求的基础上，对交通运输活动进行宏观调控和结构优化，在体现交通运输行业高服务水平的前提下，减少交通运输行业碳排放总量。

六是高效益。对于具体的交通运输企业来说，低碳交通运输的核心意味着能提高能源利用效率，推动绿色低碳技术在交通运输行业中的应用，并体现其高效益。

四、新型城镇化背景下的低碳交通运输理论

(一)新型城镇化与低碳交通发展关系分析

1. 城镇化与交通运输发展的关系

(1)交通运输在城镇化发展中的作用

城镇化的实质是在城镇地区为人们提供就业岗位并吸引在此居住生活，交通运输对城镇化发展具有直接的支撑保障和间接的影响引导两方面的作用。首先，交通运输是城镇公共服务的重要组成部分，是体现宜居水平的重要因素，直接影响城镇居住生活的吸引力，因此，交通运输是城镇化发展的前提条件和驱动力之一，具有较强的支撑和保障作用，是必要而非充分条件。交通运输对城市、城镇、城市群的形成发展和空间布局形态具有重要的影响，同时，城镇化的发展，也影响着运输需求的规模、质量与特点，对交通运输不断提出新的要求。其次，工业、服务业等产业发展为人们提供就业岗位，是城镇化发展的根本动力。交通运输为产业发展提供条件，间接引导带动城镇化发展。

交通运输是城镇经济运行的先导。交通运输的系统结构和服务水平对于促进城市经济发展、产业结构优化升级、社会经济活动分布具有极其重要的影响。发达的交通运输系统不仅能够方便居民出行，而且可以刺激商业、旅游和消费的增长，提升消费者与市场的可达性及物业综合价值，从而带动城市和地区的经济增长，直接和间接地创造巨大的经济效益和社会效益，促进城市国民经济和社会事业的健康发展。

交通运输引领城市空间布局。城市交通系统的结构特点和服务水平直接影响着城市土地的使用价值和开发强度，是形成特定城市用地形态和城市发展模式的决定性因素，影响着城市居民的生活方式、宜居水平和生活质量，进而决定着城市的功能分布和空间布局。通过发展大容量的城市公共交通系统，可有效支撑高强度开发地区大规模的居民出行需求，引导沿线土地开发向高密度、高强度、集约化方向发展，有效避免城市低密度、蔓延式扩张和“摊大饼”式的发展模式。

交通引领城镇发展经济结构。交通运输通过影响生产要素分布和城镇空间的聚集扩散过程，促进城镇空间结构和经济结构的优化调整，使生产力布局向交

通发达区域集聚，培育新的区域发展增长极，促进城镇体系"量的扩张和质的改善"，对于新型城镇群的发展布局起到了引领导航作用。交通走廊地带往往是区域经济最为活跃的地区，也是城镇间联系最为紧密的地区，交通走廊的强大效应使周边城镇的空间形态呈聚集化分布特征，从而形成组团式的城镇群发展布局。

（2）城镇化发展对交通运输的要求

一方面，城镇化发展必然对交通运输发展模式多元化、能源结构合理化提出更高要求。我国城镇化发展模式与城镇化格局的多样化，对城镇交通运输发展模式多元化提出了更高要求。能源资源的稀缺性要求城镇化过程中资源配置模式和能源结构更加优化合理，因地制宜充分利用好区域自身能源资源禀赋，优化能源消费结构，是城镇交通运输发展的必然趋势。

另一方面，城镇化的持续健康发展必须充分发挥交通运输发展的先行引领作用。城镇化离不开交通运输强有力的支撑和保障，交通运输发展滞后将成为城镇化发展的瓶颈制约。在新型城镇化建设中，应注重发挥交通运输的先导性作用，始终坚持"交通先行"的原则，通过合理的交通规划布局引领城镇发展，为推进城镇化、统筹城乡协调发展夯实基础。

2. 城镇化发展与交通运输需求和结构的关系

（1）城镇化发展必然加快交通运输需求的增长

我国城镇化正进入快速发展期，城镇化率从1978年的17.9%提升到2016年的57%，年均提高1.03个百分点。根据世界城市化发展规律，我国正处于城镇化快速发展的中后期阶段，且将在较长时期内保持稳速推进的状态。交通运输是国民经济和社会发展的基础性、先导性和服务性行业，随着城镇化进程的深入推进和人民生活水平的不断提高，交通运输需求将产生巨大变化。机动化社会进程加快，公众出行需求旺盛，人均乘用交通工具次数将明显增加，都将对交通运输服务的安全性、舒适性、快捷性等提出更高要求。

（2）城镇化发展必然引起交通运输需求结构的变化

对于客运需求结构而言，城镇化的发展，尤其是城市群的形成，将使得我国的人口布局聚集呈现区域集中的特点，城市群之间的人员出行需求将呈现方向上更为集中，规模上更为庞大，过程上更为稳定的特点。同样，城市群内城市人口的聚集，使得城市之间的人员出行需求呈现相同的特征，这些特点大大地增加了具有方向特征并适合开展大规模客运的铁路客运需求。

对于货运需求结构而言，城镇化的发展是人口、资源不断向城市和城市群聚集的过程，产业聚集度不断提升，产业间在城市群体系内的联系也更为紧密，从而使得区域间的短距离货物运输需求不断提升，进而持续促进我国公路货物运输的需求增长。

3. 低碳交通运输发展在新型城镇化进程中的作用

(1)低碳交通运输在新型城镇化发展中的先行引领作用

低碳、可持续发展的新型城镇化道路是我国城镇化建设转型升级的关键。交通运输既要加快增加供给以实现“供求均衡”，又要提高质量和效率以实现“质量均衡”。低碳交通运输在城镇化进程中具有极其重要的作用，从低碳交通运输和新型城镇化发展的内涵来讲，二者在发展理念上具有契合点，以“低碳”理念为导向的交通运输发展模式在我国新型城镇化发展中具有重要的引领作用。

(2)低碳交通运输对新型城镇化发展的支撑保障作用

新型城镇化的发展必然带来巨大的交通运输需求，交通运输作为国家节能减排和应对气候变化的重点领域之一，责任重大，任务艰巨。为适应新型城镇化发展的要求，城镇交通运输发展过程必须牢固树立低碳发展理念，加快形成资源节约、环境友好的交通运输发展方式和消费模式，建立以低碳为特征的交通运输体系，实现交通运输发展与资源环境的和谐统一。

中国城镇化过程的复杂性与特殊性导致了中国城镇化发展的多元化构成及多种模式，通过低碳交通运输主动适应新型城镇化的发展要求，对加快建立以低碳为特征的交通运输体系意义重大。

(二)交通运输碳排放影响因素:基于新型城镇化视角

1991 年，Kaya 等人提出交通运输领域碳排放的主要影响因素：人口、人均交通强度、交通工具能源强度及单位能耗的含碳量。世界银行在其出版的《*Flexing the Link Between Transport and Greenhouse Gas Emissions*: *a path for the World Bank*》一书中建立了 ASIF 方法学用于分析研究交通部门的温室气体排放，具体而言，交通部门的温室气体(GHG)可以分解为四个组成部分，即活动水平(transport activity)、交通方式构成(modal split)、各种运输方式的能源强度(energy intensity)以及不同燃料组成(fuel mix)。本研究在考虑交通运输行业能耗统计分类时，综合考虑了铁路运输、公路运输、水路运输、航空运输、管道运输、私人乘用车、摩托车、农用运输车等交通运输方式,根据运输用途把我国交通运输能耗统计口径分为货运、城市客运和城间客运三个子系统。货运能耗统计包括铁路货运能耗、公路货运能耗、水路货运能耗、航空货运能耗和管道货运能耗五大类,其中公路货运能耗包括营运性公路货运能耗、非营运性公路货运能耗和农用运输车货运能耗,水路货运能耗包括营运船舶货运能耗和港口生产能耗。城间客运能耗统计包括铁路客运能耗、公路客运能耗、水路客运能耗和航空客运能耗四大类,其中公路客运能耗统计包括营运性公路客运能耗和非营运性公路客运能耗。城市客运能耗统计包括公共交通运输能耗、乘用车运输能耗和摩托车运输能耗三大类,其中公共交通运输能耗统计包括了公共汽电车能耗和轨道交通运输能耗,乘用车运输能耗统计包括了私家车运输能耗和城市出租车运输能耗。

1. 交通运输碳排放量分解

根据以上分析,交通运输碳排放的公式可以表述为:

$$C^t = \sum_h C_h^t = \sum_{a,b} C_{ab}^t = \sum_{a,b} \mathrm{EC}_{ab}^t \times \mathrm{EF}_b \frac{44}{12} \tag{2-1}$$

式中:C^t——t 年交通运输行业的碳排放量,h 表示货运、城间客运、城市客运和港口生产;

C_{ab}^t——a 种交通运输方式 b 种能源消耗所产生的碳排放,其中 $a=1,2,3,\cdots$,分别代表不同交通运输方式,如公路货运、公路客运、水路货运、水路客运等,$b=1,2,3,4,5,6,7,\cdots$,分别代表汽油、柴油、煤炭、煤油、燃料油、天然气和电力等能源品种;

EC_{ab}^t——第 a 种交通运输方式、b 种能源的终端消费量;

EF_b——b 种能源的碳排放系数。

(1)货运碳排放量影响因素分解

对于货运交通运输,其碳排放表达为:

$$C_{\mathrm{f}}^t = \sum_{a,b,j} C_{abi}^t = \sum_{a,b,j} \frac{\mathrm{EC}_{abi}^t}{\mathrm{EC}_{ab}^t} \times \frac{\mathrm{EC}_{ab}^t}{\mathrm{EC}_a^t} \times \frac{\mathrm{EC}_a^t}{T_a^t} \times \frac{T_a^t}{T^t} \times \frac{T^t}{\mathrm{GDP}^t} \times \frac{\mathrm{GDP}^t}{P^t} \times P^t \times \mathrm{EF}_b \times \frac{44}{12} \tag{2-2}$$

式中:EC_{abi}^t——t 年第 a 种运输方式第 i 种运输货物第 b 种能源消耗总量;

T_a^t——t 年 a 种货物运输方式的运输周转量;

T^t——t 年总的运输周转量;

GDP^t——t 年的国内生产总值；

P^t——t 年的总人口。

设 $ES_i^t=\frac{E_{abi}^t}{E_{ab}^t}$表示 i 种货物种类的能耗比例；$ES_a^t=\frac{E_{ab}^t}{E_a^t}$表示 a 种能源的能耗结构；$ET_a^t=\frac{E^t}{T_a^T}$表示 a 种运输方式的能源强度（单位运输周转量的能源消耗），代表 a 种运输方式的能效水平；$TS_a^t=\frac{T_a^t}{T^t}$表示 t 年的交通运输结构；$GT^t=\frac{T^t}{GDP^t}$表示 t 年交通运输强度，可以理解为交通运输行业的效率；$GP^t=\frac{GDP^t}{P^t}$表示人均 GDP；P^t 表示人口。因此，上式可表达为：

$$C_f^t=\sum_{a,b,i}ES_i^t\times ES_a^t\times ET_a^t\times TS_A^t\times GT^t\times GP^t\times P^t\times EF_b\times\frac{44}{12} \tag{2-3}$$

此时货运碳排放变化可以分解为货物种类的能耗结构、燃料结构、能源强度、货物运输方式结构、货物运输强度、人均 GDP 和人口等七个影响因素。由于研究区间不长，假定各能源的碳排放系数基本稳定。假设 CO_2 排放量由基年的 C^0 变化到 t 年的 C^t，根据 Ang et al.（2003）提出的 LMDI 计算方法，结合（2-3）式，可得到：

$$\Delta C_f^t=\Delta C_{fs}^t+\Delta C_{es}^t+\Delta C_{et}^t+\Delta C_{ts}^t+\Delta C_{gt}^t+\Delta C_{gp}^t+\Delta C_p^t \tag{2-4}$$

$$\Delta C_{fs}^t=\sum_{a,b,i}W(C_{abi}^t,C_{abi}^0)\ln\left(\frac{ES_{ab}^t}{ES_{ab}^0}\right) \tag{2-5a}$$

$$\Delta C_{es}^t=\sum_{a,b}W(C_{ab}^t,C_{ab}^0)\ln\left(\frac{ES_a^t}{ES_a^0}\right) \tag{2-5b}$$

$$\Delta C_{et}^t=\sum_{a,b}W(C_{ab}^t,C_{ab}^0)\ln\left(\frac{ES_a^t}{ES_a^0}\right) \tag{2-5c}$$

$$\Delta C_{ts}^t=\sum_{a,b}W(C_{ab}^t,C_{ab}^0)\ln\left(\frac{TS_a^t}{TS_a^0}\right) \tag{2-5d}$$

$$\Delta C_{gt}^t=\sum_{a,b}W(C_{ab}^t,C_{ab}^0)\ln\left(\frac{GT^t}{GS^0}\right) \tag{2-5e}$$

$$\Delta C_{gp}^t=\sum_{a,b}W(C_{ab}^t,C_{ab}^0)\ln\left(\frac{GP^t}{GP^0}\right) \tag{2-5f}$$

$$\Delta C_{\mathrm{p}}^{t}=\sum_{a,b}W(C_{ab}^{t},C_{ab}^{0})\ln\left(\frac{P^{t}}{P^{0}}\right) \tag{2-5g}$$

$$W(C_{ab}^{t},C_{ab}^{0})=\frac{C_{ab}^{t}-C_{ab}^{0}}{\ln C_{ab}^{t}-\ln C_{ab}^{t}} \tag{2-5h}$$

式中：　$\Delta C_{\mathrm{f}}^{t}$——碳排放量变化；

$\Delta C_{\mathrm{fs}}^{t}$——交通运输货物种类变动对碳排放的影响；

$\Delta C_{\mathrm{es}}^{t}$——交通运输能源消费结构变动对碳排放的影响；

$\Delta C_{\mathrm{et}}^{t}$——货运能源强度变化对碳排放的影响；

$\Delta C_{\mathrm{ts}}^{t}$——货物运输方式对碳排放的影响；

$\Delta C_{\mathrm{gt}}^{t}$——货物运输强度变化对碳排放的影响；

$\Delta C_{\mathrm{gp}}^{t}$和 $\Delta C_{\mathrm{p}}^{t}$——分别表示人均 GDP 和人口对交通运输碳排放的影响。

(2)城间客运碳排放量影响因素分解

对于城间客运，其碳排放表达为：

$$C_{\mathrm{p}}^{t}=\sum_{a,b}C_{ab}^{t}=\sum_{a,b}\frac{\mathrm{EC}_{ab}^{t}}{\mathrm{EC}_{a}^{t}}\times\frac{\mathrm{EC}_{a}^{t}}{T_{a}^{t}}\times\frac{T_{a}^{t}}{T^{t}}\times\frac{T^{t}}{P^{t}}\times P^{t}\times\mathrm{EF}_{b}\times\frac{44}{12} \tag{2-6}$$

式中：EC_{ai}^{t}——t 年第 a 种运输方式的能源消耗总量；

T_{a}^{t}——t 年 a 种运输方式的旅客周转量；

T^{t}——t 年总的旅客周转量；

P^{t}——t 年的总人口。

参考货运分解模型，根据(2-6)式，可得到：

$$\Delta C_{\mathrm{p}}^{t}=\Delta C_{\mathrm{es}}^{t}+\Delta C_{\mathrm{et}}^{t}+\Delta C_{\mathrm{ts}}^{t}+\Delta C_{\mathrm{gt}}^{t}+\Delta C_{\mathrm{p}}^{t} \tag{2-7}$$

式中：$\Delta C_{\mathrm{p}}^{t}$——碳排放量变化；

$\Delta C_{\mathrm{es}}^{t}$——旅客运输使用的燃料变动对碳排放的影响；

$\Delta C_{\mathrm{et}}^{t}$——能源强度变化对碳排放的影响；

$\Delta C_{\mathrm{ts}}^{t}$——旅客运输方式对碳排放的影响；

$\Delta C_{\mathrm{gt}}^{t}$——人均出行量变化对碳排放的影响；

$\Delta C_{\mathrm{p}}^{t}$——人口对交通运输碳排放的影响。

(3)城市客运碳排放量影响因素分解

对于城市客运，其碳排放表达为：

$$C_{c}^{t}=\sum_{a,i}C_{ai}^{t}=\sum_{a,i}\frac{EC_{ai}^{t}}{EC_{a}^{t}}\times\frac{EC_{a}^{t}}{T_{a}^{t}}\times\frac{T_{a}^{t}}{T^{t}}\times\frac{T^{t}}{M^{t}}\times\frac{M^{t}}{P_{u}^{t}}\times\frac{P_{u}^{t}}{P^{t}}\times P^{t}\times EF_{b}\times\frac{44}{12}\tag{2-8}$$

式中：EC_{ai}^{t}——t 年第 a 种城市客运的能源消耗总量；

T_{a}^{t}——t 年 a 种城市客运的运输量；

T^{t}——t 年总的客运人数；

M^{t}——t 年的机动车保有量；

P_{u}^{t}——t 年的城市人口；

P^{t}——t 年的总人口。

参考货运分解模型，根据(2-8)式，可得到：

$$\Delta C_{c}^{t}=\Delta C_{es}^{t}+\Delta C_{et}^{t}+\Delta C_{ts}^{t}+\Delta C_{mt}^{t}+\Delta C_{mp}^{t}+\Delta C_{pu}^{t}+\Delta C_{p}^{t}\tag{2-9}$$

式中：ΔC_{p}^{t}——城市客运碳排放量变化；

ΔC_{es}^{t}——城市客运使用的燃料变动对碳排放的影响；

ΔC_{et}^{t}——能源强度变化对碳排放的影响；

ΔC_{ts}^{t}——城市客运运输方式（公交分担率）对碳排放的影响；

ΔC_{mt}^{t}——机动车出行次数对碳排放的影响；

ΔC_{mp}^{t}——千人汽车保有量对碳排放的影响；

ΔC_{pu}^{t}——城镇化率对城市客运碳排放的影响；

ΔC_{p}^{t}——人口对城市客运碳排放的影响。

（4）港口生产碳排放量影响因素分解

对于港口生产，其碳排放表达为：

$$C_{w}^{t}=\sum_{i}C_{i}^{t}=\sum_{i}\frac{E_{i}^{t}}{E^{t}}\times\frac{E^{t}}{T^{t}}\times T^{t}\times EF_{b}\times\frac{44}{12}\tag{2-10}$$

式中：E_{i}^{t}——t 年 i 种货物的能源消耗总量；

T^{t}——t 年总的吞吐量。

参考货运分解模型，根据(2-10)式，可得到：

$$\Delta C_{w}^{t}=\Delta C_{es}^{t}+\Delta C_{et}^{t}+\Delta C_{gt}^{t}+\Delta C_{ts}^{t}\tag{2-11}$$

式中：ΔC_{w}^{t}——碳排放量变化；

ΔC_{es}^{t}——港口生产能源结构变动对碳排放的影响；

ΔC_{et}^{t}——港口生产单位综合能耗变化对碳排放的影响；

ΔC_{ts}^{t}——交通运输结构对碳排放变化的影响；

ΔC_{gt}^{t}——港口总的吞吐量对碳排放的影响。

新型城镇化背景下的低碳交通运输影响因素见图 2-1。

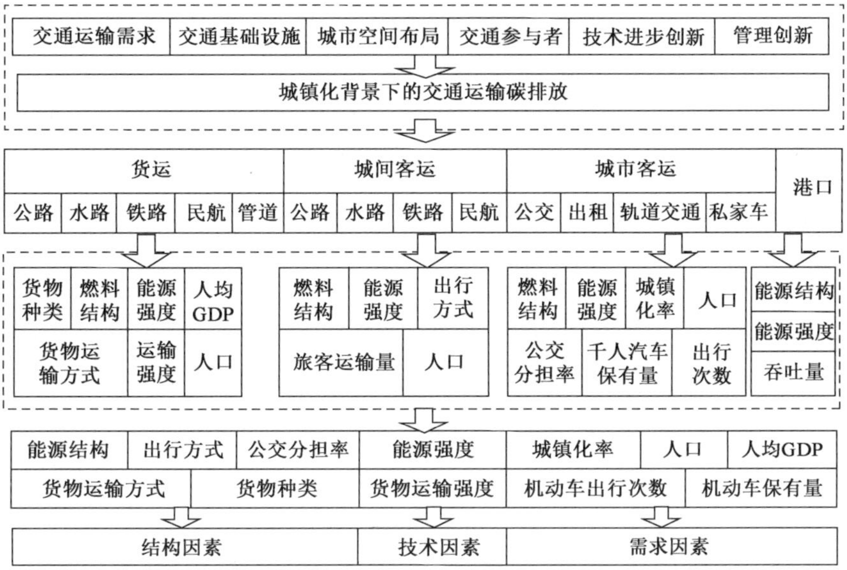

图 2-1　新型城镇化背景下的低碳交通运输影响因素

2. 交通运输碳排放影响因素

根据以上研究，新型城镇化背景下，交通运输碳排放的主要影响因素大致可以归为需求因素、结构因素、技术因素和管理因素四大类，具体包括：

（1）需求因素（外部因素）

①经济发展水平（人均 GDP）

人民生活水平提高的同时对交通的需求逐渐加大，导致交通碳排放量迅速增长。人均 GDP 的增长是国民发展与基本需求的必要条件，能源消费是维持经济系统运行的一项基本投入，在一定程度上反映了国家经济活动的强度和满足国民生活需要的能力。而碳排放是能源消费的直接产物，因此在经济发展初期，碳排放与经济产出（GDP、人均 GDP 等）无疑会保持较高的相关度。根据环境库兹涅茨曲线（EKC）的基本原理，长期来看，环境污染与经济增长之间呈倒 U 形曲线关系，即环境质量随着经济增长的积累呈现先恶化后改善的趋势。说明在不同的经济水平、收入水平和技术条件下，环保意识和改善环境的效果不同，当人均收入增高到一定程度时，就会借助科学技术来优化能源消费结构，减少污染。根据目前的研究，交通运输碳排放具有显著的空间依赖性和动态效应，存在 EKC 拐点，但目前交通运输碳排放与经济增长之间的关系仅存在于EKC拐点的左侧，并且可能长期处于近似的线性正相关状态，即经济增长的同时会持续增加碳排放。

②人口

交通运输是经济社会发展的基础性、先导性和服务性行业，交通运输活动是提供服务及保障经济生产和人民生活的派生需求，因此，人口数量会对交通运输服务需求总量及其结构产生重要影响。城镇化发展过程中的人口迁移、人口规模、人均出行次数等，是交通运输碳排放的关键影响因素。目前我国正处于城镇化、现代化建设的关键时期，随着经济社会的不断发展，加上人口基数较大，对交通运输的需求会越来越大，对交通运输服务水平的要求会越来越高，我国的交通运输行业还有很大的发展空间，这也意味着其能源消耗和碳排放水平也会持续上升。

③城镇化率

有关研究表明，农民工平均消费水平约是农民平均消费水平的2倍，城镇居民消费水平约是农民平均消费水平的3.5倍，同时，城镇化率与旅客运输量之间存在显著的线性相关关系。据统计，我国城镇化率每提高1个百分点，旅客运输量增加7.21亿人次，旅客周转量增加698.9亿人公里。因此，随着城镇化的推进，人口规模增加、城镇人口比重提高、城市居民交通消费比重加大等因素，将推动旅客运输需求保持较快增长。城镇化率的提高，会引起交通运输需求结构变化。对于客运需求结构而言，城镇化的发展，将使得我国的人口布局呈现区域集中的特点，城市之间的人员出行需求呈现方向性特征。另一方面，城市化率越高，产业聚集度也越高，产业间在城市群体系内的联系也更为紧密，从而使得区域间的短距离货物运输需求不断提升，将持续促进货物运输的需求增长。

④货物运输强度

运输强度是指一定时期内运输完成的客货换算周转量与同期国民生产总值之比经济发展对交通运输的依赖性越大，货物运输强度的值就会越大，经济发展所带动的行业能源消耗和碳排放也就越多。调整产业结构，加紧对高耗能行业的改革，增加知识、技术密集型产业比例，提高产品的技术含量，改变以往低附加值、高能耗、高排放的产业特征，逐渐实现高附加值、低能耗、低碳排放，增加交通运输货物的附加值，降低交通运输强度，从而在保证经济稳定快速增长的同时减少碳排放。根据有关研究，2005年，货物交通运输强度为53.52百吨公里/万元，2005

~2015年总体呈现下降趋势，2015年降至26百吨公里/万元。交通运输强度的下降一定程度上也意味着交通运输效率的提高，从而减缓了行业碳排放的增加。特别是在2008年，金融危机使代表交通运输活动水平的运输周转量下降明显，但中国经济仍然保持了高增长速度，此时交通运输强度降至研究区间内的最低值45.08百吨公里/万元，对应减排6807万吨二氧化碳，减排效果十分显著。

⑤机动车保有量

随着城镇化率的提高，汽车保有量会逐步上升，与发达国家相比，我国人均机动车数量仍处于较低水平。根据《2015年国民经济和社会发展统计公报》，2015年末全国民用汽车保有量达到16284.5万辆，达到125.3辆/千人。随着经济发展的提高导致的城镇化及人均收入水平的提高，我国私有汽车保有量将持续上升，汽车保有量与碳排放关系密切，据有关研究，私家车年出行距离平均在1万公里左右，随着保有量的上升，碳排放量将会持续增长。

⑥居民出行次数

对居民城间出行和城市出行来讲，城间旅客运输量和城市居民出行次数是居民出行强度最直接的反映，同时也反映了居民的出行能力和需要。以城市居民平均出行次数为例，城市居民平均出行次数与城市人口数的乘积为出行总量，用以度量城市交通系统最低承受能力限度。一般来说，影响人均出行次数的因素有出行目的、城市布局、生活方式、工作方式、家庭经济状况、交通设施、通信设施等因素，另外，环境质量也是影响出行次数的重要因素。随着城市化进程的加快，大量人口涌入城市，城市规模越来越庞大，土地资源紧张、空气污染、噪声污染、水资源短缺等环境问题随即出现。同时，随着生活水平的提高，人们越来越关注环境污染给健康带来的问题。因此，在分析城市人口出行问题时，环境质量是不可缺少的因素。在城市规模、城市布局无明显差异情况下，经济的差异是导致出行次数差异的主导因素。

（2）结构因素

①能源结构

运输装备的能源结构对碳排放影响较大。汽油、柴油、电力和生物质燃料的碳排放因子存在较大差异，而汽油机、柴油机和电动机等发动机的能效也存在差异，进一步影响了碳排放量。以汽柴油机为例，据有关研究显示，目前汽油机效率一般在20%~30%，柴油机效率一般在28%~40%，因此柴油机车辆要比汽油机车辆油耗低15%左右。随着柴油发动机逐步采用新技术，其效率可达45%，比老式柴油机又节能20%左右。另一方面，替代燃料和新能源的开发研究工作，可有效降低对石油资源的依赖。目前，汽车使用最多的清洁替代燃料有天然气、液化石油气和醇类燃料，使用这三类清洁代用燃料对汽车的改动不大，技术比较成熟，当前正在研究开发的清洁能源和新能源主要有二甲醚、氢气、生物质能LNG和燃料电池等。

②货物运输种类

货物运输按组织方法、运输速度、运输条件、载运车辆、经营方式等分类颇多，这些因素对能耗和碳排放均有一定影响。这里主要系指在经济结构调整及城镇化发展的不同阶段，由于大宗货物或低附加值货物运输相对减少，而高附加值的货物运输相对增加，从而使以吨公里计量的运输强度及能耗指标均发生较大变化。

③运输结构方式

运输结构方式是运输碳排放水平的决定性因素。从运输强度来看，航空运输单耗最高，其次为公路运输，铁路运输、水路运输和管道货运单耗较低，据相关研究，运输相同数量货物，水运比公路运输节能20%以上。由于高速铁路的快速发展和电气化改造，铁路节能技术和管理水平不断提升，铁路运输低碳化发展成效明显，“以电代油”工程取得了重要进展。因此，优化运输结构，选择合适的货物运输方式，大力发展多式联运，实现“水铁联运”“公水联运”“公铁联运”等，是降低货物运输碳排放水平的重要手段。

④公交出行分担率

从城市各种交通方式道路资源占用情况来看，公共交通是一种高效率、集约化的出行方式，能以最小的道路空间占用运送大量的客流，与小汽车相比具有明显优势，符合中国城市人口众多、土地资源紧缺的实际情况。在需求总量不发生显著变化的情况下，出行结构的优化调整（特别是由以非集约化的私人机动化出行为主向集约化的公共交通出行为主转变）对于缓解交通拥堵能起到一定的作用。另一方面，公共交通的单耗要远低于私家车出行的单耗。研究表明，当满载率高于5%时，轨道交通的能耗强度和碳排放强度低于社会小客车。因此，公交优先，应考虑城市公共交通内部结构的均衡性，采取各种政策措施，提高公交出行分担率，从而降低城市客运碳排放量。

从目前来看，公交出行分担率影响受到以下几个因素影响：一是出行条件，良好的行车条件与公共交通设施的不足使居民倾向于私家车出行；二是出行距离，出行距离与居民出行方式有较大相关性，近距离出行以步行为主，中距离以公交和私家车为主，远距离以私家车为主；三是居民经济条件，高收入、高汽车拥有率使私家车使用率高，年均出行距离较高；四是低碳意识，部分居民受教育程度高，对新事物接纳快且社会责任感强，适当引导和现实条件配合能减少小汽车出行次数，提高低碳出行比例。

⑤出行方式

从运送单位乘客的运输效率角度来讲，私人小汽车要大大低于城市公共交通和营业性（公用型）客运车辆的水平，也低于出租汽车。据相关研究表明，不同客运方式之间的能源单耗水平相差很大，铁路和公共汽车都远低于轿车，它们的单位能耗比例是铁路：公共汽车：私人汽车＝1：3：20，由此可见，大力发展公共交通是节约能源的一个重要途径。因此，提高公共交通或公用型运输的比重是降低交通运输碳排放水平的重要途径之一。

（3）技术因素

交通运输能源强度是碳排放下降的主要因素之一。从货运行业能源强度来看，航空货运单耗最高，其次为公路货运，铁路货运、水路货运和管道货运单耗较低，相对来讲更为节能低碳。车辆技术的不断进步、高速铁路的快速发展和电气化改造、“以电代油”工程的推广和运输组织化程度的不断提高，运输能源利用效率不断提升，是行业 CO_2 排放的主要抑制因素。能源强度受到运输装备、路网结构、燃料品质等因素的影响。

一是运输装备水平和运力结构。主要包括车辆的吨位结构、单体车与汽车列车的比例构成、车型结构和车龄结构等。据有关研究表明，普通载货汽车的平均吨位每提高1t，车辆的单耗就可降低6%。为满足国民经济和社会发展需求，我国的车型结构将向逐步轻型化、大型化、列车化、集装箱化等方向发展，拖挂、甩挂运输等先进运输方式将极大地降低能源消耗。相关研究表明，采用拖挂运输可以比单车运输平均降低油耗30%左右。随着经济社会的快速发展及人民生活水平日益提高。对出行的安全性、舒适性、便捷性要求也越来越高，会对公路客运能源强度指标产生负面影响。汽车性能会随着运行时间的增加而发生变化，油耗随着车龄逐渐增加，以货车为例，车龄每增加一年，平均油耗将增加1.38%。

二是路网结构。道路基础设施结构主要指道路的技术等级和路面等级结构，会对交通运输碳排放强度产生较大影响。在道路运输中，一般纵坡大、路面平整度差的道路，以相同的汽车完成同样的运量要比纵坡小、平整度好的公路消耗更多的燃料。道路运输碳排放会因公路等级的提高而提高，日本在高速公路上行驶的小汽车、普通卡车比分别普通公路分别节油 34% 和 42%。目前我国高速公路的平均时速可达到 80 ~ 100 公里/小时，车辆的油耗比普通公路节约 20% 以上。根据国家标准《载货汽车运行燃料消耗量》(GB 4352—84)及《载客汽车运行燃料消耗量》(GB 4353—84)对道路的分类以及相关实验研究的结果，以 1 类道路为基数，汽车在 2 ~ 6 类公路上行驶时，单位能耗要分别提高 10%、25%、35%、45% 和 70%。

三是城市空间布局。城市空间演变模式存在差异，会对交通通勤距离和频率、私家车出行比例等交通需求结构产生重要影响。

第三章　低碳交通运输发展的历程与现状:基于城镇化视角

本章以城镇化为背景,在分析交通运输碳排放影响因素的基础上,研究其关键影响因素的历史趋势变化和现状发展情况。分析的区域包括我国京津冀、长三角、珠三角等城镇化核心区域及其他国家相关区域;同时按东、中、西不同区域特征分别进行分析。

一、我国城镇化与低碳交通发展历程和现状

(一)城镇化的发展阶段回顾

美国地理学家诺瑟姆于1979年提出各国城市化进程的轨迹为S形曲线的理论,即认为城镇化率在30%以下为城镇化发展的初步阶段,30% ~70%为城镇化快速发展的中期阶段,70%以上为城镇化稳步发展的后期阶段。我国城镇化发展迅速,1996年城镇化率突破30%,步入了快速发展阶段。《国家新型城镇化规划(2014—2020年)》中提出的发展目标为到2020年常住人口城镇化率达到60%。根据S形曲线理论并结合我国城镇化发展的实际情况,我国城镇化发展可划分成四个阶段:起步阶段(1949 ~1957年)、波动后停滞阶段(1958 ~1977年)、恢复发展阶段(1978 ~1995年)、加速发展阶段(1996年至今),如图3-1所示,各阶段情况和特点如下。

(1)城镇化起步阶段(1949 ~1957年)

这一时期是我国三年国民经济恢复及“一五”计划时期,国家刚刚结束战乱,

百废待兴，经济建设取得了较大进展。在国家大规模工业化推动下的城镇化取得了一定的进展，新建了一批工矿业城市并且扩建和改造了一批重点城市，城市数量从1949年的36座增加到1957年的176座，城镇人口也从5765万增加到9949万，城镇化水平从10.64%提高到15.39%，年均提高0.59个百分点。这一阶段的突出特点是城乡二元格局十分明显但城市吸引能力和辐射能力较差。

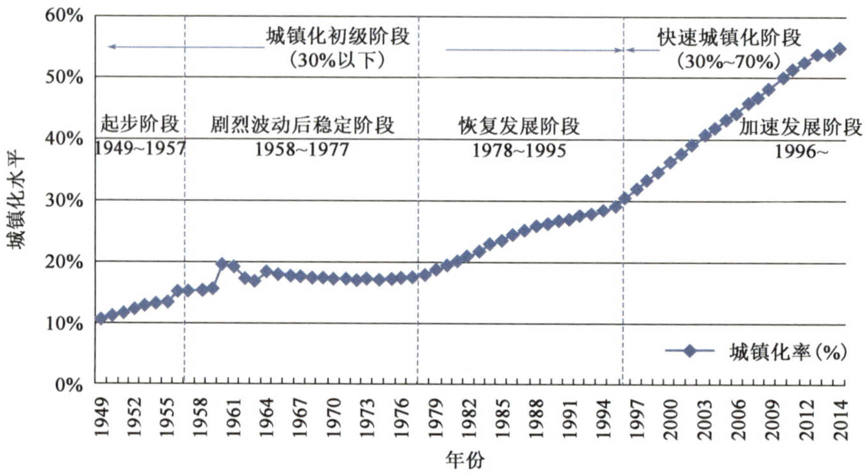

图3-1　中国城镇化发展历程

总体来讲，城市规模仍然较小，城镇化水平较低。从发展速度来看，发展较为缓慢；从产业结构来看，农村经济占主导地位；从动力机制的变化来看，产业化是城镇化的基本动力，少数乡镇企业和农业加工企业开始成立；从空间形态的变化来看，城镇的空间形态呈零星的“点”状结构。

(2)城镇化波动起伏发展阶段(1958～1977年)

这一时期的初始阶段我国经历了工农业生产飞速发展和之后国民经济“调整、巩固、充实、提高”方针的实施，我国的城市化水平也随之波动起伏发展，而在随后的1964～1965年，由于经济形势有所好转，城镇化开始呈现回升态势，到1965年底全国城镇人口缓慢增加到13045万，城镇化水平也恢复到18%左右。20世纪60年代中期我国国民经济开始出现的全面好转并带动城镇化发展逐步恢复，1966年到1978年，城镇总人口从13313万增加到17245万，全国总人口也基本保持了同样的增速(从74542万到96259万)，总体城镇化水平仅从17%缓慢提高到18%，全国城市总数增加了21个。这一阶段的突出特点是，我国第二产业比重已经达到49.4%，城镇化仍然滞后于工业化的发展。

（3）城镇化恢复发展阶段（1978～1995年）

我国的城镇化进程开始步入正常发展的轨道，提出了"小城镇，大战略"，制定了"控制大城市规模，合理发展中等城市，积极发展小城市"的城市发展方针。1978～1992年，虽然全国总人口从97542万增加到117171万，但由于城镇人口增速更快，从32175万增加到18495万，城镇化水平从18.96%提高到27.46%，总体上提高了8.5个百分点，年均提高0.68个百分点，是我国之前29年城镇化速度（年均提高0.25个百分点）的2.72倍，是世界同期城镇化速度的2倍（年均提高0.34个百分点）。城镇数量也呈现迅速增加态势，14年间城市总数增加了301座（由216座增加到517座），年均新设市23座（其中1988年增设了53座），建制镇的数量从1979年的2851座增加到1992年的11985座，总计增加9134座。

这一阶段城镇化率还尚未达到30%，仍处于城镇化的初步发展阶段；从产业结构的变化来看，第二产业占主导地位，产业结构从1978年的28.2∶47.9∶23.9调整为1995年的20.0∶47.2∶32.9；从动力机制的变化来看，产业化是城镇化的基本动力；从空间结构变化来看，城镇的空间形态呈现逐渐密集并向外扩散的"点"状结构，城市的产业集聚和扩散功能逐渐增强，城市建成区向外扩展，如北京、上海、广州等城市已表现出典型的郊区化过程；从交通运输发展情况来看，交通运输需求增长迅猛，部分地区出现交通瓶颈问题。到1995年，我国铁路营业总里程达到了6.2万公里，相当于建国初期的近6倍，公路里程115.7万公里，相当于建国初期的14倍。全国交通基础设施建设投入不断加大，基本形成了公路、铁路、水运、航空网络骨架，不少大城市开始建设环路、大型立交、高架道路、地铁。这一时期交通需求增长迅猛，交通基础设施的建设仅仅在局部、短时间地改善了城市交通，因此，城市交通拥堵问题开始显现，且日益严重。

（4）城镇化加速发展阶段（1996年至今）

2001年"十五"计划首次提出城镇化战略，"走大中小城市和小城镇协调发展的道路"；2002年党的十六大报告提出，繁荣农村经济，加快推进城镇化进程；2007年党的十七大报告指出，以特大城市为依托，形成辐射作用大的城市群，培育新的经济增长极，促进大中小城市和小城市协调发展。2012年党的十八大报告指出，科学规划城市群规模和布局，增强中小城市和小城市镇产业发展、公共服务、吸纳就业、人口聚集功能。2014年3月16日，中共中央、国务院印发《国家新型城镇化规划(2014—2020年)》,指导全国城镇化健康发展,努力走出一条以人为本、四化同步、优化布局、生态文明、文化传承的中国特色新型城镇化道路。

这一阶段的特点是人口和经济活动迅速向城镇集聚,城镇化水平明显加快,年均大约提高一个百分点,城镇地域大幅拓展并出现城镇密集地区。从产业结构的变化来看,农村经济已退居次席,城镇经济全面崛起,第一产业就业比重持续下降,第二、三产业就业比重相继上升;从动力机制的变化来看,产业化是城镇化的重要动力,第二、三产业对城镇化的推动作用日渐显露;从空间形态的变化看,城镇空间形态上呈紧凑的“面”状或“带”状结构。

(二)交通运输发展历程回顾

为国民经济和社会发展的基础性、服务性和先导性行业,交通运输的发展总体来说与国家城镇化及经济发展规律高度吻合。

(1)建国初期至改革开放前(1949～1977年)

新中国成立到改革开放前,我国处于工业化准备阶段,经济发展较为落后。这一时期,我国交通运输整体发展水平不高,公路水路交通发展滞后。政府主要以计划手段来组织运输生产活动,运输需求活力有限。在交通发展百废待兴的背景下,为解决从无到有的基本问题,实现了公路水路基础设施的初步发展,为恢复经济、建立新的国民经济体系提供了支撑。但由于交通基础设施等级低,运输装备落后,交通基础设施和运输保障能力十分有限,整体滞后于经济社会发展。

从交通发展情况来看,道路条件明显改善,但机动化水平较低。建国初期交通发展落后,部分大城市(北京、上海)自行车和人力车较为普遍;一般中小城市,自行车和人力车;在农村,则以步行为主。“一五”计划期间兴建了宝成铁路、鹰厦铁路;新藏、青藏、川藏公路顺利通车,加强了祖国内地同边疆的联系,也便利了经济文化的交流;1957年,武汉长江大桥建成,连接了长江南北的交通;部分重点城市进行了道路基础设施建设,道路条件明显改善。这一时期,自行车作为城市居民的代步工具得到了迅速发展,但同时汽车数量增长缓慢,道路容量大于交通量,因而城市交通比较畅通,车速稳定。

(2)改革开放后到20世纪90年代中后期

在这一阶段,国民经济持续发展,人民生活水平快速提高,对交通运输产生了旺盛的需求,交通运输能力不足的矛盾逐渐凸显,成为国民经济的薄弱环节,严重制约了经济社会的发展。

20 世纪 80 年代中期，交通运输全面紧张，“行路难”、“运货难”成为影响当时社会生产、人民生活的突出问题。为缓解交通运输对经济社会发展的瓶颈制约，国家出台了“开征车辆购置附加费”、“开征港口建设费”、“贷款修路、收费还贷”等一系列加快交通发展的政策。交通行业坚持尽快适应国民经济发展要求、不断提高交通供给能力的主导思想，率先打破行业封闭的状态，确立了“市场开放”的行业发展战略，提出了“有路大家行车，有水大家行船”、“国家、集体、个人一起上”的市场开放政策，调动了社会力量的积极性，极大地解放了运输生产力，缓解了运输供给不足。

随着一系列政策的实行，交通基础设施建设的滞后很快成为运输供给能力提高的“短板”。为加快公路和港口等基础设施的建设步伐，缓解交通基础设施的瓶颈制约，交通行业逐步确立了跨越式发展的思想和战略，并通过一系列的中长期建设规划来规划交通建设重点。在公路建设方面，交通部先后出台了国道网规划、“三主一支持”规划、《国道主干线系统规划》、《全国 30 年公路网规划》、《国家重点公路建设规划》、《西部开发公路规划》等文件；在港口建设方面，陆续出台了全国主枢纽港口布局规划等措施。这些战略规划明确了公路、水路交通基础设施建设的行动序列，为落实交通跨越式发展战略，实现公路、水路交通基础设施总量的快速发展提供了可操作的蓝图。经过十几年的交通规划与建设，公路、水路交通基础设施有了长足发展，面貌有了明显改观，交通全面紧张的局面得到缓解，特别是在 1998 年抓住国家实施积极财政政策的机遇后，实现了交通基础设施的跨越式发展，长期存在的运输紧张局面得到了很大改善。

综上所述，这一时期，交通更加强调加快发展，以基础设施建设为重点，主要依赖资源、能源、资金等要素驱动，交通运输发展呈现出被动适应型和外延扩张型的特点。

(3)20 世纪 90 年代中后期至今

这一阶段，我国逐步从解决温饱问题过渡到全面建设小康社会的新时期。工业化水平显著提高，高附加值产品种类和规模所占比重不断上升，经济结构尤其是产业结构发生了迅速发展，人民生活水平极大改善。但是随着居民能源消费水平的提高，我国的经济发展与资源、环境问题的矛盾日益突出，造成了土地、淡水、煤、电、油等资源的高度紧张及生态环境的加速恶化。资源和环境问题已经成为制约经济社会进一步发展的主要因素因此，国家经济的工作重点逐步转移到调整经济结构、转变增长方式、提高质量效益上来。

这一阶段，交通行业国家发展大局的服务更加主动，制定了《交通三阶段发展战略》、《全面建设小康社会公路水路交通发展目标》、《交通行业树立和落实科学发展观的指导意见》、《建设节约型交通指导意见》等行业发展战略，改变了以往过度强调交通跨越式发展特别是强调基础设施建设速度的思路，改变了"先发展，后治理"的粗放式发展模式，开始强调交通"又好又快"的发展。交通行业相继发布了《国家高速公路网规划》、《全国农村公路建设规划》、《全国沿海港口布局规划》、《全国内河航道与港口布局规划》、《国家水上交通安全监管和救助系统布局规划》以及长江三角洲、珠江三角洲等区域交通发展规划等一批重大交通规划，在这一系列规划的指导下，高速公路、沿海港口保持较快发展，农村公路建设取得重大突破，公路水路交通为支撑经济社会快速发展做出了重要贡献。但在交通供给能力不断提高的同时，仍然存在着交通结构不尽合理、增长方式比较粗放等问题，资源和环境对交通发展的制约日益突出。

随着我国城镇化及经济的高速发展，以航空、铁路、公路、水路以及管道五种运输方式为主的综合交通运输系统逐渐形成。伴随而来的是交通运输需求不断提高，城市机动车数量快速增加，交通拥堵问题逐步显现，因此国内各大城市开始重新认识城市交通发展政策。北京、上海、广州、天津等大城市纷纷制定了优先发展城市公共交通的战略，并在这一战略指引下，先后制定了大规模的轨道交通建设规划，"以轨道交通为骨干，常规公交为主，其他公共交通方式为补充"的公共交通发展目标日渐明晰。在这一阶段，很多管理者和学者也提出建设结构合理的基础设施、优先发展公共交通系统、结合土地利用的交通引导型城市发展模式及多样化的交通需求管理等措施。

如图 3-2 所示，2016 年，全国货物周转量为 182432.29 亿吨公里，相当于 1980 年的 15.69 倍，年均增长率达 7.9%。2016 年旅客周转量为 31239.87 亿人公里，相当于 1980 年的 13.7 倍，年均增长率 7.5%。这说明，随着城镇化进程的加快，大量人口从农村转移到城镇，中国社会正在由以农业为主的传统乡村型社会向以工业（第二产业）和服务业（第三产业）等非农产业为主的现代城市型社会加速转变，因此，交通运输的需求量也迅速增加。

这一时期，随着运输需求的迅猛增长，交通运输更加强调科学发展，发展重点也从基础设施建设向基础设施、运输服务和支持保障等协调发展转变,更加依靠科技进步、效率提升等创新驱动,交通发展模式呈现出主动服务型和集约内涵型的趋势。

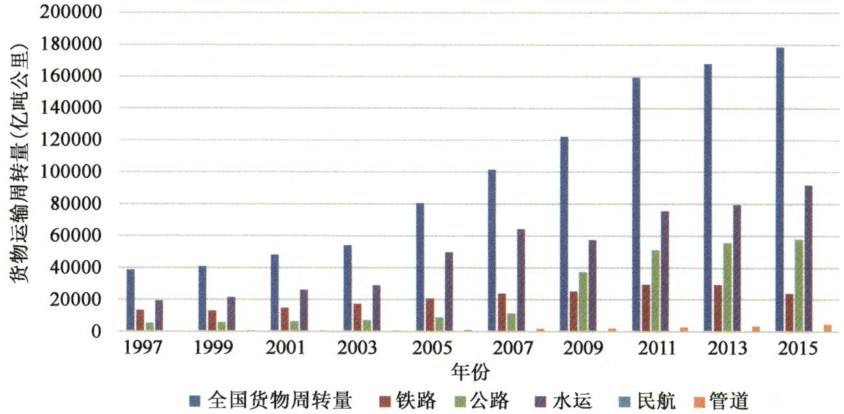

a)货物周转量

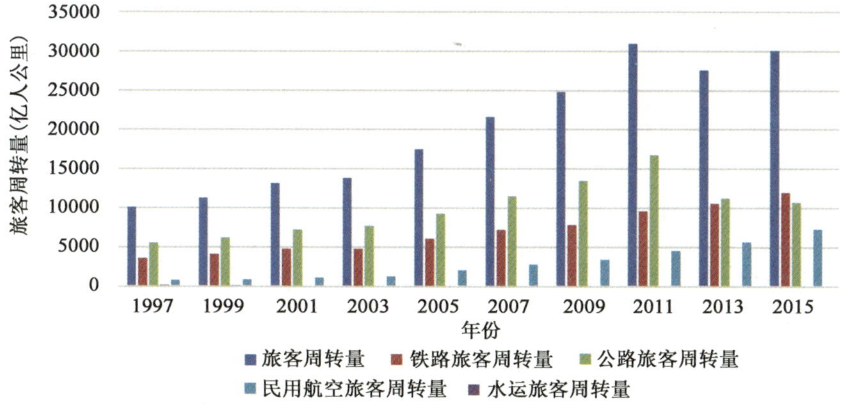

b)旅客周转量

图 3-2　1997～2015 年中国交通运输客货周转量

(三)我国城镇化发展阶段性特征分析

一般说来,城镇化率在 30%～70% 的区间是城镇化的快速推进时期。其中,城镇化率 50% 是一个重要的转折点以此为界,30%～50% 的区间为加速时期;50%～70% 的区间为减速时期。根据中国社会科学院魏后凯研究员的分析,当前,中国城镇化率已越过 50% 的拐点,2015 年达到 56%,进入了减速期,因此,今后城镇化的速度将逐步放慢,由加速推进向减速推进转变。然而,由于发展阶段和城镇化水平的差异,各地区城镇化趋势格局不尽相同。总体上看,东部和东北地区已进入城镇化减速时期,其城镇化速度将逐步放慢,而中西部地区仍处于城镇化加速时期，是中国城镇化加快的主战场。随着中西部城镇化进程的加快，中西部与东部地区间的城镇化率差异将逐步缩小。

城镇化与工业化之间的关系对交通有一定影响。将中国和钱纳里“发展模型”的城镇化与工业化水平相比较，可以直观地看到中国与世界一般水平的差距。在世界各国的一般发展模式中，城镇化水平要高于工业化水平，具体表现为：在工业化初期和中期，城镇化随工业化加速推进，且城镇化的速度会超过工业化的速度。而中国的情形正好与之相反，城镇化水平要低于工业化水平，城镇化推进的速度也远远低于工业化推进的速度。这种情形直到1978年人均GNP为200美元时才有所改变。改革开放以来，随着城镇化推进的速度明显加快，城镇化与工业化的偏差才逐渐缩小。

（四）我国城市发展格局分析

1. 我国城市格局现状评价

（1）城市数量缓慢增加

1980～2015年，我国各类城市总数由223个增加到658个，平均每年净增13座城市，城市总数保持逐步递增趋势；但自2000年以后，由于国家设市政策的逐步收紧，城市总数不但没有增加，反而成降低态势，2000年全国城市总数为663个，2005年为661个，到2010年降低为657个，2013年又回升到660个，2015年又减少到658个（表3-1）。总体而言，近30多年，我国城市数量成缓慢增加态势。

中国城市数量变化统计表 表3-1

年份	1980	1990	1995	2000	2005	2010	2013	2015
城市数量（个）	223	467	640	663	661	657	660	658

（2）大城市数量偏多，小城市数量偏少

城市规模与数量是由城市所在的区位、自然基础、经济社会发展等多种因素决定的。根据第六次人口普查数据，我国市区常住人口50万人以上的城市由1990年的59个增加到2010年的252个，其中市区常住人口超过1000万人的超大城市在2010年达到6个，500万～1000万人的特大城市由1990年的2个增加到2010年的10个，100万～500万人的大城市由29个增加到120个，50万～100万人的中等城市由28个增加到106个，20万～50万人的Ⅰ型小城市城市由117个增加到253个，小于20万人的Ⅱ型小城市由291个降低到162个（表3-2）。总体而言,近20年,我国城市规模中,大城市数量偏多,小城市尤其是人口小于20万人的小城市数量偏少。

中国不同规模城市数量变化统计表　表3-2

城市规模	市区常住人口	1990年	1995年	2000年	2005年	2010年
超大城市	≥1000万	0	0	0	1	6
特大城市	500万~1000万	2	2	2	3	10
大城市	100万~500万	29	30	38	49	120
中等城市	50万~100万	28	43	53	78	106
小城市	20万~50万	117	192	218	243	253
	<20万	291	373	352	287	162

2. 我国未来城市发展格局分析

(1)严控"两大"(超大和特大城市)

在我国,"城市病"最严重的地区是市区常住人口超过1000万的超大城市和500万~1000万的特大城市。"两大"(超大和特大城市)对国家城镇化的贡献由1990年的4.13%提升到2010年的12.83%,与此同时诱发的"城市病"越来越严重。在这种情况下,决不能继续把"两大"(超大和特大城市)作为新型城镇化和接纳新增进城人口的重要基地,必须采取各种措施严控"两大"(超大和特大城市)的人口及建设用地规模,防止"两大"作为新型城镇化的人口基地并千方百计地疏散"两大"(超大和特大城市)人口和产业。

(2)激活"两小"(小城市和小城镇)

通过相应鼓励政策将"两小"(小城市和小城镇)作为农民市民化的首选地。一是把小城市和小城镇作为就近、有序、低成本转移农业人口、实现农民市民化的首选地;二是制定一系列扶持小城市和小城镇产业发展的优惠政策,下大力气通过产业和服务转移,给小城市和小城镇增加就业机会。

二、城镇化背景下的低碳交通运输发展现状及特征

由第二章的分析可知,影响交通运输碳排放水平的主要因素包括交通需求、运输结构、技术及管理等。结合这些影响因素,本节对城镇化背景下交通运输发展特征进行分析。

(一)交通运输二氧化碳排放状况

(1)交通运输碳排放总体情况

随着快速城镇化进程,全国客货运周转量大幅攀升,交通运输行业二氧化碳排放总量增长迅速。随着我国进入快速城镇化进程,经济社会发展迅速,人民生活水平显著提高,导致交通运输需求量大幅增加。因此,交通运输二氧化碳排放总量也相应持续快速增长。如图3-3所示,我国交通运输二氧化碳排放量由2005年的5.35亿吨增加到2015年的12.33亿吨,总增长率达到130.4%,年均增长率也达到了8.71%;交通运输二氧化碳排放占全国总量的比重也快速上升,从2005年的9.08%上升到2015年的11.94%。在考虑外购电力5260万吨碳排放量的情况下,2015年交通运输碳排放将达到12.86亿吨,占全国总量比重12.44%。这即说明,在大力推行新能源运输装备的前提下,优化电源结构,提高发电和供电效率仍十分重要,只有这样,才能真正发挥交通运输行业"以电代油"的减排效果。

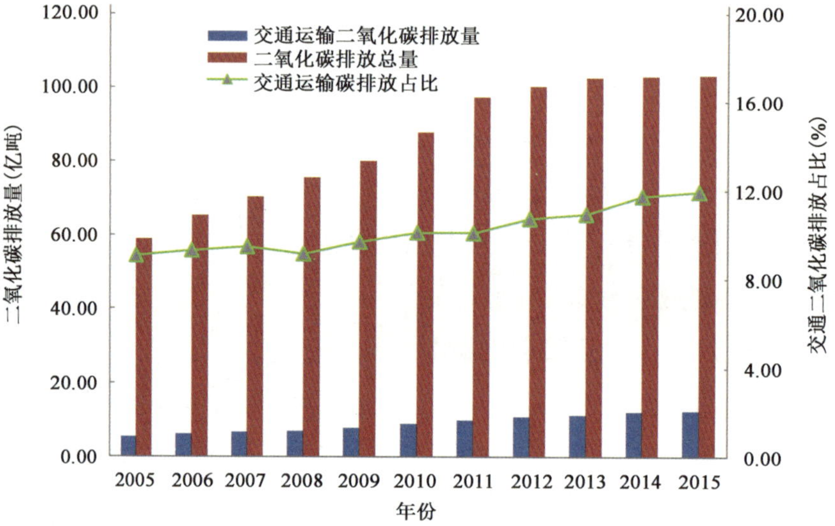

图3-3 2005~2015年中国交通运输行业碳排放量及其占比

货运碳排放量占比仍处于高位。由于交通运输不同子行业的技术条件、经济特点和市场需求的差异,我国货运行业的碳排放远高于城间客运和城市客运行业从历年交通运输行业碳排放趋势(图3-4)来看,货运和城间客运碳排放占比有所下降,其中,货运行业碳排放占比从2005年的69.6%下降到2015年的61.82%,与此同时,城市客运碳排放占比稳步上升,能耗占比从2005年的16.21%上升到

2015 年的 25.71%(图 3-5)。造成这一结果的原因是快速城镇化导致大量人口向城市聚集,城市客运需求量大幅增加。

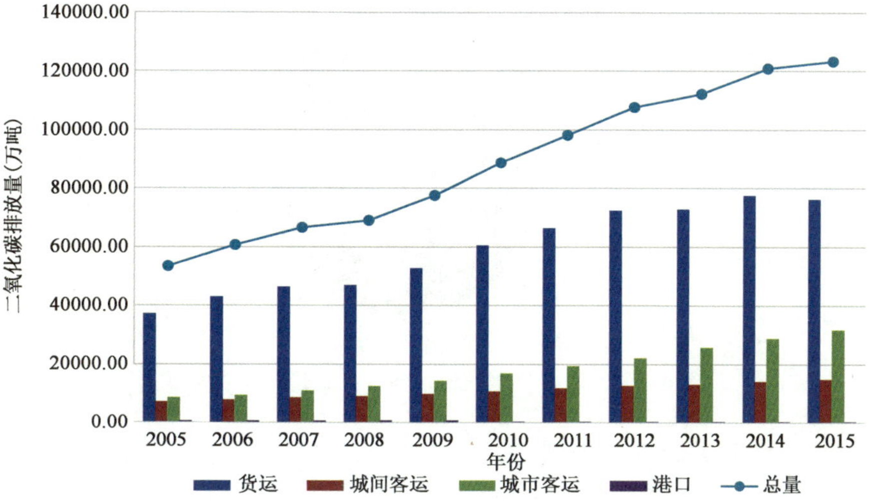

图 3-4　2005～2015 年中国交通运输行业各领域碳排放结构

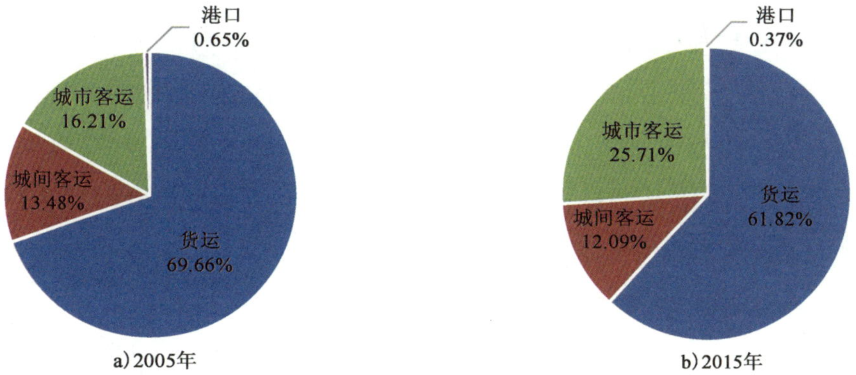

图 3-5　2005 年和 2015 年不同交通运输子行业二氧化碳排放占比

从碳排放构成来看,柴油燃烧产生的碳排放量占绝对比重,而天然气等清洁能源消费占比稳步上升。2015 年交通运输能源消费结构中柴油占比最大,其次是汽油、燃料油、航空煤油、电力和天然气(图 3-6)。随着铁路电气化和城市轨道交通的快速发展及港口装卸机械设备"油改电"技术的推广,电力消费量稳步上升,但上升幅度仍未超过交通运输行业总能耗的上涨幅度,所以电力在交通运输行业能源消费中所占比重有所下降;随着天然气等清洁能源在城市公交和出租车中的普及应用,天然气消费占比呈稳步上升趋势。

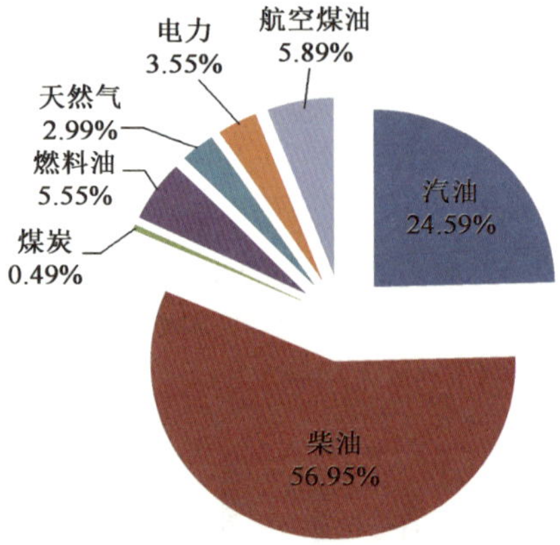

图 3-6 2015 年中国交通运输行业能源消费结构

（2）货物运输领域碳排放现状

公路营运货车碳排放占绝对比重且呈上升态势，铁路货运、水路货运行业碳排放占比下降，航空货运行业碳排放总量上升较快（图 3-7）。近年来，随着快速城镇化进程带来的交通需求变化，在我国货运行业能源消费中，公路营运货车能耗占绝对比重，且呈上升趋势，铁路货运、水路货运行业能耗有所下降，航空货运行业能源消费占比也有所下降，非营运货车能耗、农用运输车能耗和管道货运占比总体平稳，港口能耗和二氧化碳排放占比逐步下降。从终端碳排放对比来看，公路营运货车碳排放占比从 2005 年的 43.38% 上升至 2015 年的 61.58%；铁路货运碳排放占比从 2005 年的 8.13% 下降至 2015 年的 2.04%；航空货运碳排放量占比由 2005 年的 1.89% 下降为 2015 年的 1.75%。

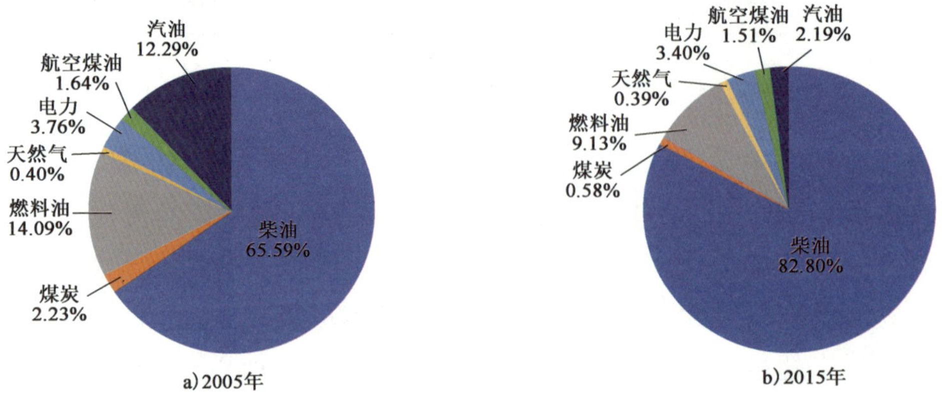

图 3-7 2005 年和 2015 年货物运输领域各子行业 CO_2 排放占比结构

货运行业能源消费结构呈不断优化趋势。从货运行业能源消费结构(图3-8)来看,柴油和汽油消费占绝对比重,电力所占比例较小。“十一五”以来,随着营运车辆柴油化进程的加快,柴油占交通行业能源消费比重快速上升,从2005年的65.59%提高到2015年的82.8%,成为货运用能的最主要品种;燃料油是货物运输活动的第二大能源品种,但随着水路运输中柴油化进程加快和替代能源的使用,燃料油消费占比会有所下降;铁路货运中电气化改造和港口“RTG”油改电技术的推广,使得货运行业中电力消耗逐年上升,2015年电力消费量比2005年增长185.85%。

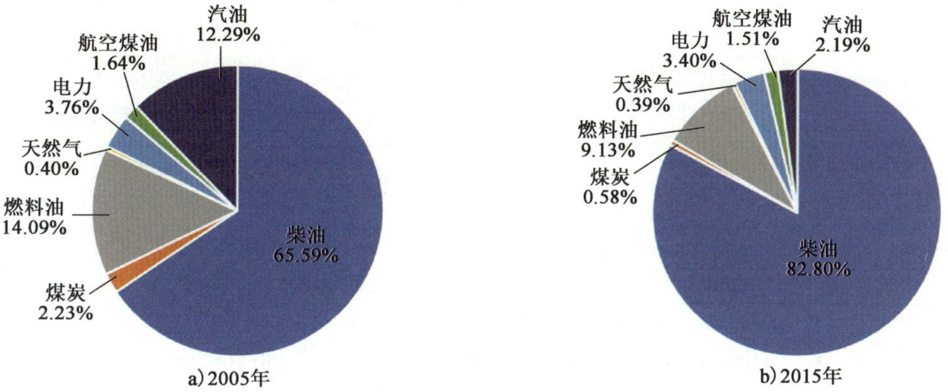

图3-8　2005年和2015年货运领域能源消费结构

从货运能源强度来看,航空货运单耗最高,其次为公路货运,铁路货运、水路货运和管道货运。但随着经济发展,高附加值货物比重增加,未来降低能源强度形势仍较为严峻。从降幅幅度来看,随着车辆技术的不断进步及运输组织化程度不断提高,公路运输能源利用效率不断提升,货运单耗有所下降,由2005年的3.56千克标煤/百吨公里下降至2014年的3.0千克标煤/百吨公里;由于高速铁路的电气化改造,铁路节能技术和管理水平不断提升,铁路运输低碳化发展成效明显,“以电代油”工程取得了重要进展;民航货运单耗方面,随着我国航空燃油利用效率的逐年提高,航空货运单耗逐年下降,由2005年36.40千克标煤/百吨公里下降至2015年261千克标煤/百吨公里(图3-9)。另一方面,在公路、水路和铁路运输领域,煤炭及其制品等附加值较低的产品在各类货物中占比最大,这是由于我国还处于城镇化快速发展阶段及工业化的中后期,工业在经济总量中占比高。目前,我国的货物交通运输强度已从1980年的255.83百吨公里/万元降至2015年的29.54百吨公里/万元,但该强度仍相当于美国的8倍。交通运输强度的下降一定程度上意味着交通运输效率和运输产品附加值的提高，但附加值的提高在一定程度上也增加了单位货物运输周转量的能耗，因此，随着城镇化快速发展，降低能源强度的形势依然较为严峻。

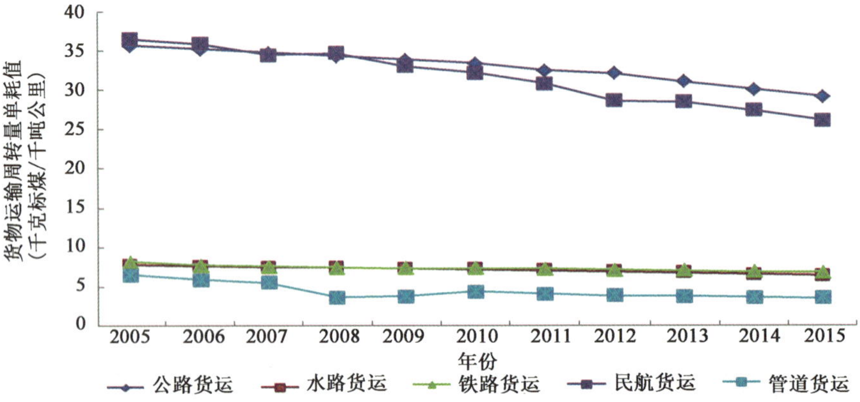

图 3-9　2005～2015 年货运行业单位能耗情况

（3）城间客运领域碳排放状况

客运结构发生显著性变化，铁路客运占比稳步回升，公路客运占比回落，民航客运占比逐年提升（图 3-10）。2015 年旅客周转量达到 30058.89 亿人公里较 20 年前翻了两番。随着城镇化进程的加快，大量人口从农村转移到城镇，中国社会由以农业为主的传统乡村型社会向以工业（第二产业）和服务业（第三产业）等非农产业为主的现代城市型社会加速转变，交通运输的需求量也迅速增加并呈多样化发展。高速铁路等的建设大大缩短了城间客运时间，使得居民出行更加高效便捷，越来越多的人将铁路作为城际旅行的主要方式，而更远距离的出行人们则选择民航。

城间客运二氧化碳排放呈总体上升趋势，其中公路客运和航空客运的碳排放量增长较为明显。公路和民航客运的增幅分别达到了 174.76% 和 294.77%，而铁路客运量虽然持续增长，但是由于电气化进程加快，2015 年比 2005 年减少了 8.42%。从终端碳排放对比来看，公路营运客车碳排放占比从 2005 年的 48.79% 下降至 2015 年的 44.34%；铁路客运碳排放占比从 2005 年的 8.14% 下降至 2015 年的 3.61%；航空客运碳排放量占比由 2005 年的 34.23% 上升为 2015 年的 48.81%（图 3-11）。由此可见，优化我国发电结构，提高发电和供电效率对于减少碳排放具有重要的意义。

城间客运能源消费结构不断优化，柴油化趋势明显，航空煤油占比和电力占比逐年上升(图 3-12)。柴油消费占比从 2005 年的 44.10% 提高到 2015 年的 48.32%,成为城间客运用能的最主要品种;汽油消费占比降幅较大,2015 年占比为 2.02%,相比 2005 年降低了 17.55 个百分点;由于民众收入水平提高和航空出行快速便捷的优势,近年来民航运输迅速发展,航空煤油已成为城间客运交通运输行业的重要能源品种,2015 年民航客运航空煤油能耗占比达到 43.3%;我国高速铁路快速发展,铁路"以电代油"范围进一步扩大,电力消费占比呈不断上升态势,从 2005 年的 3.58% 上升到 2015 年的 5.31%。

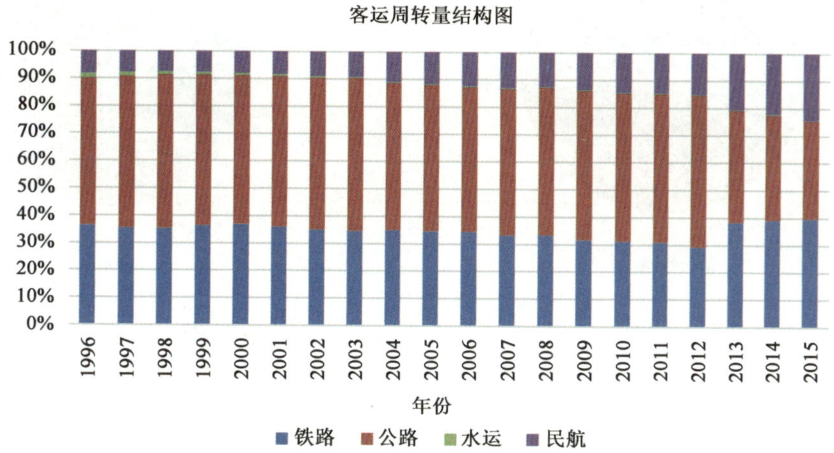

图 3-10　1996～2015 年客运结构变化情况

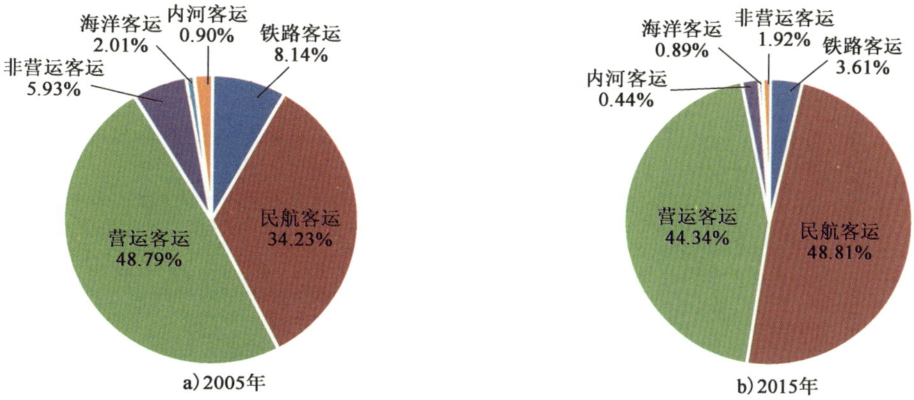

图 3-11　2005 年和 2015 年不同城间客运子行业碳排放结构

从城间客运能源强度来看(图 3-13),铁路客运的单位运输周转量能耗最低。铁路客运单耗约为公路客运单耗的 0.3 倍,其次是水路客运和公路客运,航空客运单耗最高。随着铁路的快速发展以及对既有线电气化改造,2015 年铁路客运单耗下降至 4.67 千克标准煤/千人公里。综合来看,铁路客运已成为综合交通运输方式中牵引能耗结构最优的运输方式,其次是公路客运和民航客运,水路客运单耗仍较高,需要不断提升。

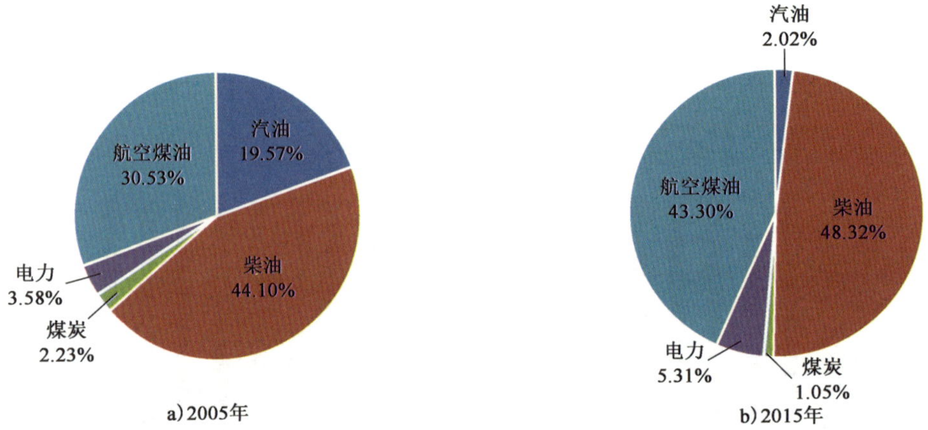

图 3-12　2005 年和 2015 年城间客运能源消费结构

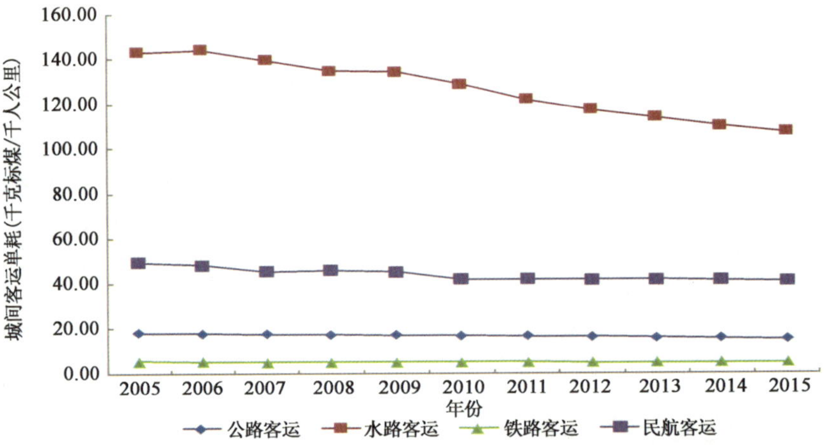

图 3-13　2005 ~ 2015 年城间客运单位能耗情况

(4)城市客运领域碳排放状况

私家车能耗和碳排放上升较快,成为拉动城市客运能耗和碳排放增长的主要动力。随着我国城镇化进程的加快,城市私人乘用车和公共交通规模迅速增长,相对应的二氧化碳排放量呈现快速增长趋势。其中私人乘用车占比最大,由 2005

年的27.02%上升到2015年的70.85%，其次为摩托车、出租车和公共汽电车（图3-14）。城市客运各种交通运输方式碳排放的比例结构发生了明显变化，私人乘用车的碳排放占比上升较快，成为拉动城市客运碳排放增长的主要动力。随着近年来清洁能源及新能源在城市公交、出租车中的应用和轨道交通的快速发展，城市公共交通的碳排放占城市客运比重总体呈下降态势。

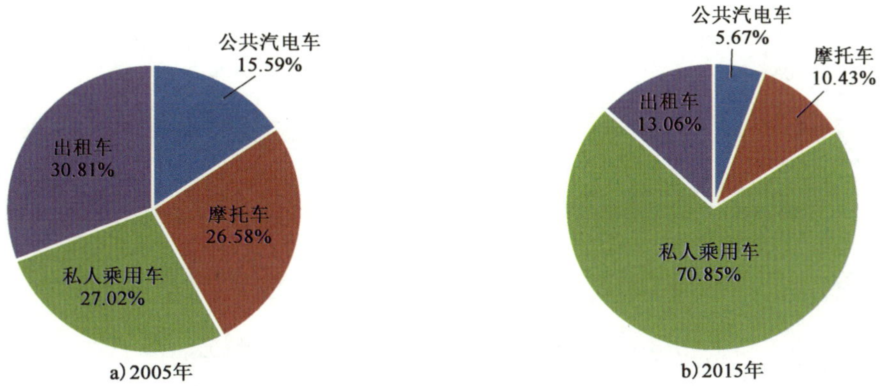

图3-14 2005年和2015年城市客运 CO_2 排放占比

城市客运能源消费结构中，汽油消费仍占绝对比重，但占比有所下降（图3-15）。城市客运中的汽油消费占比由2005年的93.44%下降至2015年的85.11%，天然气和电力占比有所上升。一是由于天然气在城市公交和出租车中的推广应用，导致消耗占比增长迅速，由2005年的2.17%上升到10.15%；二是轨道交通近年来实现了跨越式发展，电力能耗占比有所增加。

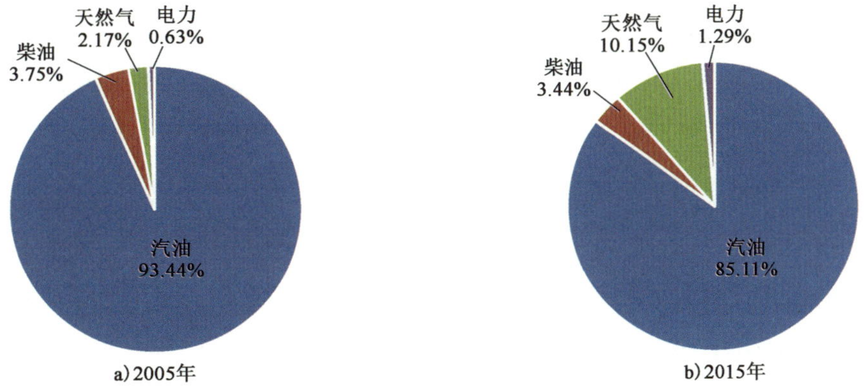

图3-15 2005年和2015年城市客运能耗消费结构

从城市客运能耗强度来看，轨道交通和公共汽电车的单耗较低，出租车单耗较高。2015 年公共汽电车、出租车和轨道交通的单耗分别为 1.29 吨标煤/万人次、5.76 吨标煤/万人次和 1.498 吨标煤/万人次（图 3-16）。

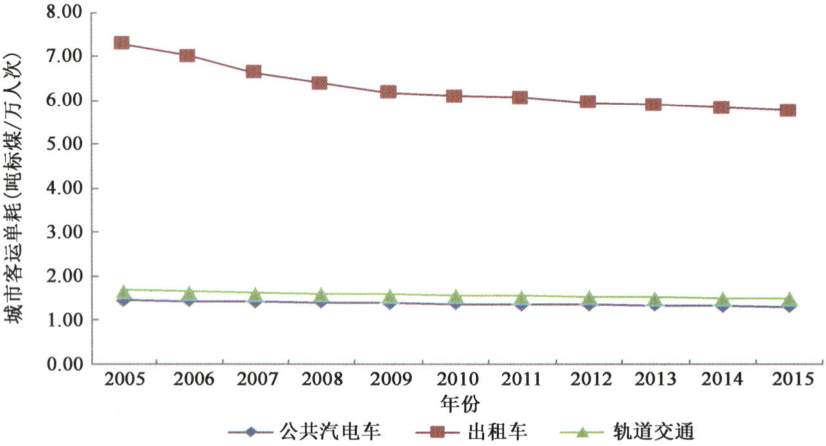

图 3-16　2005 ~ 2015 年城市客运单位单耗情况

（二）城镇化背景下低碳交通运输发展的主要特征

（1）我国城镇化与经济同步快速发展，城镇化将成驱动经济发展的强大动力

目前，我国城镇化率为 57.35%（图 3-17），远低于发达国家 80% 的平均水平，也低于人均收入与我国相近的发展中国家 60% 的平均水平，正处于城镇化发展的中期阶段（城镇化率为 30% ~ 70%）。这一阶段的典型特征是城镇化的加速发展，在未来 20 年，我国城镇化还将继续处于快速发展阶段，城镇化发展空间还很大。目前，我国经济发展水平与城镇化处于同步快速发展阶段，在《国家新型城镇化规划（2014—2020 年）》中，明确提出城镇化的持续快速的提高，会使更多农民通过转移就业提高收入，通过转为市民享受更好的公共服务，从而使城镇消费群体不断扩大、消费结构不断升级、消费潜力不断释放，同时也会带来城市基础设施、公共服务设施和住宅建设等巨大投资需求，是保持经济持续健康发展的强大引擎。经济合作与发展组织（OECD）发布的《中国经济调查》报告指出，中国的新型城镇化将成为中国经济增长的主要驱动力。

（2）城镇化高速发展驱动机动化水平显著提升

城镇化与机动化进入同步快速发展时期（图 3-18）。改革开放以来，国民经济持续迅速增长，城镇化和机动化水平也显著提高。虽然机动化进程起步较晚，但是发展速度比城镇化更为迅猛，近十年来，年均增长率达到了 18.5%，因此，中国目前处于城镇化和机动化同步快速发展期。

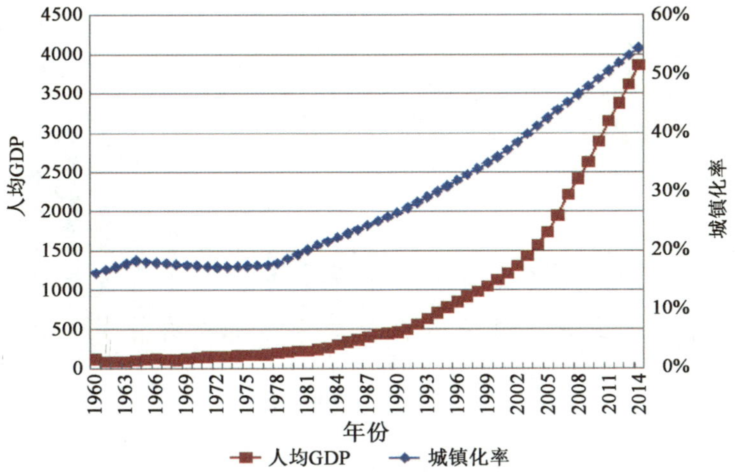

图 3-17 中国 1960～2014 年经济、城镇化发展状况

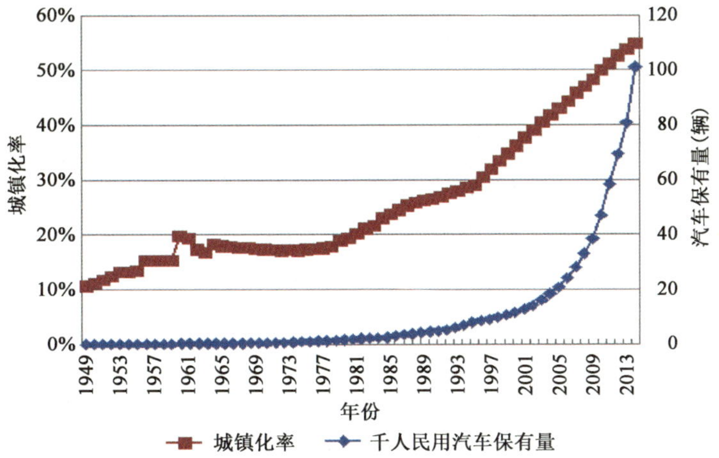

图 3-18 我国历年城镇化与机动化水平

私人小汽车出行持续快速发展，大城市拥堵愈发严重。由于城市社会经济发展和人民生活水平提高，机动化水平迅速提高，人们的消费结构和出行结构都发生了重大变化，私人汽车消费日趋普遍，保有量增长迅猛（图 3-19）。截至 2016 年底，全国私人汽车拥有量达 14099.1 万辆，而 2001 年私人汽车保有量只有 771 万

辆,15 年内增长了 18.3 倍,年均增长率为 115%,而且这种增长趋势并没有停止的迹象,也就是说在未来一段时期内,我国私人汽车保有量还将进一步上升。机动化进程快速发展在我国大城市中表现得尤为突出,交通拥堵愈发严重,迫使北京、贵阳等城市纷纷出台摇号、限行等需求管理措施。

图 3-19　1996～2016 年全国私人汽车拥有量及其增长率变化图

据有关专家预测,2020 年,中国的私人汽车拥有量将突破 2 亿辆大关,之后将继续保持快速增长,到 2030 年,有可能突破 3 亿大关。

从个人角度看,小汽车是一种舒适、快捷、个性、私密等优势的交通工具;从国家经济角度看,私人汽车消费的升温,不仅会给中国支柱产业之一的汽车产业带来发展契机,而且将带动众多相关产业迅速发展,这对于中国经济发展、产业结构调整都具有重大意义。然而,从城市交通可持续发展及城市环境角度来看,越来越多私人小汽车的出现,会导致城市交通能源消耗巨大、道路交通堵塞日益严重、交通事故频发、空气质量下降、城市环境恶化等问题,因此,如何正确引导私人汽车的拥有和使用,已经成为目前我国社会关注的热点问题。从交通运输装备发展来看,未来一段时间内私人汽车拥有量将持续高增长状态,而公共交通工具和出租汽车数目则呈现缓慢增长的态势,这将直接影响城市交通的出行结构,同时也会造成交通能源消耗的快速上涨。

(3)居民出行方式发生了显著变化

城市建成区面积迅速增加,居民出行距离和出行次数较快增长。我国城市建成区面积不断扩大,从 2000 年开始,增长速度有加快的趋势,2003 年增长率达到第一个峰值后开始下降,2008 年的增长率降到最低,而 2009 年以后又开始快速增长(图 3-20)。2001 年我国城市建成区面积为 24026.6 平方公里,到 2015 年已增长至 52102 平方公里,五年间增长了 81.5%。

图 3-20　2004～2015 年全国城市建成区面积及其增长率变化图

城市建成区面积的迅速扩大,将会引起我国城镇居民出行距离的加大。根据相关研究报告显示,居民日常出行距离大多集中在 3～8 公里。70% 以上的城市居民日常出行时长主要集中在 15～30 分钟和 30～60 分钟两个时间段,1.6% 的市民出行时间在两个小时以上。北京、上海、天津、广州等城市居民日常出行时间较长。

以北京市为例,全市居民日出行量迅速增长,总量从 2000 年的 69.28 亿人次上升到 2015 年的 120 多亿人次,增加了约 73.0%,年均递增 4.8%,2015 年常住人口出行总量达到 3200 万人次/日(不含步行出行量)。随着北京城市空间的扩大和小汽车使用强度的增加,居民出行距离显著增长。2005 年北京市居民出行距离达到 9.3 公里/次(不包含步行),2016 年达到 12.2 公里/次(不包含步行),比 2000 年和 2005 年分别提高了 32.5% 和 31%(图 3-21)。其中 16% 的市民每天花在路上的时间达到 1.5 小时,远高于其他城市。

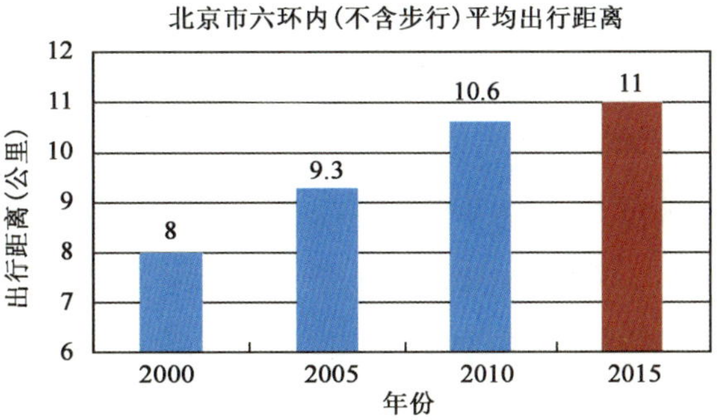

图 3-21　北京居民出行总量及距离增长图

在城市居民出行结构中,公共交通出行比例相对较高。“消费维权与两型社会建设"论坛上公布了《中国城市居民出行方式性选择调查报告》,调查显示,城市居民选用公共交通出行的比例是56%,远远高于其他方式;其次,有32.5%的居民选用私家轿车出行,步行出行比例长20%,排在第三位;自行车、电动车和出租车所占比例分别为16.5%和14.7%。与其他城市相比,北京与广州居民选择公共交通工具出行的比例较高,分别为71.5%和72.5%。调查表明,有73.9%的居民愿意改变现有出行方式,其中超过60%的居民愿意选择私家车代替现有出行方式,而原因是公共交通过于拥挤,速度慢,但经济发达城市的居民较其他城市居民选择公共交通出行方式的意愿要高。

(4)城镇化发展水平存在地区差异性,地区低碳交通发展水平差异化明显

我国地区城镇化和经济发展水平差异巨大。改革开放以来,我国东、中、西部地区的城镇化发展速度存在明显差异,这一差异改变了我国城镇化发展格局。刘盛和通过计算得出,1990～2000年,东部和南方省区的城市化发展较快,而北方和中西部省区的城市化发展较慢。聂飒则指出,1990～2006年,东部地区的城市化发展速度相当快,年均增长率分别是中部地区和西部地区的2.45倍和4.1倍。由此可见,1990～2006年,东部地区的城市化发展速度远远高出其余三个区域,其他三个区城市中中部地区相对于西部发展较快。图3-22所示为2006～2015年全国和东中西部地区代表省市经济与城镇化发展历程,从图中可看出,中西部地区代表省份经济发展略低于全国水平且远低于东部地区大城市水平。而以北京为代表的京津冀地区大城市经济非常发达,城镇化水平也超过了80%,达到了发达国家水平且增速较为平缓。中西部地区的陕西省、湖北省等,城镇化水平低于全国平均水平,但是发展速度高于北京等大城市,正处于城镇化快速发展期。

地区城镇化发展的不均衡性导致各地区城市空间分布形态的差异。随着经济和城镇化的快速发展,大量人口逐渐向东部地区城市集聚,特大城市和大城市数量迅速增多,形成了京津冀、长三角、珠三角等若干特大和大型城市群,中部地区城市分布相对均衡,西部地区人口则主要集中在大中城市,形成了若干以中心城市为核心的区域性中心城市群,如长株潭、成渝城市群等。从城市空间形态来看,东部地区的城市发展已经由单体化向群体化、散点化形态向相互联结的一体化形态发展,而中西部地区则由于中心城市的经济发展水平不高,经济总量较小,对周边地区辐射能力有限,多为"点—轴"式或"强中心＋外围组团"的单中心发展模式。

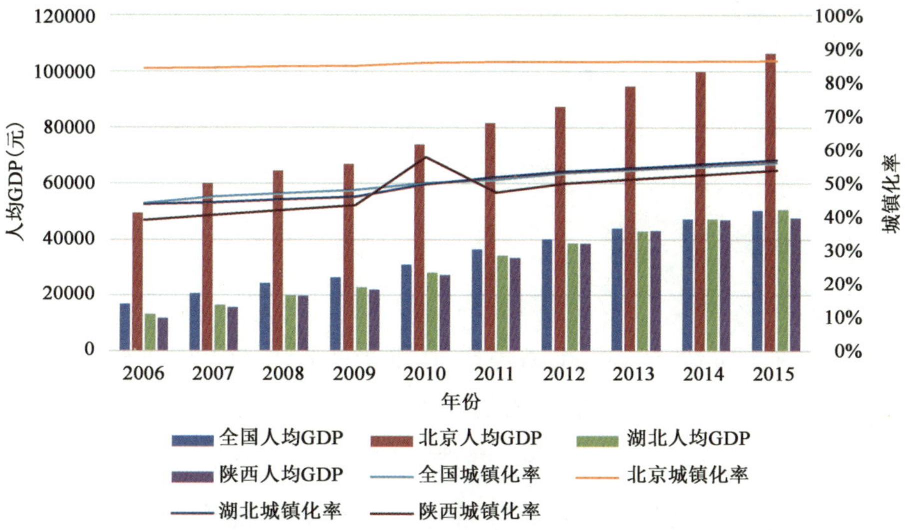

图 3-22 经济发展与城镇化发展的区域差异

因此,在制定新型城镇化背景下交通发展战略时,要综合考虑我国东、中、西部地区发展水平和城市空间形态的差异,结合地区发展实际制定地区交通发展战略。

三、城镇化与交通运输碳排放的量化关系研究

(一)理论分析与方法介绍

1. 协整分析原理

为建立描述经济社会发展的时间序列,经典回归模型需要建立在平稳变量的基础上,但是在经济变革时期,非平稳变量出现的可能性是存在的。在这种情况下,经典回归方法有可能导致虚假回归。但非平稳时间序列的某种线性组合可以构成平稳序列,主要是某些经济变量从长期看能遵循一定的均衡关系,而这些关系的确立需进行协整分析,协整关系的前提是序列满足同阶单整。

假设 x,y 两个序列是同阶单整,它们之间的长期均衡稳定关系可以描述为:

$$y_t = \alpha + \beta x_t \varepsilon_t \tag{3-1}$$

用 $\hat{\alpha}$ 和 $\hat{\beta}$ 表示回归系数的估计值,则模型残差估计值为

$$\hat{\varepsilon}_t = y_t - \hat{\alpha} - \hat{\beta} x_t \tag{3-2}$$

若 $\hat{\varepsilon}_t \sim I(0)$，则序列 x_t 和 y_t 具有协整关系，且$(1, -\hat{\beta})$为协整向量，式(3-2)称为协整回归方程。式(3-1)、式(3-2)和 $\hat{\varepsilon}_t \sim l(0)$、$(1, -\hat{\beta})$等为本文对协整最简洁的描述。其中，$I(d)$（$d \in 0,1,2,3,\cdots,n$）表示如果一个序列在成为稳定序列之前必须经过 d 次差分，则该序列被称为 d 阶单整。

2. 误差修正模型

协整反映的是变量之间的一种长期均衡关系，但由于某种原因，变量短期偏离长期均衡需要某种调整机制，此调整机制即误差修正模型，亦称 DHSY 模型，是由 Davidson 等提出的。经济模型通常表述的是变量之间的长期均衡关系，而实际数据有时却由非均衡过程生成，因此，建模时需要用数据的动态非均衡过程逼近经济理论的长期均衡，此模型通常是自回归的分布滞后模型（ADL），见公式 3-3：

$$y_t = \beta_0 + \beta_1 x_t + \beta_2 y_{t-1} + \beta_3 x_{t-1} + \varepsilon_t \tag{3-3}$$

移项后并整理得：

$$\Delta y_t = \beta_0 + \beta_1 \Delta x_t + (\beta_2 - 1)\left[y - \frac{\beta_1 + \beta_3}{1 - \beta_2}\right]_{t-1} + \varepsilon_t \tag{3-4}$$

式(3-4)即为误差修正模型。$y - \dfrac{\beta_1 + \beta_3}{1 - \beta_2}$ 是误差修正项，记为 ecm_t。ecm_t 反映了变量在短期波动中偏离长期均衡的程度，称为均衡误差。

3. 格兰杰因果关系检验

通过对序列 Y 自身数值进行自回归可以预测变量 Y，如果序列 X 有助于预测变量 Y，可以在自回归的基础上再加入 X 的序列值，则能够显著增强回归结果的解释能力，此时则称 X 是 Y 的格兰杰原因，反之称为非格兰杰原因。为确定变量之间是否为格兰杰因果关系，可采用进一步的检验模型：

$$Y_t = a_1 + \sum_{j=1}^{n} b_{1j} X_{t-j} + \sum_{k=1}^{m} c_{1k} Y_{t-k} + u_t \tag{3-5}$$

式中，a、b、c 为参数；m、n 为正整数；u_t 为随机扰动项。

零假设为：H_0: $b_{11} = b_{12} = \cdots = b_{1n} = 0$（即 X 不是 Y 的格兰杰原因）

采用 F 检验零假设，如果 F 统计量小于临界值，则零假设被拒绝，说明 X 为 Y 的格兰杰原因；相反，如果零假设不能被拒绝，就称 X 不是 Y 的格兰杰原因。

（二）城镇化与低碳交通模型建立

1. 指标选取与数据处理

本文研究城镇化率和经济增长下的低碳交通的适应性发展，因此将城镇化率、国内生产总值 GDP、交通运输业能源消费总量及其产生的二氧化碳排放量作为研究对象。其中前三者数据来自《中国统计年鉴》，而二氧化碳排放量数据来自世界银行，研究的时间区间为 2000～2013 年（2013 年为估计值）。GDP 以 2005 年不变价为基准，以克服通货膨胀的影响。t 年国内生产总值以 GDP_t 表示，交通运输业能源消耗量以 E_t 表示，城镇化率水平以 U_t 表示，能源消耗碳排放量以 CE_t 表示。各项数据取对数，分别以 LG_t、LE_t、LU_t、LCE_t 来表示。图 3-23 为 2000～2013 年各数据的变动情况。

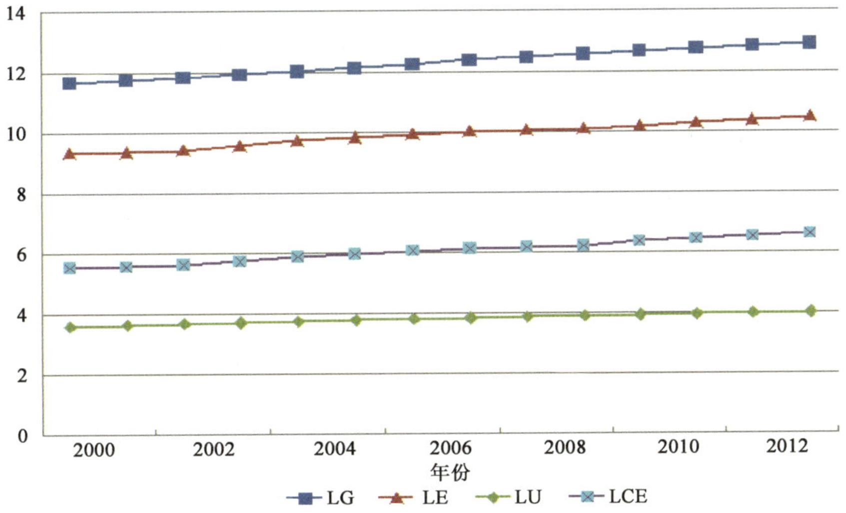

图 3-23　国内生产总值、行业能源消耗、城镇化率和行业碳排放对数变动情况

2. 模型构造过程

（1）平稳性检验

将城镇化率、经济增长 GDP、交通运输业能源消耗和碳排放总量取对数后，可以建立均衡关系。为防止虚假回归，在回归模型中应避免直接使用非平稳变量。因此，在模型构建前须进行平稳性检验，方法为 ADF 检验，其原理是基于如下回归方程：

$$\Delta y_t = \beta + \gamma y_{t-1} + \alpha_i \sum_{i=1}^{m} \Delta y_{t-1} + u_t \tag{3-6}$$

国内生产总值、城镇化率、交通行业能源消费和碳排放量对数值的平稳性检验结果如表3-3所示。

序列稳定性检验结果 表3-3

序列	ADF 检验值	滞后阶数	临界值	判断结论
	水平统计量			
LG	-4.019854	0	-3.320969	平稳*
LU	-2.264474	1	-3.403313	非平稳
LE	0.706198	0	-3.320969	非平稳
LCE	0.299638	0	-3.11991	非平稳
	一阶差分统计量			
LG	-1.71981	0	-3.14492	非平稳
LU	-2.527625	0	-3.14492	非平稳
LE	-2.30269	0	-3.14492	非平稳
LCE	-3.354387	1	-3.175352	平稳*
	二阶差分统计量			
LG	-3.405877	0	-2.792154	平稳**
LU	-5.744563	0	-4.200056	平稳**
LE	-2.831304	0	-2.792154	平稳**
LCE	-3.46337	1	-2.81674	平稳**

注:"*"表示在5%的显著性水平下平稳;"**"表示在1%的显著性水平下平稳。

通过单位根检验可以看到,国内生产总值、城镇化率、交通行业能源消费和碳排放量对数序列均是2阶单整的,可以构造序列间的协整检验方程。

(2)协整检验

协整概念是20世纪80年代由Engle和Granger提出的,其基本思想为,尽管两个或者两个以上的变量中每个都是非平稳的,但它们的线性组合有可能相互抵消趋势项的影响,使该组合成为一个平稳的变量。平稳理论是为两个或两个以上非平稳变量之间寻找均衡关系,以及用存在的协整关系建立动态模型奠定理论基础。

协整检验的常用方法有EG检验(EG两步法)和Johansen检验(J-J检验)。前者适用于两变量之间的协整检验,后者主要针对多变量之间的协整检验。鉴于本文数据时间跨度等特点,本文采用 EG 两步法检验序列间的协整关系。

根据文章第二部分介绍的协整分析原理,分别构造交通运输行业能源消耗(LE_t)与经济发展(LG_t)、城镇化率(LU_t)的协整检验方程及交通运输行业二氧化碳排放(LCE_t)与经济发展(LG_t)、城镇化率(LU_t)的协整检验方程。下面以 LE_t 和 LG_t 协整关系为例,介绍协整检验的主要过程。首先通过简单最小二乘法构造 LE_t 和 LG_t 的回归方程,如下所示:

$$LE_t = -0.9425 + 0.8812LG_t + \varepsilon_{1t} \tag{3-7}$$

其中,$R^2=0.9837$,$ADR^2=0.9824$,$AIC=3.0563$,$SC=-2.9650$,$DW=0.644$(ADR^2 表示调整后的 R^2,下同)。虽然 R^2、AIC、SC 表示方程拟合度很高,但是 DW 值太低,方程所得残差存在一定的自相关性,因此我们在上述回归方程中引入解释变量和被解释变量的滞后项,重新构造回归方程。先引入滞后一阶,构造结果如下所示:

$$LE_t = -0.4482 + 0.6231LE_{t-1} + 1.1772LG - 0.8395LG_{t-1} + \varepsilon_{2t} \tag{3-8}$$

其中,$R^2=0.9892$,$ADR^2=0.9856$,$AIC=-3.2692$,$SC=-3.0953$,$DW=0.841$,可以看到此时的 DW 的值仍低于 2,方程残差的自相关性没有被去除。我们继续在上述方程中引入序列的滞后二阶项重新拟合,结果如下所示:

$$LE_t = -0.5562 + 1.1371LE_{t-1} - 0.8339LE_{t-2} + 1.1711LG_t - 1.1096LG_{t-1} + 0.5411LG_{t-2} + \varepsilon_{3t} \tag{3-9}$$

其中,$R^2=0.9960$,$ADR^2=0.9928$,$AIC=-4.1069$,$SC=-3.8645$,$DW=2.1498$,此时的 DW 值符合要求,且根据 AIC 和 SC 原则,此时的回归方程也是最优的。对方程(3-9)的残差 ε_{3t} 做 ADF 平稳性检验,得 T 统计量为 −5.7026,而 1% 的临界值为 −4.200,在 99% 的置信度水平下拒绝原假设,说明残差 ε_{3t} 水平平稳,因此可以判定交通运输能源消耗(LE_t)和经济发展(LG_t)之间有长期稳定关系。进一步将协整方程(3-9)改写成:

$$LE_t = \alpha + \beta LG_t + \varepsilon$$

式中:$\alpha = -0.5562/(1-1.1371+0.8339)$;

$\beta = (1.1711-1.1096+0.5411)/(1-1.1371+0.8339)$。

最终可得序列 LE_t 和序列 LG_t 的协整方程为:

$$LE_t = 0.7982 + 0.8648LG_t + \varepsilon \tag{3-10}$$

重复上述协整检验过程,发现在构造了解释变量和被解释变量滞后二阶的协整方程后，其残差都是平稳的，最终可以得到 LE_t 和 LU_t、LCE_t 和 LG_t、LCE_t 和 LU_t 的长期稳定关系：

$$LE_t = -0.6771 + 2.800LU_t + \varepsilon \tag{3-11}$$

$$(ADR^2 = 0.9926, AIC = -4.0801, DW = 2.1708)$$

$$LCE_t = -4.3542 + 0.8499LG_t + \varepsilon \tag{3-12}$$

$$(ADR^2 = 0.9927, AIC = -4.1078, DW = 2.1068)$$

$$LCE_t = -4.4797 + 2.7879LU_t + \varepsilon \tag{3-13}$$

$$(ADR^2 = 0.9899, AIC = -3.7814, DW = 2.3957)$$

根据长期协整方程(3-10)可以看到，交通运输能源消耗与经济发展具有显著的正相关性，能源消耗对 GDP 的长期弹性为 0.8648，也就是说代表经济发展的 GDP 改变 1%，交通运输能源消耗会同方向改变 0.8648%；由协整方程(3-11)可以看到，交通运输行业的能源消耗与城镇化率有显著正相关关系，城镇化水平增加 1%，会引起行业能源消耗增加 2.8%，促进效果十分明显；由协整方程(3-12)可以看到，交通行业的二氧化碳排放与经济发展在一定程度上存在正相关关系，GDP 增加 1%，会引起行业二氧化碳排放增长 0.8499%；由协整方程(3-13)可以看到，交通运输行业二氧化碳排放与城镇化之间有显著正相关关系，前者对后者的长期弹性为 2.7879，城镇化水平提高 1%，相伴随行业二氧化碳排放将增加 2.7879%。

(3)误差修正模型的构造

根据格兰杰协整理论，若变量间存在协整关系，则必然可以构造误差修正模型从而对短期波动和长期均衡进行直接描述。在本章 3.3.2 节中构造的协整方程表示的是两个序列间静态的长期稳定关系，而误差修正模型就是用来分析长期均衡条件下变量之间的动态非均衡变化，也即短期波动对长期均衡的影响。

根据式(3-10)中的长期协整关系，我们构造序列 LE_t 和 LG_t 的误差修正模型。误差修正项(或称均衡误差)ecm_t 反映了变量在短期波动中偏离其长期均衡关系的程度，而其在误差修正模型中的系数则反映了对偏离长期均衡的修正。

$$ecm_t = LE_t - 0.7982 - 0.8648LG_t \tag{3-14}$$

$$\Delta LE_t = -1.1132 + 0.8339\Delta LE_{t-1} + 1.1717\Delta LG_t - 0.5412\Delta LG_{t-1} - 0.6970ecm_{t-1} + \varepsilon' \tag{3-15}$$

其中,$R^2=0.7158$,$ADR^2=0.5534$,$AIC=-4.2737$,$SC=-4.0716$,$DW=2.1497$,误差修正项系数为负值(-0.6970),调整方向符合误差修正机制。由图3-24给出的ΔLE_t的实际值、拟合值和残差走势,可以看出误差修正模型的拟合度具有良好效果。

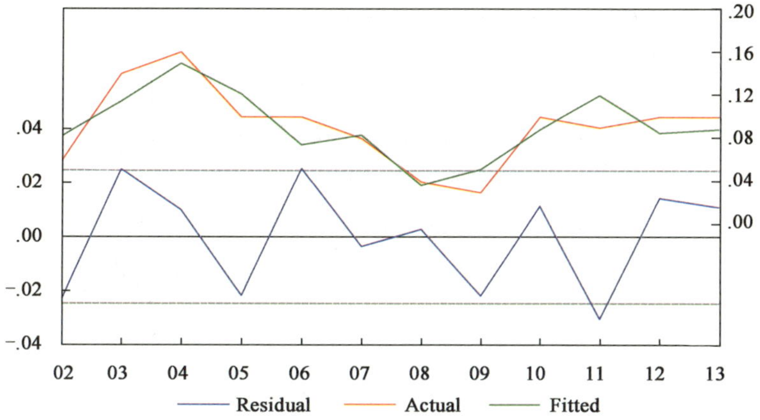

图 3-24　LE_t 和 LG_t 的误差修正模型拟合情况

以同样的方法,构造LE_t和LU_t、LCE_t和LG_t、LCE_t和LU_t的误差修正模型,对应实际值、拟合值和残差走势分别如图3-25、图3-26、图3-27所示。

$$\Delta LE_t = 0.6705\Delta LE_{t-1} + 0.3669\Delta LU_t - 0.9116\Delta LG_{t-1} - 0.6193ecm_{t-1} + \varepsilon' \tag{3-16}$$

$(R^2=0.7081, ADR^2=0.5412, AIC=-4.2468, SC=-4.0448, DW=2.2708)$

(3-17)

$(R^2=0.6591, ADR^2=0.4643, AIC=-4.2745, SC=-4.0724, DW=2.1069)$

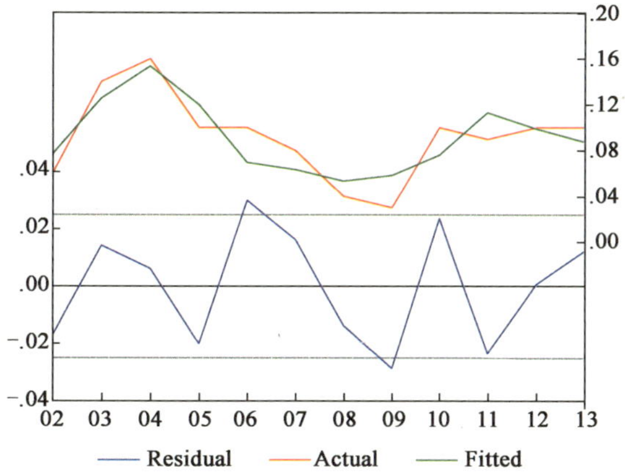

图 3-25　LE_t 和 LU_t 的误差修正模型拟合情况

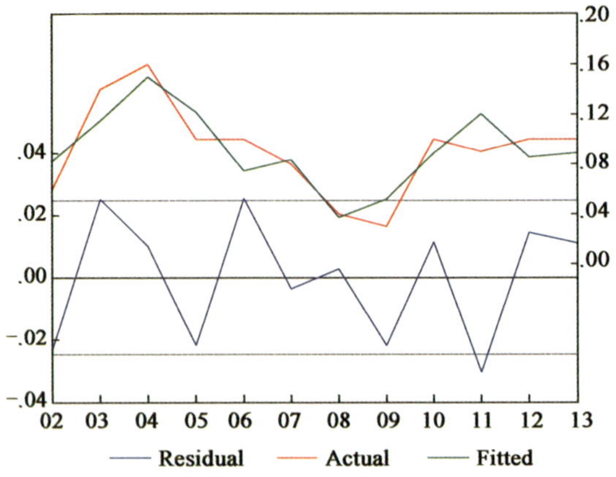

图 3-26 LCE_t 和 LG_t 的误差修正模型拟合情况

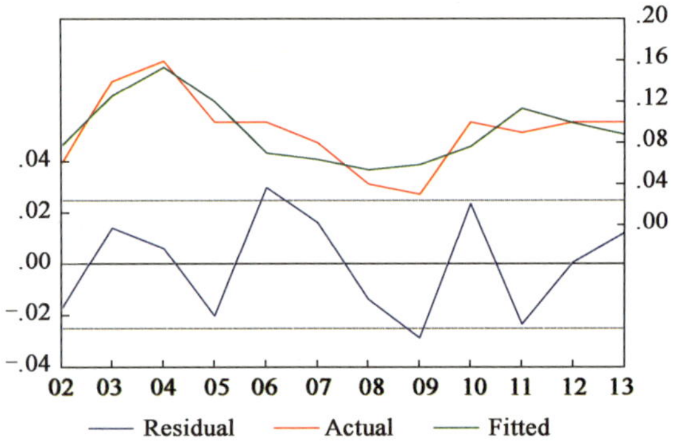

图 3-27 LCE_t 和 LU_t 的误差修正模型拟合情况

$$\Delta LCE_t = 0.4702\Delta LCE_{t-1} + 1.1449\Delta LU_t - 1.6075\Delta LU_{t-1} - 0.7854ecm_{t-1} + \varepsilon' \tag{3-18}$$

($R^2 = 0.5275$, $ADR^2 = 0.4043$, $AIC = -3.9480$, $SC = -3.7459$, $DW = 2.3955$)

通过前面得到的误差修正模型,可以得出,交通行业能源消耗 LE_t 和二氧化碳排放 LCE_t 的短期波动由三部分所决定:第一部分是本期 GDP 或城镇化率变动的影响;第二部分是上年度自身序列变化和上年度 GDP 或城镇化率变动的影响;第三部分是上年度行业能源消耗或二氧化碳排放偏离长期均衡程度 ecm_t 的影响。

由误差修正模型(3-15)和可知,本年度 GDP 增加 1%,会引起行业能源消耗同方向增加 1.1717%,即能源消耗对经济增长的短期弹性为 1.1717。上年度能源消耗增加 1%,会引起本年度能源消耗增加 0.8339%,上年度 GDP 增加 1%,会引起本年度能源消耗减少 0.5412%。上年度均衡误差 ecm_{t-1} 以 69.7% 的比率对本年度能源消耗进行调整,以保证能源消耗与经济发展的长期均衡关系。

由误差修正模型(3-16)可知,本年度城镇化率增长1%,会引起能源消耗增加0.3669%,即能源消耗对城镇化率的短期弹性为0.3669。上年度能源消耗增加1%,会引起本年度能源消耗增加0.6706%,而上年度城镇化率增长1%,会使本年度能源消耗减少0.9116%。上年度均衡误差 ecm_{t-1} 以61.93%的比率对本年度能源消耗进行调整。

由误差修正模型(3-17)可知,本年度GDP增长1%,会引起二氧化碳排放增加1.4163%,碳排放对经济增长的短期弹性为1.4163。上年度碳排放增加1%,会引起本年度碳排放增加0.5932%,而上年度GDP增加1%,会使本年度碳排放减少1.3725%。上年度均衡误差 ecm_{t-1} 以66.04%的比率对本年度碳排放进行调整修正。

由误差修正模型(3-18)可知,本年度城镇化率增长1%,会引起二氧化碳排放增加1.1449%,碳排放对城镇化的短期弹性为1.1449。上年度碳排放增加1%,会引起本年度碳排放增加0.4702%,而上年度GDP增加1%,会使本年度碳排放减少1.6075%。上年度均衡误差 ecm_{t-1} 以78.54%的比率对本年度碳排放进行调整修正。

(4)格兰杰因果检验

通过前面的协整检验和误差修正模型分析,我们可以初步判定交通运输业能源消耗和二氧化碳排放与经济发展和城镇化有十分紧密的联系。在此基础上通过格兰杰因果检验,我们来进一步验证它们之间的因果关系。鉴于文章序列时间跨度,我们选择滞后期2阶进行格兰杰因果检验,检验结果如表3-4所示。

格兰杰因果检验结果　　表3-4

原假设	滞后阶数	观察值	F统计量	概率
LG_t 不是 LE_t 的格兰杰成因	2	12	5.7466	0.0317*
LE_t 不是 LG_t 的格兰杰成因	2	12	1.7671	0.2392
LU_t 不是 LE_t 的格兰杰成因	2	12	4.7992	0.0487*
LE_t 不是 LU_t 的格兰杰成因	2	12	0.7118	0.5241
LG_t 不是 LCE_t 的格兰杰成因	2	12	6.9840	0.0207*
LCE_t 不是 LG_t 的格兰杰成因	2	12	0.2727	0.7690
LU_t 不是 LCE_t 的格兰杰成因	2	12	5.0904	0.0319*
LCE_t 不是 LU_t 的格兰杰成因	2	12	0.0559	0.9460

注:“*”表示在5%的显著性水平下拒绝原假设,也即两者间存在因果关系

格兰杰因果关系检验结果表明，在滞后阶数为2阶、显著性水平为5%的情况下，经济发展LG_t和城镇化水平LU_t是交通运输业能源消耗LE_t和二氧化碳排放LCE_t的格兰杰成因，这表明经济发展和城镇化水平在一定程度会引起交通运输行业能源消耗和二氧化碳排放量的变化。

（三）主要结论

以中国2000~2013年间经济发展、城镇化率、交通运输行业能源消耗和二氧化碳排放量为研究对象，采用计量经济学的研究方法，通过协整关系检验，构建误差修正模型和验证格兰杰因果关系，探究经济发展、城镇化率与交通运输业能源消耗和二氧化碳排放间的长短期均衡关系和隐含因果关系，得到的主要结论如下：

（1）交通运输行业能源消耗和二氧化碳排放量均与经济发展和城镇化率有长期稳定均衡关系，其中经济发展变动1%分别会引起行业能源消耗和二氧化碳排放同方向变动0.8812%和0.8499%；城镇化水平变动1%分别会引起行业能源消耗和二氧化碳排放同方向变动2.800%和2.7879%。

（2）根据构造的误差修正模型，当期被解释变量的波动受到当期解释变量、前一期解释变量、前一期被解释变量和误差修正项的影响。在LE_t和LG_t、LU_t的误差修正模型中，误差修正项分别以69.7%和61.93%的比率对当期行业能源消耗变动进行修正，以使其满足长期均衡关系。而在LCE_t和LG_t、LU_t的误差修正模型中，误差修正项分别以66.04%和78.54%对当期行业二氧化碳排放量变动进行修正。

（3）格兰杰因果检验结果显示，经济发展和城镇化率水平的提高在特定水平下是交通运输行业能源消耗和二氧化碳排放的格兰杰成因，这与协整检验和误差修正模型相呼应，进一步验证了它们之间存在的内在关系。

四、新型城镇化进程中低碳交通运输发展存在的问题

从前面的量化分析中，我们可以看到城镇化自然发展的过程中的交通碳排放规律：随着城镇化率的提高交通碳排放也随之线性增长。近年来，尽管交通运输行业在推进低碳发展方面开展了大量工作且取得了一定的成绩，但面对日益严峻的能源资源形势和不断提高的绿色低碳发展要求，该领域还存在一些问题，主要表现在以下几个方面：

（一）交通运输供给尚未完全适应新型城镇化发展需求

从交通运输需求层面来看，城镇化导致交通需求迅速增长，但交通运输供给

尚未能完全适应。具体表现有:

(1)城市交通拥堵情况日趋严重

目前,我国城镇化处于加速发展阶段,“集聚化中心城市”大量出现,中心城市的人口集聚式分布将进一步增强,显著的向心交通需求加剧了中心城市的交通负荷。慢行出行比例不高,机动车保有量增长过快,私家车出行比例高,停车难问题进一步凸显,道路路网承载力明显不足,交通污染严重;城市公交出行分担率低,轨道交通运力明显不足,城郊间公交线路覆盖不充分,私家车仍是居民往返于城区与郊区县的主要方式,导致城郊间的道路通行负担进一步加重;轨道交通沿线缺少方便居民停放小汽车的大型停车场,在中心城区与郊区之间难以实现“停车再乘车”的公共交通方式;公共交通系统还有待进一步完善,轨道交通与公共汽车转换的便捷性仍有不足,大型公交枢纽在有序引导乘客转乘、提供相关配套服务等方面还有待进一步强化;交通管理系统相对滞后,公共交通的便利性、准时性也难以满足居民的出行需求;大部分城市尚未开通市郊铁路,即使已开通也尚未真正服务于城市,市郊铁路的线路设置、站点选址、票制票价和服务模式方面都需做出改进;共享单车逐渐普及,覆盖大部分城市,但相应的管理机制尚不健全。

(2)综合运输体系建设亟待加快

当前,我国只有极少数超大城市建立了铁路、公路、水路、民航和城市交通等不同交通方式之间的综合运输枢纽,其他大部分城市还没进行各种出行方式的资源整合和运输结构优化,尚未形成高效、便捷、经济、安全的运输枢纽网络,且客货场站布局也不尽合理,综合运输的整体效益不能充分发挥。从枢纽本身的建设来看,横向联网进程滞后,建设速度仍然缓慢,远远不能达到适应综合交通运输体系发展的需要。现代物流、快速客运的发展理念在站场建设中体现得也不够充分,综合运输枢纽规划在城市总体规划中的缺位也制约了城市客运的发展,场站远离货源、市场,交通运输服务供给和市场需求在空间上脱节,与城镇化快速进程不协调,能源利用效率总体较低。

城乡居民交通出行是公共服务的一项重要内容,国家“十二五”规划纲要将“基础设施”纳入基本公共服务范围,并明确“行政村通公路和客运班车,城市建成区公共交通全覆盖”等具体服务内容,“城乡居民交通出行”是国家“十二五”规划《纲要》中明确的基本公共服务范围中的重要内容,但目前城乡运输服务水平仍然存在明显差异。

（二）城镇化进程中交通运输结构性矛盾日益突显

（1）综合交通运输结构不尽合理

工业化进程对运输业在通达性、灵活性、业务拓展、组织化程度等方面提出了更高的要求。公路货运以其适应新需求的特点得到迅速发展。点对点、门到门的发车方式，在中短途运输上发挥了明显优势。从各运输方式的承担比例来看，目前公路承担着全国 80% 的货运量，但公路运输单位周转量能耗值仅低于航空运输，与此同时，单耗更低的铁路、水路在运输中所占比例不断缩小。

（2）绿色出行比例仍需提升

根据调研结果，北京、上海、广州、重庆等典型城市居民出行结构如图 3-28 所示。随着国家和地方对城市公交的重视，城市出行结构稳步优化，但是绿色出行比例仍需提升。近年来互联网、移动支付和共享经济的发展，使共享单车、手机约车、拼车等新型环保出行方式大量涌现，北京等大城市的自行车、步行、公共车辆、地铁等绿色交通出行方式占比趋势已由下降变为逐步上升。2000～2010 年，北京市绿色出行比例从 65.0% 下降到 56.1%，随后由 2014 年的 48% 一举攀升至次年的 70%，且 2016 年的比例继续保持上升态势。上海、广州及重庆等也出现了类似规律。但与此同时，所有城市中小汽车的出行比例均处于大幅增长状态，且在部分大城市中已经占据主要地位，导致了出行结构的大幅变化。2000～2015 年，北京市小汽车的出行比例从 23.2% 上升到 31.9%；截至 2016 年间，重庆的小汽车出行比例已达到 33.5%；2014 年，广州的小汽车出行比例高达 41.4%；尽管上海从 2000 年起就开始实施小汽车配额排放政策，但是小汽车的出行比例仍持续增加，从 2007 年的 17.9% 上升到 2015 年的 23%。

如果交通出行结构按如此趋势发展，势必会对我国城市交通的可持续发展及城市生态文明建设产生重大影响。以广州为例，个体及机动化出行大幅增加并逐渐占据主体地位的同时，高效率的公共交通出行仍然优势不足。放眼全国，大部分城市的地铁系统尚不完善，地面公交的利用也不充分，自行车、步行等慢行交通方式比例在共享单车等互联网产品出现后虽有所改善，但仅限于 1 公里左右的短途出行，对城市整体的出行结构变化影响甚微。网约车的出现主要为没有车的市民提供服务，并没有降低私家车的使用频率，反倒增加了道路上的汽车数量。这样的发展趋势在给城市交通带来巨大压力的同时也会使能源消耗急速增长，污染物排放迅速增加，不利于国家能源安全、社会稳定以及环境的可持续发展。

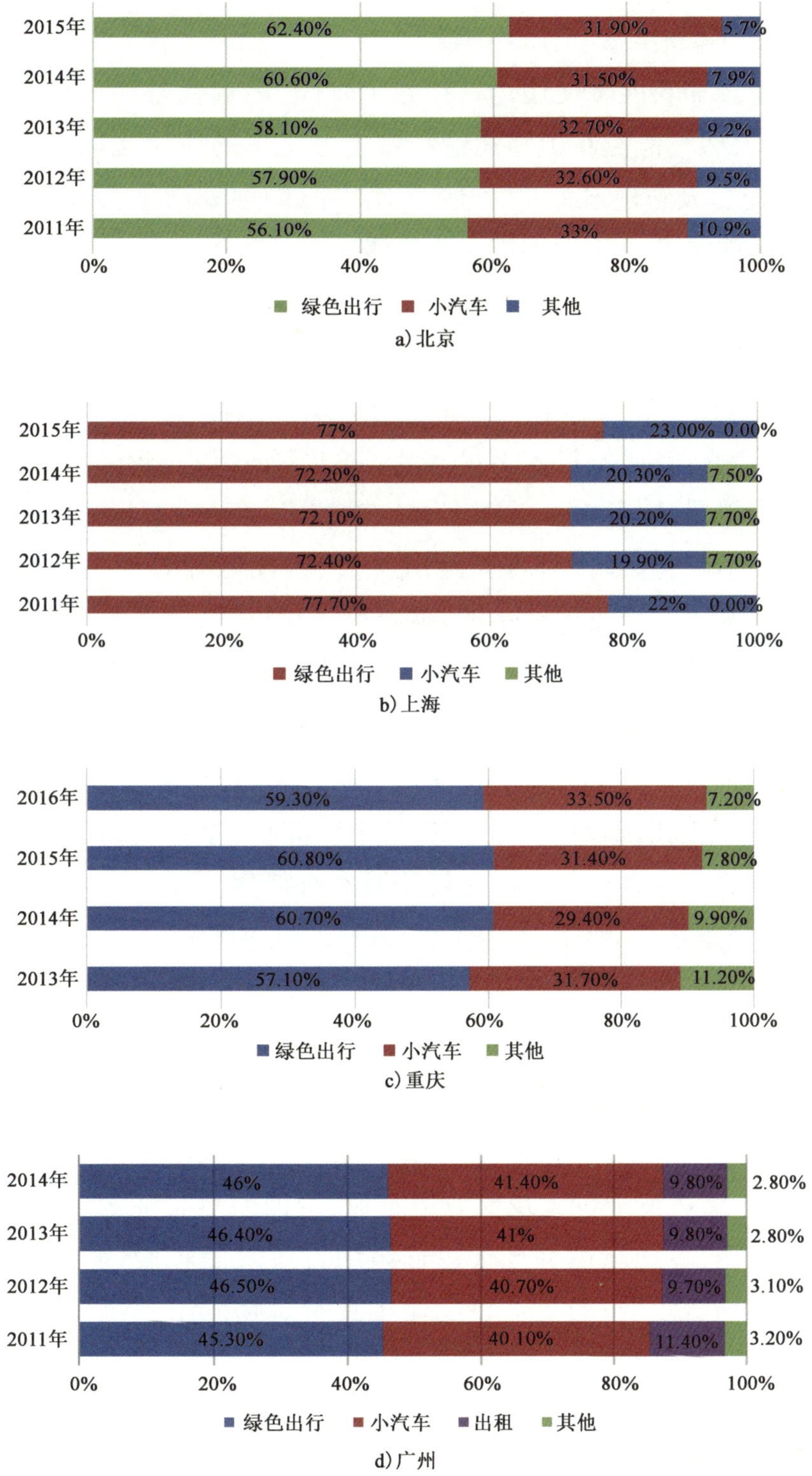

a)北京

b)上海

c)重庆

d)广州

图3-28　典型城市居民出行结构

(3)清洁能源和新能源使用比例较低

行业清洁能源和新能源使用仍处在起步阶段,运输装备和机械设备的清洁化水平有待提升,天然气汽车在道路运输和城市公交中的应用比例有待提升,加气、充电站(桩)等配套设施建设尚不完善,且网络布局规划尚不合理,船舶燃料消耗量和二氧化碳排放量准入管理需进一步推进。

(三)低碳交通技术水平与管理能力亟待提升

(1)低碳交通技术创新和推广力度亟须加强

低碳交通运输科技研发投入不足,低碳交通运输技术、产品、工艺科技成果推广应用进展较为缓慢;绿色循环低碳交通运输技术、产品、工艺的标准、计量检测、认证体系建设尚不健全;节能环保型运载工具、替代能源等一些有重大带动作用的共性和关键技术研究开发力度不够,难以市场化推广;缺乏鼓励节能减排技术、产品推广的配套激励政策和机制,节能减排技术产品和服务市场还有待进一步规范;现代信息技术应用推广还比较滞后,行业总体信息化水平不高,ITS、GPS 等现代信息技术应用推广还比较滞后,公众出行和货物交易信息服务能力还有待增强,各种运输方式之间的信息采集、交换和共享机制、综合运输公共信息平台、智能交通运输网络的联网联控和自动化检测系统有待建立。

(2)交通运输组织方式仍需优化

当前交通运输组织方式总体还比较粗放,管理水平相对落后,社会零散运力没有有效整合,道路货物运输和内河航运主体呈现“多、小、散、弱”的特点,企业经营集约化与规模化程度较低,现代化信息管理技术应用不足,造成了大量的能源浪费。产生上述现象的原因有:一是道路货物运输空驶率居高不下,运力和能源浪费严重;二是水路运输缺少大规模海运企业,内河航运企业公司化改造不足,大宗散货专业化运输、多式联运等现代运输组织方式发展较慢,船舶营运组织效率和节能减排水平仍然较低;三是港口运输工具和货物的组织调度管理、港区内运输组织管理、货物集疏运效率、装卸设备利用率和港口生产作业效率亟待提高。

(3)低碳交通运输制度框架体系尚不健全,政策法规与标准规范仍需完善

近年来,虽然低碳交通运输制度体系建设取得了一定成效,但与相关配套规章、规划和标准的高要求相比,还存在一定的差距。目前,低碳绿色交通发展框架

体系尚未建立，低碳交通评价指标体系尚未出台，标准体系建设尚不健全，交通运输节能减排法律法规体系尚不完善，节能减排统计监测等基础性工作薄弱，节能减排绩效评价考核指标体系尚未建立，交通建设工程节能减排设计标准建设滞后；适应市场经济体制的交通运输行业节能减排监管体系有待完善，市场准入、退出机制仍不健全，交通运输固定资产投资项目节能减排评估制度落实尚不到位；政策配套不够，节能减排专项资金投入不足，节能减排长效机制尚未形成。

第四章　国外低碳交通发展经验启示：基于城镇化发展历程和模式

本章按照建设中国特色社会主义五位一体的总体布局，顺应发展规律，因势利导，趋利避害，积极稳妥扎实有序推进我国的新型城镇化建设，并通过对国外城镇化低碳交通的发展历程和发展模式的分析，总结出对我国低碳交通发展具有重大现实意义和深远历史意义的客观规律。

一、世界城镇化与低碳交通的发展概况

（一）经济与交通运输碳排放概况

（1）全球经济与交通运输碳排放概况

世界各国不同的经济与交通发展模式对我国新型城镇化背景下低碳交通的发展具有重要的借鉴意义。当前，世界各国经济发展水平差异巨大，各国经济和交通发展模式也不相同，图 4-1 为 2013 年世界 150 余个国家人均 GDP 及交通碳排放情况，大体可分为四类：第Ⅰ类是高经济水平、高排放模式，这类国家以美国为代表；第Ⅱ类是低经济水平、高排放模式，这类国家包括马来西亚等国；第Ⅲ类是低经济水平、低排放模式，中国、俄罗斯、印度、巴西等发展中国家均在此列；第Ⅳ类是高经济水平、低排放模式，以英国、法国、德国、挪威、瑞典等欧盟国家和日本、新加坡等亚洲国家为代表。

（2）典型国家经济与交通碳排放概况

表 4-1 为典型国家城镇化、经济发展水平和人均交通碳排放情况。从表中可

看出，美国、加拿大等国人均交通碳排放值较高，约为同等城镇化水平的经济发达国家如英国、法国、德国和日本等国的3倍以上。挪威和新加坡等国家城镇化水平和经济水平都很高，但是人均交通碳排放较低，仅为美国的十分之一，这是由于不同的交通发展模式导致的人均交通能耗和碳排放差异，为我国在高速城镇化背景下低碳交通发展提供了经验启示和借鉴意义。

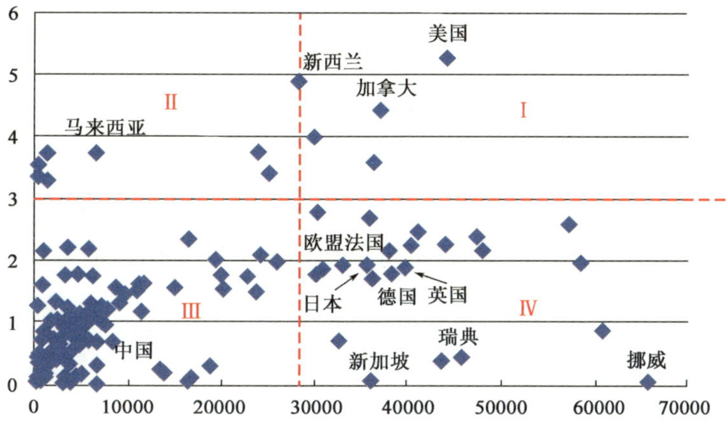

图4-1　各国经济发展与交通碳排放情况

典型国家城镇化率及交通运输碳排放情况　　表4-1

国家	城镇化率（2016）	人口（千）	2016人均GDP（美元）	2014碳排放（百万吨）	交通碳排放占比	交通碳排放（百万吨）	人均交通碳排放（吨/人）
美国	82%	321419	57467	5176.21	33.3%	1700.8	5.40
加拿大	82%	35852	42158	554.8	31.6%	173.7	5.02
欧盟	75%	509648	39850	3160.02	25.9%	866.4	1.70
日本	94%	126958	38894	1188.63	17.4%	213.5	1.67
英国	83%	65138	39900	407.84	25.3%	114.0	1.83
法国	80%	66808	36855	285.68	38.2%	121.1	1.84
德国	76%	81413	41936	723.27	20.0%	152.4	1.86
新加坡	100%	5535	52963	45.32	16.2%	7.5	1.39
挪威	81%	5196	70812	35.31	39.6%	13.9	2.68
瑞典	85%	9799	51601	37.42	52.3%	19.7	2.01
中国	57%	1371220	8123	9086.96	12.2%	753.7	0.55
俄罗斯	74%	144097	8890	1467.55	15.5%	237.9	1.65
巴西	86%	207848	8650	476.02	46.1%	208.1	1.00
印度	33%	1311051	1709	2019.67	12.0%	222.3	0.17

注：国外数据来源于世界银行数据库，上图中如未标明采用2013年数据。

(二)城镇化与机动化水平概况

1. 全球城镇化与机动化概况

随着城镇化水平的不断提高,各国机动化水平也在提高。在全球范围内,各国城镇化的发展水平与机动化发展水平具有较强的正相关性:即城镇化率较高的国家或地区,交通机动化水平也较高,反之亦然。

2. 典型国家城镇化与机动化概况

图 4-2 为几个典型国家城镇化与机动化水平对比。可以看出,欧美、日本等几个主要发达国家城镇化水平和交通机动化水平都较高,而包括中国在内的发展中国家城镇化和机动化水平相对较低。其中,美国千人拥有汽车数量最高,约为欧盟、日本等国家的 1.3 倍以上,以汽车为主的交通发展模式也是其交通碳排放较高的主要原因。

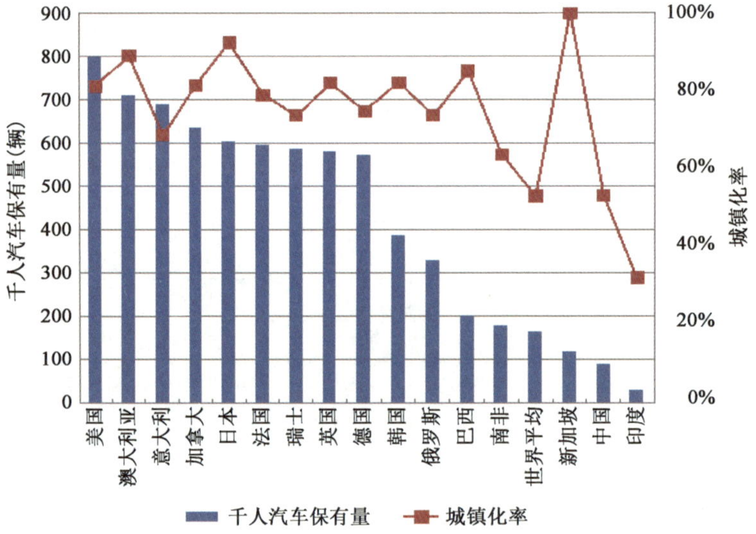

图 4-2 各国城镇化与机动化水平

二、典型国家城镇化与低碳交通发展历程、现状及特征分析

(一)典型国家城镇化与低碳交通发展历程及现状概述

目前我国城镇人口已达 7 亿多人,城镇化率由 1978 年的 17.9% 上升为 2014

年的 54.4% 。但相比发达国家,该比例仍然较低。发达国家在 1950 年时城镇化水平已经超过 50% ,在 20 世纪 70 年代中叶,更是突破了 70% ,进入城镇化稳定发展阶段。

工业革命前,英国的城市化率约为 25% ,之后在工业革命的推动下,城镇化迅速发展,于 1851 年达到 51% ,并于 2009 年突破 90% ,形成了以伦敦为中心的城市群,是世界上第一个完成城镇化的国家。美国城市的建立和发展始于 17 世纪初期欧洲移民,该时期城市集中于美国东海岸,如纽约、波士顿、费城等,1880 ~ 1960 年,美国步入城镇化快速发展阶段(城镇化率从 1880 年的 28.2% 增长至 1960 年的 69.9%),1960 年以后美国城镇化进入了缓慢增长阶段,并最终形成了美国东北部大西洋沿岸城市群和北美五大湖城市群两个世界级城市群。日本快速城镇化时期为 1950 ~ 1975 年,城镇化率从 1950 年的 37% 上升到 1975 年的 76% ,并在 2010 年超过 90% ,形成了东海道城市群等。德国是世界上最早完成工业化的国家之一,从 1871 年到 1910 年,德国就基本完成了城镇化建设。1931 年,法国城市人口首次超过农村人口,达到 51.2% ,基本实现了城镇化,并在 1950 年至今始终保持着 75% 的城镇化率。典型国家城镇化发展历程见图 4-3。

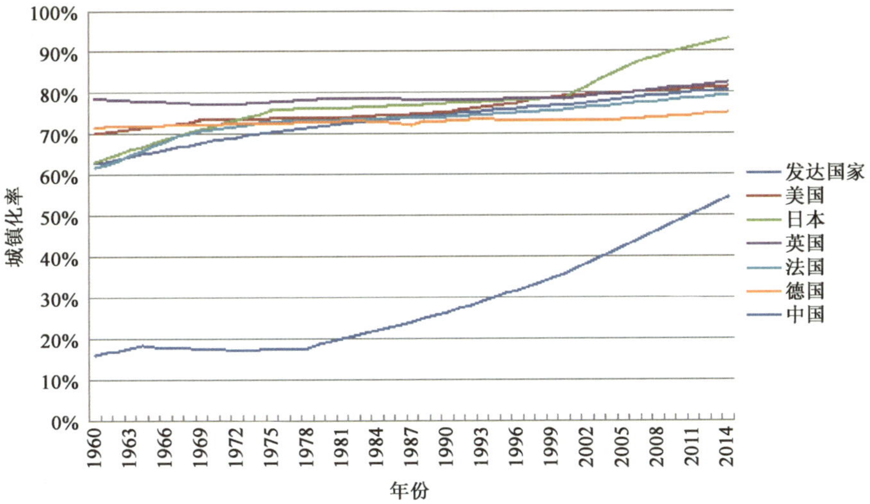

图 4-3　典型国家城镇化发展历程

随着技术进步和城市空间形态的快速发展变化,交通运输产生了巨大需求。各国交通运输大体经历了步行时代—马车时代—铁路时代—汽车时代—综合交通时代的演变历程,但由于国情的多样性,交通运输方式选择的侧重点不同,进而交通运输模式有所差异,从而导致了交通碳排放水平的不同。

在美国、英国、日本等国家的城镇化高速发展期，传统铁路都起到了支撑甚至是引导城市拓展的重要作用，但随着经济和社会的发展，各国选择了不同的交通发展模式。

如随着经济的发展，美国的铁路旅客运输的低速度无法满足人们的出行需要，中短途旅客运输转向灵活的小汽车，而远距离的旅客运输则转向民航。目前美国拥有400万英里的公路网络，而汽车拥有量也已经超过2.5亿辆。图4-4为1960年至今美国城镇化进程下千人汽车拥有量增长情况。随着城镇化的高速发展，美国交通机动化水平不断提高，汽车保有量达到了人均800辆以上，位于世界最前列。美国政府信奉自由经济理论，对城市建设缺乏引导，因而城市化的无节制发展引起了过度郊区化，导致了中心城市空心化、土地低密度开发、私人汽车使用过高等后果。

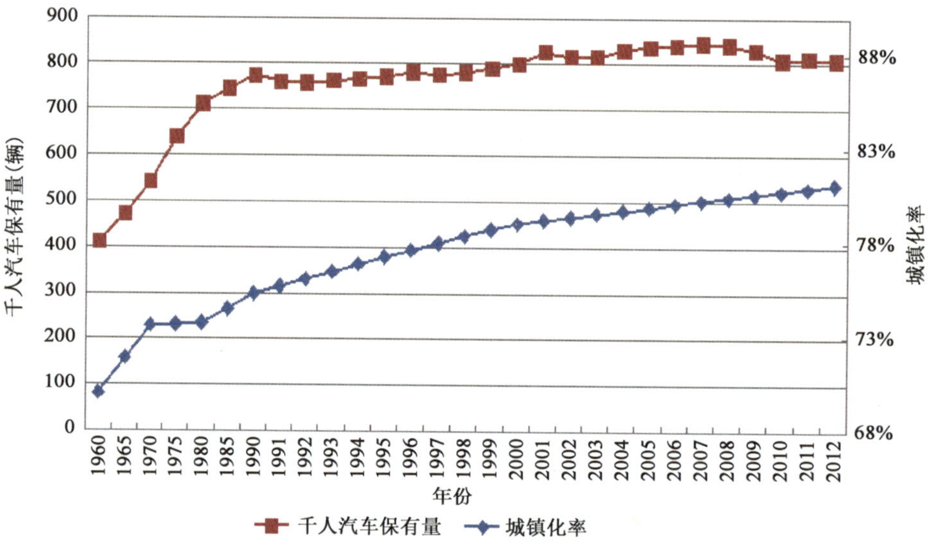

图4-4 美国城镇化与机动化历程

英国等欧洲国家及日本则转向了以铁路、大运量公共交通为主导的综合交通运输体系建设。英国在城市内外和城乡之间建立了以公共交通为主导的完备的综合交通运输体系。日本采取大量措施发展公共交通，建立起全国范围的新干线系统、城市轨道交通系统、定时、定点运营的公共汽车系统，一些城市还建立了BRT，且实现了各种运输方式有效衔接，便于换乘。德国、法国、新加坡的城市交通侧重发展以公共交通为主，以步行、自行车交通为互补衔接的低碳交通模式，对小汽车的使用则实行诸多限制政策。丹麦的哥本哈根则开展了以轨道交通覆盖中心城区和新区，步行、自行车等慢行交通和公共交通为互补衔接的低碳交通运输模式的探索与建设。

（二）国外城镇化与低碳交通模式特征分析

城市群交通系统是一个开放巨系统，涉及的要素众多。从交通系统来说，根据城镇化发展与交通系统的推演关系及相互作用原理，城市群交通系统最关键的是城镇化过程中产生的交通需求及城市群交通系统供给之间的相互影响，其中供给既包括静态的网络结构也包含动态的运输模式。因此，我们应把握需求特征、网络结构以及运输模式三个关键要素，并考虑到城市群的类型以及组成，结合我国新型城镇化的发展现实与需求，从特大城市群和以单个中心城市为核心的区域性城市群两个空间层次梳理国外高度城镇化背景下的城市群交通系统发展现状特征。

1. 国外特大城市群交通发展特征

（1）交通需求特征

虽然世界上高度城镇化的几大城市群在布局结构上存在很大不同，但主要运输走廊分布明显的特征是一致的，即表现为不同中心城市之间运输需求大，沿走廊地区为产业集聚发展带。美国东北部的波士华城市群，中心城市波士顿、纽约、费城、巴尔的摩、华盛顿间特别是相邻的两中心城市间联系非常紧密，具有高强度的运输走廊，以这些城市为主轴线构成带状城市密集区。同样，日本东海道城市群的大阪、名古屋、东京之间的客货运需求促使高速铁路干线——东海道新干线的出现，而东海道新干线的运营又加强了三大都市圈的联系，促进了都市连绵带的发展。据日本1996年的调查统计，东海道新干线日均客运强度已达61.8万人/公里，可见成熟城市群的不同都市圈之间特别是都市圈中心城市间的联系较为紧密，功能和产业上的互补促使区域高强度运输走廊的形成，客货运联系更加密切，进而加快了城市群整体的发展和提升。

（2）交通网络结构特征

都市圈间的交通网络结构，主要取决于不同都市圈中心城市的交通区位及走廊强度。与高强度运输需求相对应，都市圈中心城市之间具有大容量的运输通道，呈现“点—轴”式的交通网络布局，这一布局因中心城市的分布排列不同而表现为网格状（A型）或带状。以位于美国东海岸发展最早的波士华城市群为例，中心城市波士顿、纽约、费城、华盛顿由高容量快速的陆路运输通道(主要为铁路和高速公路)相串联,表现为点轴组成的带状网络,而美国其他几个城市群的高速公路网络,点轴特征也非常明显。同样,在需求相对应的情况下,日本东海道城市群的交通网络表现为沿东京—名古屋—大阪形成的大容量通道(如东海道新干线等)。

(3)交通运输模式

高度城镇化背景下的发达国家城市群,主要运输模式以铁路或(和)公路为主。不同都市圈中心城市之间,高强度、多样化的走廊运输需求难以由单一方式主导供给,复合型、一体化的综合运输模式成为必然选择。客运主要以交通枢纽衔接的快速集散模式为主,货运则以物流中心衔接的多式联运模式为主。在不同城市群的演变过程中,综合运输模式的发展是共同的最终特征。

日本属于人口密集型国家,为了满足大容量的交通需求,东海道城市群交通系统的发展由最初的铁路干线发展到新干线,且随着城市群的成熟、城市间联系的日益紧密以及需求的多样化,伴随铁路干线又辅助建设了高速公路。最初,美国东北岸波士华城市群是通过水运实现了波士顿、纽约、费城、华盛顿等4个相近的海港城市的联系,随着运输时效的需求以及强度的提高,串联这4个中心城市的方式又增加了快速的陆路运输通道(包括铁路干线与高速公路)。目前,日本和美国各大城市群中心城市间的运输通道已经发展成多通道(公路通道、铁路通道、海运通道等)、多方式(一般为铁路和公路组成复合型运输模式),其差别在于日本的铁路运输相对比例较大,而美国则是公路承担的客货流量更大。通常在成熟城市群的中心城市,配合综合运输模式建有联合枢纽和综合物流中心,以此对客货流进行快速集散。

2. 国外区域性中心城市群交通发展特征

(1)交通需求特征

成熟的大都市圈大多是由中心城市及其周边的中小城市组成,其中,中心城市是都市圈的核心,外围的中小城市与之密切联系,交通需求表现为以中心城市为核心的放射状交通走廊。中小城市的人口和产业差异决定了交通走廊的强度,且外围中小城市之间的联系相对较弱,运输需求也远小于与中心城市间的需求强度。以法国巴黎和英国伦敦大都市圈为例,运输需求主要表现为不同强度的向心放射走廊,而东海道城市群中的三大都市圈同样体现出这一特征,从东京都市圈向五个方向放射的JR线可以看出其放射的交通需求，而从线路的客运强度则可以看出不同衔接城市的客运规模不尽相同。由此可见，在都市圈内部，中心城市处于主导地位，运输需求主要表现为围绕中心城市的放射状运输走廊，且走廊强度与衔接城市的规模和性质密切相关。同时，由于都市圈范围的不断扩大，远郊区域之间的联系逐渐增强，开始出现环形走廊的运输需求。

（2）交通网络结构特征

成熟的都市圈内部的网络结构虽然方式有所差别，但交通网络总体上与需求特征相对应，即从中心城市向外辐射，形成“节点—放射”的总体布局结构，以满足外围区域与中心城市间的运输需求。中心城市的城镇化水平达到一定程度后，郊区环开始出现和形成，以实现外围城市间的联系需求，形成中心节点—放射—环的网络结构。巴黎和伦敦两大都市圈的交通网络是其中典型的代表，都市圈内网络主要是由铁路或公路组成的、由中心向外连通周边中小城市的节点放射型布局，初步形成了环形网络。东京都市圈中心节点—放射—环的网络结构则更为显著，无论是高速公路还是地铁均呈现这种结构特征。从其建设时序可以看出，网络最早是节点—放射型，而后随着城镇化水平的提高，郊区间的联系日益紧密，最终形成了完整的环线。

（3）交通运输模式

城市群内部主要中心城市均有自身的直接辐射范围，这些范围内的城镇体系具有较为严格的等级划分和职能分工，与中心城市间的交通需求强度也因此不同。与中心城市联系较密切、需求强度大的通常以轨道交通或者高铁运输为主，而需求相对较弱的则主要为高速公路和干线公路，而成熟城市群中心城市之间一般至少有两条通道相连。巴黎大都市与相邻地区主要通过铁路及高速公路联系；东京都市圈主要依靠轨道交通和铁路系统，配以高速公路或普通公路相连；伦敦大都市圈的中心城市与周边主要中小城市间则既有铁路又有高速公路相连。另外，在都市圈内的中心城市，出行方式则以大运量公共交通为主，尤其是高峰时段更为明显。据四大都市圈的统计数据显示，工作日高峰进入中心城市的交通方式中大运量的地铁或（和）市域铁路所占的比例为75%以上，地面公交和小汽车分担比例约为20%。总之，依据运输需求强度，中心城市与外围中小城市之间一般呈现轨道交通、高速公路或两种运输模式共存的形式，而交通结构则是以大容量轨道交通为主、地面公交和小汽车为辅的复合模式。

3. 国外城市内交通模式特征分析

通过对各国城市交通发展模式的梳理，可以将城市内交通发展模式分为三类：

一是以小汽车为主导的城市交通发展模式。当经济水平发展到一定阶段，小汽车由于其舒适、便捷、灵活等特点逐渐成为个性化的代步工具，当小汽车出行在城市交通出行结构中占比超过50%时，城市随即形成以小汽车为主导的城市交通发展模式。该模式的特点是城市人口密度极低，城市空间逐渐向郊区外延伸，拥有极其丰富的道路资源，并且小汽车的购买成本及使用成本均较低，日常出行中小汽车出行的比例为整个交通出行结构中的最高水平。该模式的典型代表国家有美国和加拿大等国家。美国的大部分城市中小汽车几乎成为日常生活必不可少的部分，其中洛杉矶、奥兰多和休斯敦的小汽车出行比例甚至超过了90%。采用这种交通模式的城市人口密度普遍很低，城市空间逐渐向郊区延伸，城市中心呈现空心化且功能逐渐衰弱，城市大量人口向郊区转移，导致出行距离延长，进一步刺激了人们对小汽车出行的依赖。久而久之，这种交通发展模式导致的后果是：越来越多的土地被占，用以建设公路设施、停车设施等；迅猛增长的汽车需求导致道路拥堵不堪，不仅给人们的生活带来不便也造成了各种经济损失；对石油资源的过度依赖，威胁到了能源资源的安全，造成温室气体等污染气体的大量排放，并伴随严重的噪声污染生态环境日益恶化；交通事故发生的概率相比其他交通模式也较多，危害了人们的生命财产安全。

二是以公共交通为主导的城市交通发展模式。新加坡、日本东京、德国柏林等是以轨道交通为城市交通主体的典型代表。东京由东京首都圈、东京交通圈、东京都和东京区部组成，是典型的轨道交通占主导地位的世界级大都市，17 条国铁 JR 线承担了东京首都圈内部及其城际间的交通出行，13 条私营铁路主要负责首都交通圈及以外的国铁 JR 线未覆盖地区的交通需求，这些线路共同构成了东京发达的轨道交通系统。德国首都柏林的 U-Bahn 系统是由柏林市区向外放射的 10 条地铁系统来承担城市中心的交通出行需求，同时，15 条轻轨组成了承担城市中心和郊区之间出行需求的 S-Bahn 系统，U-Bahn系统和 S-Bahn 系统共同构成了柏林的快速轨道交通系统。

以快速公交为城市交通主体的代表城市有巴西的库里蒂巴市、哥伦比亚首都波哥大、加拿大的渥太华等。库里蒂巴拥有立体化多层次的城市快速公交系统,包括74公里长的巴士专用道、250公里长的公交主干道以及340公里长的支线组成的较为完善的快速巴士系统,满足了全市75%的出行需求,是城市快速交通的典范。哥伦比亚的快速公交系统由主干线和支线组成,主要承担市中心交通需求的主干线包括快车线和常规线,支线则可以到达城市边缘地区,与主干线衔接联运共同形成一体化的快速公交系统。渥太华放射状的快速公交系统是当地公交系统的核心,承担了高峰时期进入城市中心的70%的交通需求,公交专用道上还建设有车站以及高速公路上有预留的道路,是北美国家城市中拥有最综合最完善的快速公交系统的城市。

三是慢行交通占主导地位的城市交通发展模式。慢行交通是指步行、自行车等非机动性交通。步行、自行车作为传统的出行方式,具有零碳排放、不消耗能源、出行成本最低、占地面积最小、在短距离出行中具有不可替代作用且能解决城市交通中"最后一公里"的末端衔接问题等优点,是建设低碳交通不可或缺的重要组成部分。该模式以丹麦的哥本哈根为代表,该市自行车设施极为完善,全市每天利用自行车出行的居民高达40%,可以说,该市的低碳交通发展水平是极高的,基于哥本哈根市在发展低碳交通方面的成就,国际上又将其称为"自行车之城"。自行车交通已经成为哥本哈根的一种城市文化。

三、典型国家或地区交通运输碳排放历程及现状

(一)美国交通运输碳排放状况

美国二氧化碳的排放量约占世界的1/4,1990~2014年交通运输能源消费引起的碳排放量总体呈一定增长态势,特别是占全国能源消耗引起的碳排放总量比重略有波动,但总体仍呈现微升态势,由1990年的31.7%上升至2014年的34.7%。自2007年达到峰值1909.7百万吨后,美国交通运输碳排放量已经开始持续呈现下降态势,到2013年已降为1739.3百万吨,总体下降了8.9%,年均降幅为1.9%。交通运输占全社会能源消耗引起的碳排放比重在25.1%~28.9%,而2013年占比为27.7%,特别是2006年达到28.9%的最高值以来,呈现平稳波动并有略微下降的态势,美国人均GDP及人均交通碳排放见图4-5,美国交通运输终端用能燃料燃烧引起的碳排放及其所占比重状况见图4-6。

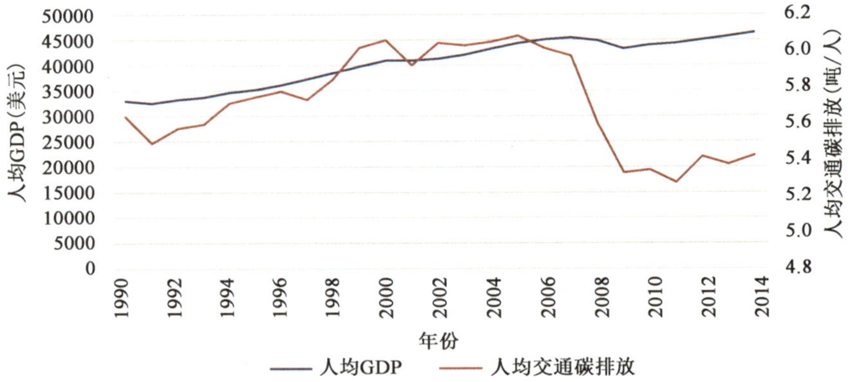

图 4-5 美国 1990 ~ 2014 年人均 GDP 及人均交通碳排放

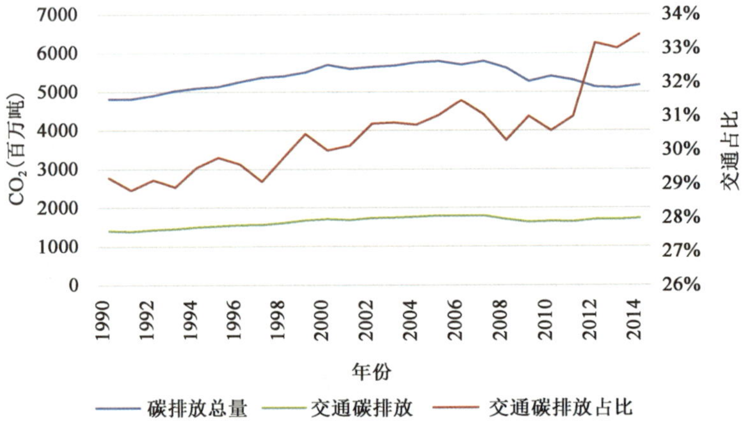

图 4-6 1990 ~ 2014 年美国交通运输终端用能燃料燃烧引起的碳排放及其所占比重状况

从各种运输方式能源消费的比例构成来看(图 4-7),道路运输占绝对比重,民航次之。2012 年道路、航空、水运、管道、铁路分别占 81.4%、8.0%、4.5%、3.8% 和 2.3%,这是由其运输结构决定的。美国拥有世界上最发达的高速公路和民用航空网络,其经济生活高度依赖于道路运输,被称之为"汽车轮子"上的国家,同时民航是承担中远距离旅客运输的主力,而铁路所占比重很低,主要承担一部分货物运输和城际旅客运输。由于道路、航空单位能耗水平大大高于其他运输方式,加上国土广阔、油价低以及生活方式等因素,从能源效率角度看,美国交通运输实际是一种"奢侈型"的能源消费模式。

与此相类似,1990 年、2012 年美国各种运输方式 CO_2、CH_4、N_2O 三种主要温室气体排放的状况如表 4-2 所示。其中 2012 年美国交通运输 CO_2 排放量中,公路、水运、航空、管道以及其他方式占比分别为 84.75%、2.10%、8.34%、2.54%、2.27%、0.00%,其中公路比 1990 年提高了 5.22 个百分点,水运、航空、管道分别下降了 4.18、0.03、0.13 个百分点(图 4-8)。

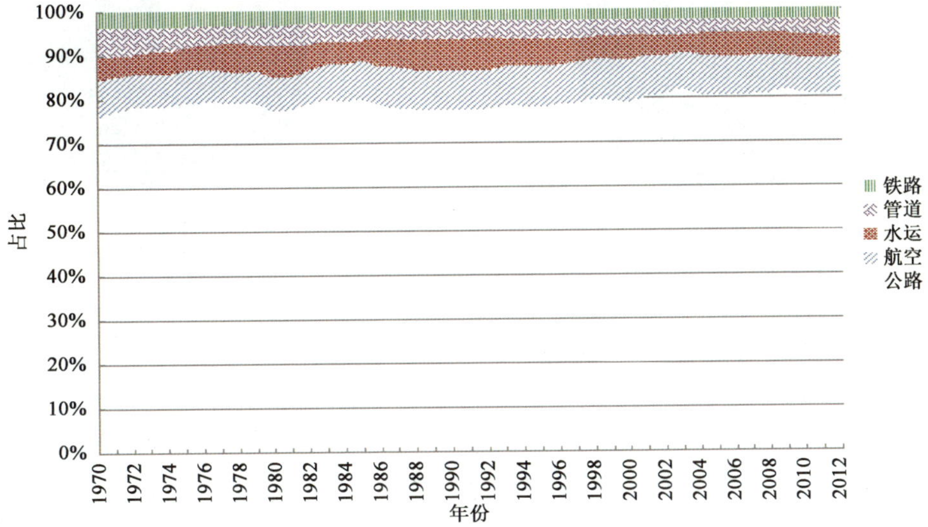

图 4-7　1970～2012 年美国各种运输方式能源消费占比

1990 年、2012 年美国各种运输方式温室气体排放状况　表 4-2

单位:万吨 CO_2-e

运输方式	1990 年			2012 年			1990～2012 年变化率		
	CO_2	CH_4	N_2O	CO_2	CH_4	N_2O	CO_2	CH_4	N_2O
公路	1190.5	4.2	40.4	1474.1	1.3	12.6	23.8%	-69.0%	-68.8%
小客车、轻型车、摩托车	952.2	4.0	39.6	1065.3	1.2	11.7	11.9%	-70.0%	-70.5%
中重型车辆与公共汽车	238.3	0.2	0.8	408.8	0.1	0.9	71.5%	-50.0%	12.5%
水运	44.5	0.0	0.6	36.6	0.0	0.5	-17.8%	0.0%	-16.7%
航空	187.4	0.1	1.8	145.1	0.0	1.4	-22.6%	-100.0%	-22.2%
铁路	38.5	0.1	0.3	44.1	0.1	0.3	14.5%	0.0%	0.0%
管道	36.0	0.0	0.0	39.4	0.0	0.0	9.4%	0.0%	0.0%
其他	0.0	0.2	0.9	0.0	0.4	1.6	0.0%	100.0%	77.8%
合计	1496.9	4.6	44.0	1739.3	1.8	16.4	16.2%	-60.9%	-62.7%

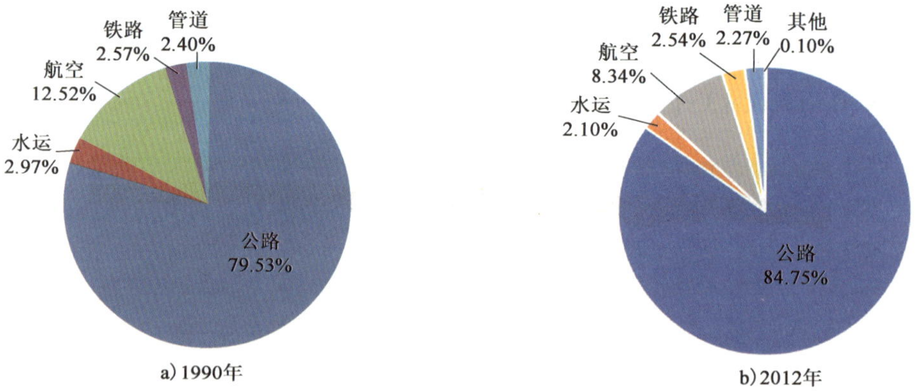

图 4-8　1990 年、2012 年美国各种运输方式 CO_2 排放量比例结构对比

(二)日本交通运输碳排放状况

图 4-9 为日本 1960～2014 年经济发展水平和人均交通碳排放情况，从图中可看出，近年来，日本经济水平有一定的增长，但人均交通碳排放却有一定幅度的下降，这与日本的人口密度与公共交通模式选择，特别是新干线等轨道交通为主导的交通发展模式有关。

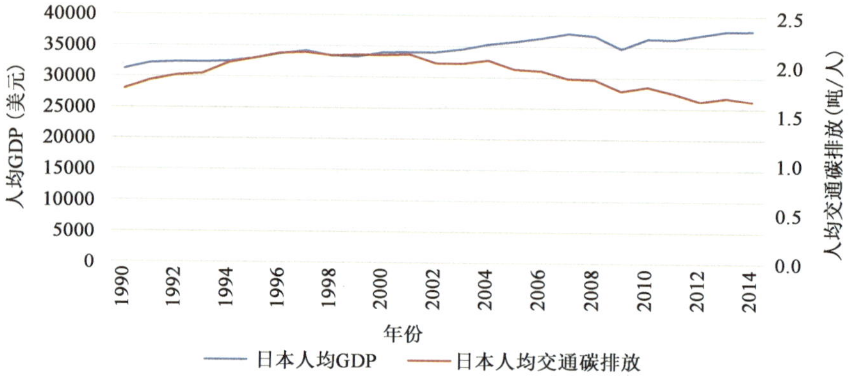

图 4-9　日本 1990～2014 年人均 GDP 及人均碳排放情况

根据日本《能源经济统计》(2007)资料显示，2005 年日本交通领域二氧化碳的排放量占总排放量的 22.4%，1965～2007 年日本交通运输能源消费引起的碳排放量总体呈较大增长态势，特别是占全国能源消耗引起的碳排放总量比重略有波动，但总体仍呈现微升态势，由 1965 年的 16.6% 上升至 2007 年的 22.8%。特别是 20 世纪以来，2004 年交通运输 CO_2 排放总量放达到峰值 263.1 百万吨后，已经开始持续呈现下降态势，到 2007 年已降为 250.9 百万吨，总体下降了4.64%，年

均降幅为 1.57%，明显低于全国平均降幅（0.32%），交通运输占全社会能源消耗引起的碳排放比重在 25.1% ~23.7%，2007 年占比为 22.8%，特别是 2004 年达到 23.7% 的最高值以来，呈现平稳波动并有略微下降的态势（图 4-10）。

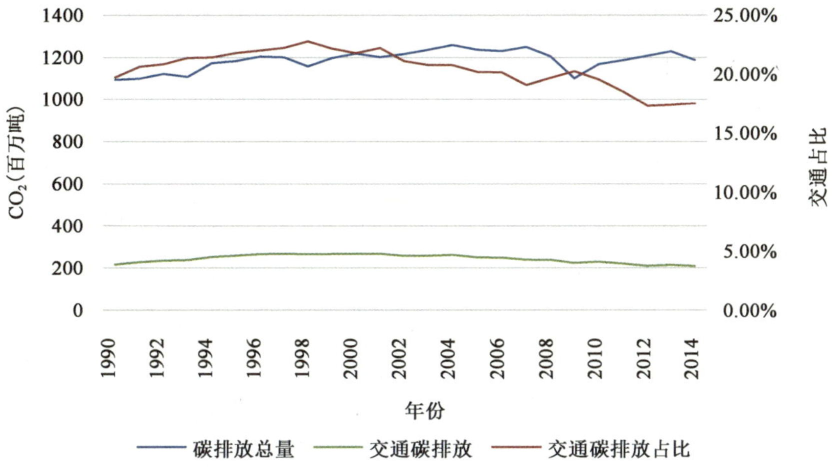

图 4-10　1990 ~2014 年日本交通运输终端用能燃料燃烧引起的碳排放及其所占比重状况

（三）欧盟交通运输碳排放状况

图 4-11 为欧盟经济发展水平和人均交通碳排放情况，从图中可以看出，欧盟经济发展水平较高，而人均交通碳排放水平相对较低，特别是近年来人均交通碳排放变化趋势略有下降，这与法国、德国等欧盟国家普遍应用的以公共交通主导或是以慢行交通主导的交通模式有关。图 4-12 为欧盟历年交通碳排放及其占比情况，从图中可以看出，欧盟交通碳排放占比有所增长，达到 20%。

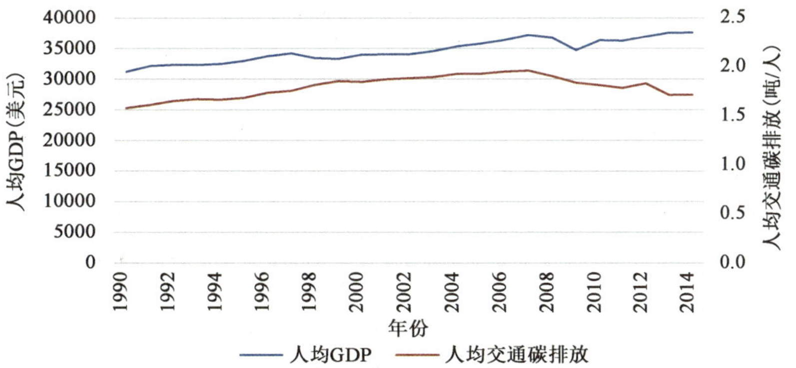

图 4-11　1990 ~2014 年欧盟人均 GDP 及人均交通碳排放情况

综合上述对比分析可看出，各国二氧化碳的排放水平与其能源消费总量直接相关，其中交通运输领域二氧化碳排放量占总排放量比重与其能源消费比重大体相当，车辆技术、减排政策、交通用能结构等因素都会给其带来影响，譬如，日本的排放控制标准及相关政策相对比较严格，各类交通工具中，电力以及各种清洁燃料应用程度相对较高，其排放比重略低于能耗比重，而美国油价相对较低，各种减排激励政策不像日本那样成效显著，在一定程度上造成了较高的排放水平。

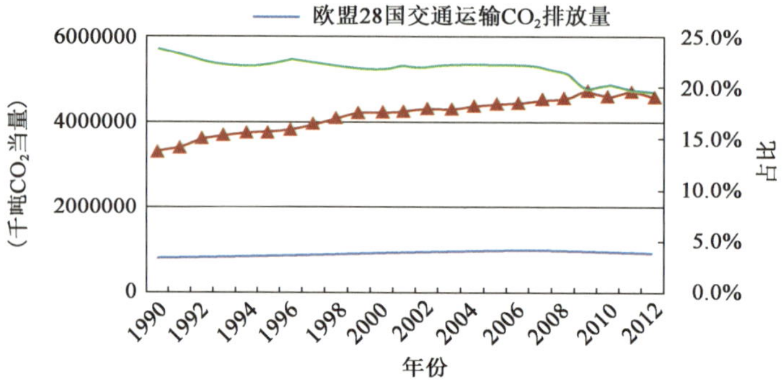

图 4-12 欧盟 28 国历年交通运输业温室气体排放总量及其占比情况

四、国外城镇化与低碳交通发展的一般规律

（一）交通碳排放占比

经济和城镇化快速发展必将导致交通运输能源消费与碳排放总量保持持续增长。发达国家交通运输碳排放占全社会碳排放比重约为三成左右，如美国交通运输是仅次于电力部门的第二大用能部门。2007 年以来，美国交通运输碳排放占比高于欧盟和日本，始终保持在 30% 左右，欧盟、日本则在 20% 左右。据美国环保部数据显示，2013 年交通运输用能占全社会总用能比重在 27% 左右。

美国各种交通运输方式中，公路运输碳排放占比由 1990 年的 79. 53% 上升到 2012 年的 84. 75%（图 4-13），这是由于美国一直采用的以小汽车交通为主导的交通发展模式提升了碳排放的相对水平。

（二）人均交通运输碳排放

从人均水平来看，美国、加拿大等国人均交通碳排放值较高，约为同等城镇化水平和同为经济发达国家的英国、法国、德国和日本的 3 倍以上（表 4-3）。虽然挪威和新加坡等国家城镇化水平和经济水平都很高，但是人均交通碳排放较低，仅为美国的十分之一,这是由于不同的空间格局及交通发展模式导致了人均交通能耗和碳排放差异,这也为我国在高速城镇化背景下低碳交通发展提供了经验启示。

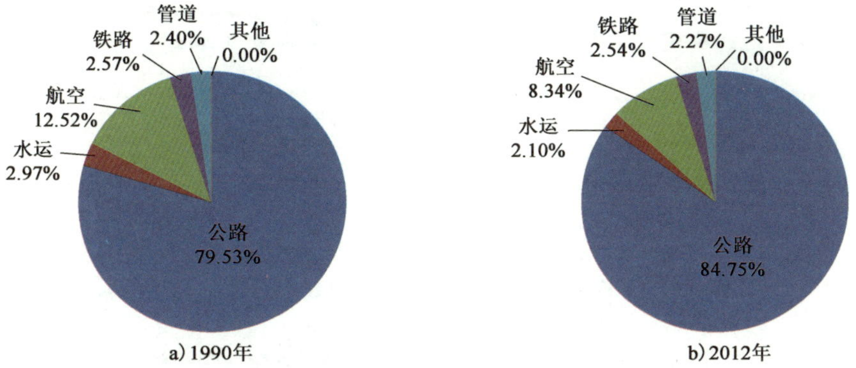

图 4-13　1990 年和 2012 年美国各种运输方式 CO_2 排放量比例结构对比

典型国家交通运输碳排放情况　　表 4-3

国家	城镇化率	人均 GDP（美元）	交通碳排放（千吨）	交通碳排放占比	人均交通碳排放（吨/人）
美国	82%	52749	1700800	33.3%	5.40
加拿大	82%	52266	173700	31.6%	5.02
欧盟	75%	35440	866400	25.9%	1.70
日本	94%	40488	213500	17.4%	1.67
英国	83%	42407	114000	25. 3%	1.83
法国	80%	42571	121100	38.2%	1.84
德国	76%	45688	152400	20.0%	1.86
新加坡	100%	55617	7500	16.2%	1.39
挪威	81%	102910	13900	39.6%	2.68
瑞典	85%	60283	19700	52.3%	2.01
中国	57%	6747	753700	12.2%	0.55
俄罗斯	74%	15000	237900	15.5%	1.65
巴西	86%	12071	208100	46.1%	1.00
印度	33%	1456	222300	12.0%	0.17

从历史发展趋势上来看,图 4-14 所示为 1990 ~ 2014 年美国、欧盟、日本等国家或地区的交通运输碳排放情况。总体来说,美国人均交通运输碳排放保持在高位,欧盟和日本相对较低。日本在 2001 年后人均交通碳排放首次出现下降,而美国和欧盟则在 2007 年后人均交通碳排放出现首次下降。

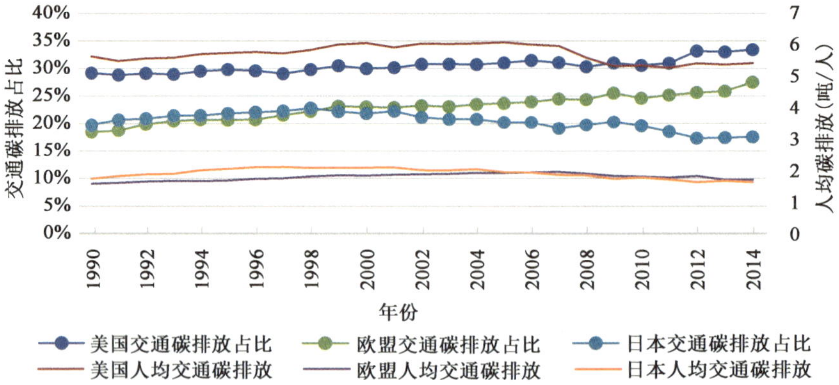

图 4-14 美、欧、日交通碳排放占比及人均交通碳排放

(三)交通运输碳排放峰值

从交通运输碳排放的峰值来看,由于社会、经济状况等多方面因素的影响,美国、日本均出现过碳排放下降的情形,但随后又有所波动,在交通行业同样如此。经过长时期高速的增长,增速缓慢或略下降,保持稳定基本达到峰值,这与经济发展规模、产业结构、人口结构等因素影响下的交通需求因素变化密切相关。

日本方面,根据日本《能源经济统计》资料显示,1965～2007年日本交通运输碳排放量总体呈较快增长态势,特别是占全国碳排放总量比重略有波动,但总体仍呈现微升态势,由1965年的16.6%上升至2007年的22.8%。特别是进入21世纪以来,2004年交通运输二氧化碳排放总量达到峰值263.1百万吨,以后逐渐开始呈现下降趋势,到2007年已降为250.9百万吨,总体下降了4.64%,年均降幅为1.57%。交通运输占全社会碳排放比重在25.1%～23.7%,2004年达到23.7%的最高值以来,呈现平稳波动并有略微下降的态势,2007年占比为22.8%。

据美国橡树岭国家实验室的运输能源统计显示,1990～2012年,美国交通运输能源消费引起的碳排放量总体呈一定增长态势,占全国能源消耗引起的碳排放总量比重略有波动,但总体仍呈现微升态势,由1990年的31.7%上升至2012年的34.7%(图4-15)。自2007年交通运输二氧化碳排放总量达到峰值1909.7百万吨以来,美国交通运输碳排放已经开始持续呈现下降态势,到2012年已降为1739.3百万吨。

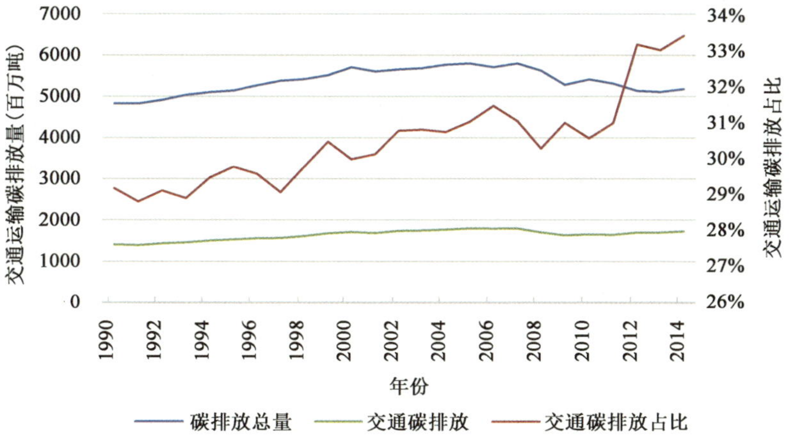

图 4-15　1990～2014 年美国交通运输碳排放及其所占比重状况

(四)交通机动化程度

与其他发达国家相比,我国仍然是机动化程度较低的国家。对比中国与其他国家机动化进程(表 4-4),2010 年,美国的每百人拥有汽车数量为 77.3 辆,中国仅为 5.9 辆;但到 2014 年每百人拥有汽车数量美国为84.05辆,中国为 10.64 辆。美国机动车年均行驶 3 万公里,日本机动车年均行驶 1.1 万公里。中国没有相关统计,但根据相关资料显示,中国正站在城市交通发展方式选择的十字路口。

2014 年世界高速公路里程排名前 20 位国家交通经济分析数据　　表 4-4

国别	GDP(万亿美元)	高速里程(万公里)	面积(万平方公里)	高速密度(公里/万平方公里)	汽车保有量(万辆)	人口(亿人)	人均车辆(辆/百人)
中国	10.38	11.19	960.1	116.6	14243.0	13.38	10.64
美国	17.42	8.825	936.4	94.2	25802.7	3.07	84.05
加拿大	1.79	1.700	997.1	17.0	2258.0	0.34	66.41
西班牙	1.41	1.515	50.6	299.4	2711.5	0.47	57.69
德国	3.86	1.280	35.7	358.5	4764.8	0.82	58.11
法国	2.85	1.110	54.4	204.0	3840.8	0.66	58.19
日本	4.62	0.780	37.8	206.3	7718.9	1.25	61.75
意大利	2.15	0.670	30.1	222.6	3711.4	0.60	61.86
墨西哥	1.28	0.628	192.7	32.6	3575.3	1.12	31.92
沙特	0.75	0.389	225.0	17.3	624.0	0.75	8.32
英国	2.95	0.352	24.4	144.3	4195.6	0.63	66.60

续上表

国别	GDP（万亿美元）	高速里程（万公里）	面积（万平方公里）	高速密度（公里/万平方公里）	汽车保有量（万辆）	人口（亿人）	人均车辆（辆/百人）
韩国	1.42	0.337	9.9	340.4	2011.8	0.51	39.45
荷兰	0.87	0.263	4.2	626.2	923.8	0.87	10.62
葡萄牙	0.23	0.261	9.2	283.7	569.5	0.23	24.76
智利	0.26	0.241	75.7	31.8	428.9	0.17	25.23
土耳其	0.81	0.201	78.4	25.6	1431.3	0.81	17.67
瑞典	0.57	0.186	45.0	41.3	518.1	0.10	51.81
马来西亚	0.33	0.182	33.0	55.2	1222.8	0.31	39.45
瑞士	0.71	0.179	4.1	436.6	482.9	0.08	60.36
比利时	0.53	0.176	3.1	567.7	632.8	0.54	11.72
合计	55.53	30.455	3806.9	80.0	81694.9	55.53	14.71

（五）城镇空间结构与交通模式选择、交通碳排放关系

人口密度、土地密度与交通资源配置有着紧密联系，而不同的空间结构与交通碳排放也具有很强的相关性。综观国内外城市及城市群的发展过程，均是由最初独立而分散的点状分布到主要城市间逐渐开始密切联系的带状分布再随着城市数量增多和规模扩大，形成密集的城市群，而后巨大的交通需求促进了城市间交通的进一步发展，从而加强了城市集群的紧密联系，如美国东北岸波士华城市群，其核心城市波士顿、纽约、华盛顿间特别是相邻的两中心城市间联系非常紧密，形成高强度运输走廊，以其为主轴线构成带状城市密集区。日本东海道城市群的大阪、名古屋、东京之间的客货运需求促使高速铁路干线的发展，并加强了三大都市圈的联系，促进都市连绵带的进一步发展。以中心城市为核心，与其周围的中小城市形成了中心城市群，如以日本东京、英国伦敦等为核心形成的放射型交通走廊，加强了核心城市与周围中小城市间的联系，而在城市内部，则呈现了不同的发展结构，如美国大型城市人口大量向郊区迁移，城市中心人口密度变低，形成了城市空心化现象，使得郊区与城区间交通需求增大。而东京等城市人口高度聚集，城市中心人口密度大，有极强的大运量交通需求。城市群和城市形态结构有着不同的交通运输需求特征，各国也依据自身需求和资源条件采用了不同的交通发展模式，不同的交通发展模式也造成了交通碳排放水平的差异，如表4-5所示。

各城市空间层次与交通特征同经济与交通碳排放关系　　表 4-5

空间层次	范围定义	形态特征	交通需求及结构特征	代表国家	交通模式特征	人均GDP（美元）	国家城镇化水平	交通碳排放水平（吨/人）
特大城市群	多个中心城市圈形成的特大城市群	多中心"点-轴"式带状或网格结构	"点-轴"式交通网络布局，中心城市间大容量交通运输通道	美国模式	私人汽车使用过高、公路交通为主的公路、铁路多通道多方式的复合运输模式	44325	80.90%	5.27
				日本模式	铁路运输为主导的公路、铁路等多通道多方式的复合运输模式	36203	91.20%	1.72
				欧洲模式（英国）	铁路及高速公路为主导的复合交通模式	39808	81.60%	1.87
中心城市群	由中心城市及与其密切联系的周边的中小城市组成	"节点—放射"总体布局结构	以中心城市为核心的放射状交通走廊，外围中小城市间联系相对较弱	美国模式	以私人小汽车为主导的交通运输模式	44325	80.90%	5.27
				日本模式	轨道交通、铁路主导，高速公路、普通公路为辅的交通运输模式	36203	91.20%	1.72
				欧洲模式（英国）	大运量公共交通（地铁或者市域铁路）为主，地面公交和小汽车为辅的交通模式	39808	81.60%	1.87

续上表

空间层次	范围定义	形态特征	交通需求及结构特征	代表国家	交通模式特征	人均GDP（美元）	国家城镇化水平	交通碳排放水平（吨/人）
城市内	单个城市	城市中心空心化，人口大量向郊区转移，城市人口密度低，城市空间逐渐向郊区外延伸	城市人口出行距离延长	美国洛杉矶、休斯敦等	小汽车主导模式	44325	80.90%	5.27
		城市规模较大，城市中心人口高度密集	城市中心有巨大出行需求	日本东京	以轨道交通等公共交通为主导的交通模式	36203	91.20%	1.72
			更注重交通运输方式有效衔接和解决“最后一公里”问题	新加坡	轨道交通为主、公交、慢行交通为辅的模式	36154	100.00%	0.046

从表中我们可以看到，美国、日本、欧洲国家等均属于经济水平高、城镇化率高的发达国家，其特大城市群、中心城市群的形态结构和交通需求相似，特大城市群城市分布呈多点—轴状，形成了核心城市间的高强度交通运输通道。由于美国人口密度较低，土地资源丰富，并且道路资源丰富，汽车工业发达，所以美国大城市群和中心城市群选用了以公路交通为主导的交通模式；而东京、欧洲各国结合自身大运量交通的需求和低碳交通的发展理念，多采用铁路、轨道交通为主，公路交通为辅，或是铁路、公路并重的复合交通模式。

在城市内，美国大城市由于出现了城市空心化现象，人口大规模向郊区转移，所以产生了以小汽车交通为主导的交通模式；东京等城市中心人口密集，有大运量交通需求，因此选用了以城市轨道交通等公共交通为主导的交通模式；新加坡则更注重城市内运输方式的有效衔接和城市低碳交通的发展，采用了以公共交通为主导,慢行交通为辅的交通模式。

从交通碳排放水平来看,选用以小汽车为主导交通模式的美国人均碳排放水平最高,相当于欧洲、日本等国家的4～5倍,这也说明,不同的交通模式对于交通碳排放水平有决定性的影响。我国应该结合城市群及城市发展现状,合理建设和布局城市空间形态结构,选择绿色低碳的交通模式,严格控制交通碳排放的水平。

五、经验启示

国外城镇化发展起步较早,多数发达国家在20世纪70年代即已完成了城镇化快速发展阶段,进入稳定期,而我国至2017年末,城镇化率为58.5%,正处于城镇化的快速发展期,发达国家在快速城镇化下低碳交通发展进行了长期的探索并积累了经验,这也为我国现阶段低碳交通的发展提供了借鉴。总结国际发展经验得到以下几个方面的启示。

(1)尽早发展低碳交通实现碳峰值管控目标

国外交通运输发展的经验表明,在相当长一段时期内,随着经济社会发展水平以及人们对出行安全性、舒适性、便捷性需求的日益提高,交通运输能源消费与碳排放总量及其占全社会比重快速上升是必然趋势,并且随着经济社会发展到一定阶段,交通运输将成为能源消费(特别是石油消费)的最主要领域及碳排放的主要来源之一。典型的如美国、日本和欧盟等发达国家和地区交通运输业占全社会能源消费总量的比重分别约为29%、24%和31%,碳排放所占能源相关碳排放总量的比重约为1/3左右。但从近年来的最新发展趋势来看,在低碳经济发展的大浪潮中,以德国为代表的欧盟国家以及日本等通过采取强有力的低碳技术创新与政策碳排放量逐年下降。即使是“汽车轮子上的国家”美国也在2007年出现了交通运输能源消费和碳排放峰值和拐点,呈现出持续下降的态势。以此审视我国,当前交通运输能源消费比重占全国的8%,上升空间十分巨大,如果不采取有效措施切实强化交通运输节能减排降碳,交通运输能源消费将成为影响我国能源消费总量和碳排放达到峰值的关键制约因素,交通运输发展可能将面临严峻的能源约束问题和巨大的碳减排压力,而且也会对国家能源安全和经济社会可持续发展、全球气候变化等产生严重的不利影响。

(2)我国应结合国情和城镇化发展阶段特征优化交通运输结构,选择更为适合的低碳交通运输发展模式。

交通运输模式的选择直接关系到交通碳排放水平，合理选择适合我国新型城镇化现阶段特征的交通运输模式是发展低碳交通的关键。欧美和日本等发达国家在快速城镇化过程中，由于出行理念、资源禀赋、经济水平和技术水平差异以及历史原因等，其交通运输方式的选择也有所不同。对于中国这样的发展中国家，应结合现阶段城镇化发展特点和限定条件（如资源和环境约束）来选择城镇化过程中的主要交通运输方式。表4-6列出了欧美、日本、新加坡等国和地区的交通发展模式、城镇化水平、经济水平、人均交通碳排放等情况。

主要经济体国家的城市发展空间层次与交通碳排放 表4-6

<table>
<tr><th>国家</th><th>空间层次</th><th>发展模式</th><th>城镇化率</th><th>人均GDP
（美元）</th><th>人均交通碳排放水平
（吨/人）</th></tr>
<tr><td rowspan="3">美国</td><td>特大城市群</td><td>私人汽车使用过高、公路交通为主的公路、铁路多通道多方式的复合运输模式</td><td rowspan="3">82%</td><td rowspan="3">52749</td><td rowspan="3">5.4</td></tr>
<tr><td>区域中心城市群</td><td>以私人小汽车为主导的交通运输模式</td></tr>
<tr><td>城市内</td><td>小汽车主导模式</td></tr>
<tr><td rowspan="3">日本</td><td>特大城市群</td><td>铁路运输为主导的公路、铁路等多通道多方式的复合运输模式</td><td rowspan="3">94%</td><td rowspan="3">40488</td><td rowspan="3">1.67</td></tr>
<tr><td>区域中心城市群内</td><td>轨道交通、铁路主导，高速公路、普通公路为辅的交通运输模式</td></tr>
<tr><td>城市内
（东京）</td><td>以轨道交通为主导的交通模式</td></tr>
<tr><td rowspan="3">英国</td><td>特大城市群</td><td>铁路及高速公路为主导的复合交通模式</td><td rowspan="3">83%</td><td rowspan="3">42407</td><td rowspan="3">1.83</td></tr>
<tr><td>区域中心
城市群内</td><td>大运量公共交通（地铁或者市域铁路）为主，地面公交和小汽车为辅的交通模式</td></tr>
<tr><td>城市内
（伦敦）</td><td>小汽车为主，慢行交通、公共交通为辅的模式</td></tr>
</table>

续上表

国家	空间层次	发展模式	城镇化率	人均 GDP（美元）	人均交通碳排放水平（吨/人）
法国	特大城市群	铁路及高速公路为主导的复合交通模式	80%	42571	1.84
	区域中心城市群内	大运量公共交通（地铁或者市域铁路）为主，地面公交和小汽车为辅的交通模式			
	城市内（巴黎）	小汽车为主、慢行交通为辅模式			
新加坡	城市内	轨道交通为主、公交、慢行交通为辅的模式	100%	55617	1.39

从交通运输模式上来看，按空间层次来划分，在特大城市群内，一类是以小汽车交通为主导的交通模式，以美国为代表，第二类是以铁路和高速公路为主导的交通运输模式，以日本和欧盟国家为代表；在区域性中心城市群，一类是以小汽车交通为主导的交通运输模式，第二类是以轨道、公共交通为主导的交通模式，代表国家为日本、英国等；在城市内部交通领域，一类是小汽车为主的交通模式，以美国为代表，第二类是小汽车、公共交通等共同发展，形成高效衔接的换乘体系的交通模式，以英国、法国等为代表，第三类是以轨道交通、公共交通为主导的交通模式，以日本、新加坡为代表。同时，新加坡还大力发展慢行交通作为公共交通的补充。

从碳排放水平来看，以私人小汽车交通为主导的美国交通模式对应着高水平的人均交通碳排放，其排放量约为以大运量轨道交通和公共交通为主导的日本、英国、法国等国家的3倍。我国经济水平相比于美国等发达国家较为落后，交通碳排放占比和排量都较低，但随着城镇化和经济水平的逐步提高，我国机动化水平和居民出行需求将会大幅提升，如不选择低碳交通发展模式，碳排放量必然也会大幅提高。

小汽车为主导的交通运输模式需要使用大量建设用地修筑道路等各类资源，是一种高能耗高排放的交通运输模式。在较早发展的美国城市化地区，地域广阔，人口密度相对较低，居民收入水平高，小汽车和道路运输发展的土地资源约束相对较少，形成以私人小汽车为主体的公路交通模式。中国与美国国情不同，资源禀赋存在差距，仅以耕地资源为例，美国人均耕地面积为中国的15倍，而中国人口数量巨大且分布不均衡，东部地区人口密集，中西部地区人口主要集中在几个大城市中，随着城镇化步伐的加快，更多的人口会集聚到城市中，造成巨大的资源环境压力，交通方式选择不能盲目追求美国的小汽车发展模式。

英国人口密度相对较大，经济发展水平较高，早期以公路交通为主，后来则侧重综合运输、公共交通的发展，如伦敦的交通模式是轨道交通和高速公路并重。对于同样土地狭小，人口密度大的日本，则呈现重点发展轨道交通的特点。德国的汽车工业相对发达，支撑了德国的城镇化过程，但是小汽车引发的环境、拥堵等问题越来越严重，因此，德国已经逐步将客流引向大运量的轨道交通。20 世纪 80 年代中期，法国的小汽车交通已经过度发展，引发的交通拥堵及噪声污染、空气污染等各种环境问题已经很突出，法国各地方政府逐渐认识到公共交通必须优先发展的必要性，这一时期法国开始大量建设新型有轨电车、开辟公交专用道，大力发展公共交通，并于 20 世纪 90 年代中期开始关注慢行交通与公共交通的互补衔接。

中国肩负着生态文明建设的重任，资源环境压力大，面临着严峻的节能减排形势，中国城镇化发达地区人口密度大，且人口仍然在向城市不断集聚，城市“摊大饼式”的扩张造成了严重的交通拥堵和环境污染问题，因此应该充分借鉴欧美、日本等国家经验，在快速城镇化过程中大力发展以铁路、轨道、城市公交等公共交通为主导的低碳交通运输模式。

（3）快速城镇化进程中，城市群间和城市群内部普遍采用大运量的铁路和轨道交通等低碳交通运输方式，并成为未来重点发展方向

在欧美、日本等发达国家快速城镇化进程中，高效便捷、大运量的传统铁路和轨道交通等低碳交通运输方式起到了重要的支撑和引领作用。19 世纪，伦敦沿铁路发展，铁路引导城市拓展，开始建设郊区，同时建设铁路环线连通各郊区，用来控制城市蔓延。在美国的快速城镇化过程中，传统铁路起到重要支撑作用，铁路总长度从 1835 年的 2055 公里上升到 1888 年的 251186 公里，超过世界其他国家铁路里程的总和，到 1920 年，美国铁路里程达到 474936 公里，旅客运输量大幅度增加，客运量从 1.8 亿人次增加至 5.2 亿人次。日本快速城镇化时期为 1950 ~ 1975 年，在此期间，日本铁路旅客运输周转量从 1950 年的 1055 亿人公里增加到 1975 年的 3440 亿人公里。

随着高速铁路技术等的发展，铁路和轨道交通等重新成为未来低碳交通发展的重点方向。目前，日本已经建立起全国范围的新干线系统，提升了铁路行业在

交通运输方式中的比选优势,铁路客运重新成为社会经济发展的重要支撑。德国的汽车工业相对发达,中心城市相对分散,载重汽车承担50%左右的货运量,小汽车完成92%左右的客运量。但是汽车运输的发展带来高速公路和城市道路的严重堵塞、石油能源过度消耗以及废气污染等一系列社会问题,使得德国逐渐认识到发展大运量轨道交通的重要性。随着高速铁路轮轨技术在日本和法国的运营取得重大成功,也激发了德国高速铁路轮轨线路的建设热情,德国高速铁路运营里程目前为1285公里,未来预计可以达到2333公里。

(4)限制小汽车交通增长,大力推动以轨道交通、城市公交等公共交通为主导的交通运输方式成为各国发展城市低碳交通的两个重要抓手

随着城镇化发展,各国机动化水平迅速提高,小汽车交通增长迅猛,同时也带来了道路拥堵、能源消耗过度和废气污染与高碳排放等问题。各国纷纷采取了限制小汽车交通增长的措施,德国的许多城市对汽车的使用有诸多限制,如进入城市的汽车必须低速行驶,城市中经常会建造一些人为的道路死角,转弯限制,单行线网络以及广泛的无车区,70% ~80%的城市道路网络限速 19 公里/小时,有些地段甚至更低。德国新车的消费税是美国的3倍,每年的车辆登记费也比美国的高得多,燃油税是美国的9倍,较高的燃油税刺激了汽车能源利用技术的改进和发展。由于较高的燃油税和每年都需要注册的费用,人们更倾向于选择污染少,能源利用率高,发动机小的汽车。此外,德国还对汽车收取高额的停车费用,同时控制停车位的供应数量。

新加坡倾向于依赖政策手段来解决道路拥堵问题,如采用车辆定额配置系统来控制机动车总量的增长,以及ERP(Electronic Road Pricing,道路电子收费)系统来控制拥挤路段的交通需求,从而间接达到控制机动车总碳排放量的目的。

在限制小汽车交通增长的同时,大力推动以轨道交通、城市公交等公共交通为主导的交通运输方式。如日本采取大量措施发展公共交通,加大对大运量交通设施的投入,建立起全国范围的新干线系统、城市轨道交通系统、按时间表定点运营的公共汽车系统,一些城市还建立了BRT,中央及地方政府对公共交通运营商提供利息补贴、低息贷款等财政措施,资助公共交通事业发展,且建立了合理的公共交通运营机构,避免不合理竞争,确保公共交通能保持长期的高质量和可靠的服务水平,从而鼓励乘客利用公共交通。德国城市的交通侧重发展以公共交通为主,以步行、自行车交通为辅的低碳交通模式,通过对各种类型的公共交通进行有

效整合，实现了各个交通方式的有效衔接，提高了服务水平，吸引了德国人更多的选择公共交通出行。从 20 世纪 80 年代中期，法国即大量建设新型有轨电车、开辟公交专用道等城市交通基础设施，大力发展公共交通。美国政府采取了一种以公共交通为导向的开发模式（TOD 模式），鼓励乘坐公共交通工具和步行，加强土地开发利用，保护开发空间和创造舒适的环境，实现经济、社会与环境的协调发展。新加坡在国家政策中大力提倡城市居民使用公共交通，力图建设大容量的公共交通系统来满足迅猛增长的交通需求。在新加坡，公共交通系统是根据人们从离开居住地到达目的地时间来对整个系统进行规划和建设的，该国有一半的居民居住在轨道交通站附近 1 公里范围内，公共交通与城市土地已形成最为有效的结合。同时新加坡还在努力提高公共交通的服务能力和质量，以增加公共交通对出行居民的吸引力。目前，新加坡的公共交通承担了 66% 的机动化出行需求，其中，私人经营的轨道交通干线和公交巴士支线形成有效的结合，使其成为目前世界上具有最完整有效的公交网络的国家之一。新加坡目前拥有大约 138 公里的轨道网络，根据规划，到 2020 年新加坡的轨道网络将达到 278 公里，轨道的密度将达到每百万人拥有 51 公里。

（5）建立了完备的综合交通运输体系，加强了各种交通运输方式的有效衔接

各国通过建立完备的综合交通运输网络体系加强了城市群间、城市群内部的联系，使得交通更为高效便捷。如美国东北部大西洋沿岸城市群根据其区域结构，形成了空运、轨道、公路三位一体，多圈层的一体化交通运输体系，该区域根据运输市场发展需求，将机场纳入城市公共服务交通范围，促使航空运输与地面交通方式紧密连接。城际铁路与高速公路则共同构筑了连接区域内核心城市的地面运输通道，区域市域内交通则采取了轨道运输与道路运输相结合的方式。伦敦规划为单中心同心圆封闭式系统，由内而外为中心区、外围区、近郊区以及远郊区，区域内交通设施包括：覆盖整个区域呈放射环状的公路网、贯穿整个区域放射形铁路网络以及地铁、轻轨和公共汽车等交通工具。对外，伦敦建立了完备的海陆空立体交通运输通道，伦敦港在货物吞吐量和集装箱吞吐量方面分别位列英国的第二、三位；英国 70% 铁路线路以伦敦为起终点，既连通英国各大城市，也可贯通至欧洲大陆；伦敦现有 5 大国际机场，以满足民用、货运、商务、休闲等不同需求。

各种交通运输方式的有效衔接，形成了高效便捷的一体化换乘体系。伦敦交通系统最成功之处在于其以轨道交通枢纽为核心的多元交通方式换乘接驳体系

一体化，区域内重要铁路车站与地铁站基本在同一站点，且各站点配有公共汽车站和停车场，约1/3的地铁站设有收费低廉的停车场，从而鼓励居民停车换行，并且地铁站多布设在人流集中的商场或办公楼底部，形成了十分便捷的换乘体系。德国城市对各种类型的公共交通进行了有效整合，实现各个交通方式的有效衔接，提高了服务水平，非常便利的公共交通吸引了德国人们更乐于选择公共交通出行。德国城市中的公共汽车交通与轨道交通之间无论是时间上还是空间上都能做到无缝衔接，同时还提倡步行和自行车传统低碳出行方式，并在地铁站、巴士站以及市郊的铁路站旁提供大量的自行车停车设施。新加坡的城市交通发展模式中也特别注重各种交通方式的有效衔接。例如在Ang Mo Kio和Toa Payoh这两个地方，巴士的换乘站建设在MRT（Mass Rapid Transit，大容量快速轨道交通）换乘站的旁边，使巴士系统与地铁网络紧密结合，形成具有立体高效换乘功能的综合换乘枢纽，为乘客大大节省了巴士与地铁之间的换乘时间，同时也减少了不必要的碳排放。美国鉴于汽车运输在市域交通运输中的高承担率，通过在各城市入口处设置大型、多模式、综合性的交通枢纽和实施一票通乘的运输政策，实现了汽车运输与轨道运输的一体化衔接，同时，美国提倡私人汽车在市郊停车换乘，有效降低了市内车流量，提升了交通运输效率。

（6）注重顶层规划设计，出台激励和限制性政策保障低碳交通运输发展

在规划方面，最具代表性的为法国的《城市交通出行规划》（PDU）的出台及更替。该规划最初是在20世纪70年代，为了应对小汽车的迅速发展给城市造成的交通拥堵，由法国各地方政府系统地编制而成。到20世纪80年代中期，法国的小汽车交通已经过度发展，引发的交通拥堵及噪声污染、空气污染等各种环境问题已经很突出，法国各地方政府逐渐认识到优先发展必须公共交通的必要性。第三代PDU于20世纪90年代中期开始发展，将重心转移到慢行交通领域上来，同时更侧重整合步行和自行车等非机动交通、小汽车交通及公共交通的互补衔接上。1996年法国又出台了《大气保护与节能法》，在该法中城市交通领域必须走可持续发展之路得到共识，并重新启用了被搁置的PDU。同时，规定所有居住人口超过10万的城市聚居区都必须编制PDU。在《大气保护与节能法》下重新启用的PDU，成为当前法国城市发展低碳交通的风向标。

哥本哈根根据自身城市的特点，提出一个著名的“手指形态规划”，该规划规定了该城市要沿着几条狭窄的放射形走廊发展，走廊之间被限制开发的森林、农

田和开放绿地所组成的绿楔隔开。发达的轨道交通系统沿着走廊从中心城区向外辐射,分别指向区域的五个方向,所有的走廊都通向中心城区,有效支持了中心城区的主导作用;同时轨道交通还很好的覆盖了新开发地区,使新区和中心城区之间的出行方便通畅。同时,哥本哈根的城市规划规定其城市的开发必须集中在轨道交通车站的附近,而不同地区与轨道交通车站之间则通过建设完善的步行、自行车以及公共交通来实现。许多新城区沿着轨道交通车站开发,由车站向外发散,连接到居住小区,大量的公共基础设施和商业设施也沿着轴线建设,步行、自行车和常规公交等低碳的出行方式共存于新城区内,小汽车交通则是禁行的交通方式。

此外,各国通过一系列的财税政策等激励低碳交通运输方式的发展,限制高能耗高碳排放的交通运输方式。日本通过一系列的政策措施,如实施绿色标识制度、绿色财税政策等,提高了汽车等的节能减排性能;并采用了系统性方法,如解决城市道路的瓶颈问题、道路交叉点的立体化、收费方法的多样化及弹性化等改善交通基础设施的措施,同时通过提高交通管理水平、推进 ITS 智能交通系统、强化停车管理、减少占用道路的工程、及时提供道路交通信息以及对运输从业者全面普及绿色驾驶管理系统(EMS)来保证城市客货运输的通畅;中央及地方政府对公共交通运营商提供利息补贴、低息贷款等财政补贴,资助公共交通事业发展,建立了合理的公共交通运营机构,避免不合理竞争,确保公共交通能保持长期的高质量和可靠的服务水平,从而鼓励乘客利用公共交通。而德国、新加坡等则采用机动车总量控制、高燃油税、高停车费等一系列的财税政策和管理办法来实现对小汽车交通增长的限制。

第五章　适应新型城镇化的低碳交通运输发展的战略需求分析

一、发展需求

在未来一段时期内，面对新型城镇化背景下经济发展新常态、农村人口区域性转移、城镇化区域发展格局及应对气候变化的目标和新形势，适应新型城镇化发展对低碳交通运输提出了更高要求（表5-1）。

适应新型城镇化的低碳交通发展战略需求表　　表5-1

重大战略、重大目标	与交通运输行业相关的核心内容要求	关　键　词
十九大报告	加快建设创新型国家。加强应用基础研究，拓展实施国家重大科技项目，突出关键共性技术、前沿引领技术、现代工程技术、颠覆性技术创新，为建设交通强国提供有力支撑。 要在继续推动发展的基础上，着力解决好发展不平衡不充分问题，大力提升发展质量和效益，更好满足人民在经济、政治、文化、社会、生态等方面日益增长的需要，更好推动人的全面发展、社会全面进步。 必须树立和践行绿水青山就是金山银山的理念，实行最严格的生态环境保护制度，坚定走生产发展、生活富裕、生态良好的文明发展道路，建设美丽中国，为全球生态安全做出贡献。 加快生态文明体制改革，建设美丽中国。 加大生态系统保护力度。实施重要生态系统保护和修复重大工程，优化生态安全屏障体系，构建生态廊道和生物多样性保护网络，提升生态系统质量和稳定性	建设交通强国； 加快生态文明体制改革，建设美丽中国

续上表

重大战略、重大目标	与交通运输行业相关的核心内容要求	关键词
十八大报告	统一行使所有国土空间用途管制和生态保护修复职责，统一行使监管城乡各类污染排放和行政执法职责。构建国土空间开发保护制度，完善主体功能区配套政策	
《国民经济和社会发展第十二个五年规划纲要》、习近平主席“经济发展新常态相关论述”	“十三五”期间需要保持经济增长、转变经济发展方式、优化产业结构	转型、发展质量、稳增长
《国家新型城镇化规划（2014—2020年）》及习近平主席、李克强总理相关论述	六大任务：推进农业转业人口市民化；提高城镇建设用地使用效率；建立多元资金保障体制；优化城镇化布局和形态；提高城镇建设水平；加强对城镇化的管理。 综合交通运输体系任务。 完善城市群之间综合交通运输网络。 构建城市群内部综合交通运输网络。 建设城市综合交通枢纽。 改善中小城市和小城镇交通条件。 三个一亿人：即到2020年，要解决约1亿进城常住的农业转移人口落户城镇、约1亿人口的城镇棚户区和城中村改造、约1亿人口在中西部地区的城镇化	总体发展格局和主要任务
《全国主体功能区规划——构建高效、协调、可持续的国土空间开发格局》	要根据不同区域的资源环境承载能力、现有开发密度和发展潜力，统筹谋划未来人口分布、经济布局、国土利用和城镇化格局，将国土空间划分为优化开发、重点开发、限制开发和禁止开发四类，确定主体功能定位，明确开发方向，控制开发强度，规范开发秩序，完善开发政策，逐步形成人口、经济、资源环境相协调的空间开发格局	划分功能区、空间开发格局
《关于深入推进新型城镇化建设的若干意见》	牢固树立创新、协调、绿色、开放、共享的发展理念，坚持走以人为本、四化同步、优化布局、生态文明、文化传承的中国特色新型城镇化道路。 积极推进农业转移人口市民化：加快城市综合交通网络建设。优化街区路网结构，建设快速路、主次干路和支路级配合理的路网系统，提升城市道路网络密度，优先发展公共交通。大城市要统筹公共汽车、轻轨、地铁等协同发展，推进城市轨道交通系统和自行车等慢行交通系统建设，在有条件的地区规划建设市郊铁路，提高道路的通达性。畅通进出城市通道，加快换乘枢纽、停车场等设施建设，推进充电站、充电桩等新能源汽车充电设施建设，将其纳入城市旧城改造和新城建设规划同步实施。 积极推进农业转移人口市民化、全面提升城市功能、加快培育中小城市和特色小城镇、辐射带动新农村建设、完善土地利用机制、创新投融资机制、完善城镇住房制度、加快推进新型城镇化综合试点和健全新型城镇化工作推进机制	新型城镇化建设、加快城市综合交通网络建设、慢行交通系统建设

续上表

重大战略、重大目标	与交通运输行业相关的核心内容要求	关　键　词
十八大报告、《关于加快推进生态文明建设的意见》	大力推进生态文明建设。 明确提出“绿色化”发展，“四化同步”变为“五化同步”。 坚持把绿色发展、循环发展、低碳发展作为基本途径。 大力推进绿色城镇化，大力发展绿色建筑和低碳、便捷的交通体系，推进绿色生态城区建设	绿色城镇化、低碳交通体系
《生态文明体制改革总体方案》	到2020年，构建起自然资源资产产权制度、国土空间开发保护制度、空间规划体系、资源总量管理和全面节约制度、资源有偿使用和生态补偿制度、环境治理体系、环境治理和生态保护市场体系、生态文明绩效评价考核和责任追究制度等八项制度构成的系统完整的生态文明制度体系，推进生态文明领域国家治理体系和治理能力现代化。 完善资源总量管理和全面节约制度 ——建立能源消费总量管理和节约制度。坚持节约优先，强化能耗强度控制……合理确定全国能源消费总量目标，并分解落实到省级行政区和重点用能单位。健全节能低碳产品和技术装备推广机制，定期发布技术目录。强化节能评估审查和节能监察。加强对可再生能源发展的扶持，逐步取消对化石能源的普遍性补贴。逐步建立全国碳排放总量控制制度和分解落实机制……加强应对气候变化国际合作。 建立健全环境治理体系、健全环境治理和生态保护市场体系	总量管理、全面节约、建立健全环境治理体系
《中美元首气候变化联合声明》和《强化应对气候变化行动——中国国家自主贡献》	2030年行动目标是：二氧化碳排放2030年左右达到峰值并争取尽早达峰，单位国内生产总值二氧化碳排放比2005年下降60%～65%，非化石能源占一次能源消费比重达到20%左右	提早达峰

（一）交通运输需要在经济社会发展中发挥先行官的作用

经济社会发展需要交通运输先行引领。以习近平同志为核心的党中央对我国经济形势做出了经济增长速度换挡期、结构调整阵痛期、前期刺激政策消化期“三期叠加”的重要判断，我国经济将进入发展的“新常态”，包括增长速度的新常态，增长动力的新常态、结构调整的新常态和宏观政策的新常态等。我国急需转变经济发展方式，保持经济持续健康发展，而新型城镇化是保持经济持续健康发展的强大引擎，是加快产业结构转型升级的重要抓手，内需是我国经济发展的根本动力，扩大内需的最大潜力在于城镇化，城镇化水平持续提高，会带来城市基础设施、公共服务设施和住宅建设等巨大投资需求，这将为经济发展提供持续的动力，在这一过程中交通固定资产投资在稳增长发挥基础作用。

交通运输业需要更加注重增效升级。产业结构转型升级是转变经济发展方式的战略任务，加快发展服务业是产业结构优化升级的主攻方向。随着我国经济发展全面进入新常态，交通运输需求对稳增长作用依然重要，依然繁重的交通运输发展任务与日益刚性的资源环境约束之间的矛盾将会愈加凸显，交通运输增效提质升级也成为适应经济新常态和全面建成小康社会的重要要求。“十三五”期间，我国交通运输行业仍处于由“基本适应”向“适度超前”的过渡阶段，我国交通运输基础设施、运输装备和运输活动都将在原有规模基础上继续维持较高增长速度，预测 2020 年交通运输行业能源消耗总量可能较 2015 年增长 20% 以上、资源占用和污染物排放也将呈现总量巨大且持续增长态势。新型城镇化进程中，交通运输行业要更加注重增效升级，充分发挥“绿色交通”引领作用，要求以节约资源、提高能效、控制排放、保护环境为目标，加快推进绿色循环低碳交通基础设施建设、节能环保运输装备应用、集约高效运输组织体系建设，推动交通运输转入集约内涵式的发展轨道，强化交通运输行业节能环保工作，全面推动节能减排技术研究和应用，加快建立行业节能环保管理制度体系，确保绿色交通发展目标的实现，引领行业发展转型升级。

（二）交通运输需要引领城镇化区域发展的空间格局

国家区域发展重大战略需要综合交通运输支撑。党中央国务院统筹国际、国内两个大局，把新型城镇化发展作为经济结构调整和经济增长的重大引擎，提出了“一带一路”倡议、京津冀协同发展、长江经济带战略等三大决策，提出了“两横三纵”城镇化空间格局。新型城镇化发展进程中，交通运输是推进“一带一路”倡议的基础依托，交通一体化是疏解北京非首都功能和推动产业转移、优化京津冀城镇空间格局的先决条件，是京津冀协同发展的率先突破领域；建设长江经济带综合立体交通走廊，是实现产业梯度转移和优化升级、沿海沿江沿边全面开放的重要前提。而“两横三纵”城镇化空间格局是城镇化发展的关键因素，决定着城镇化的空间开发方向、利用效率和发展潜力。在我国新型城镇化发展进程中，国家将着力构建以“两横三纵”为主骨架，以国家优化开发和重点开发的城镇化地区为主要支撑，以轴线上其他城镇化地区为重要组成的城镇化空间战略格局。其中，“两横三纵”主骨架均以跨区域综合运输通道为依托，因此，新型城镇化必然对交通基础设施提出“先行”的发展要求，要求按照各主体功能分区的人口、经济规模和产业结构适度超前且有所差异地把握交通基础设施的建设规模、布局结构和网络密度，统筹各种运输方式发展，宜密则密，宜疏则疏，宜陆则陆，宜水则水，宜空则空，更好地支撑、引导并锚固以“两横三纵”为主骨架的城镇化战略空间格局。

城镇化发展带来城镇空间格局变化需求。交通基础设施是城镇化发展的基础，在城镇化空间格局形成过程中发挥着重要作用，其作为城镇和产业发展的先导和纽带，引导着城镇空间开发、产业布局以及整体空间格局的形成，对于在一定时期内锚固城镇化空间格局形态也具有显著效果。根据相关预测，到2030年，中国的新增城市人口预计达到2.5亿，超过巴西当前的人口总数；有202座城市的常住居民数量突破100万，将新增百万以上人口城市60个。而道路交通、城市空间形态都是整个城市的重要组成部分，道路交通与城市空间形态的协调发展至关重要，城市的发展通过道路交通与城市空间形态的相互作用不断优化，正确处理好二者之间的关系，解决好城市交通与城市空间形态发展中带来的问题成为摆在人们面前亟待解决的问题。

城乡统筹发展需要城乡交通一体化。《新型城镇化发展规划2014—2020》的主要任务中提出了“壮大城镇群的同时，以城乡统筹发展为重点”。在建设城镇群内部发达的基础设施网络和公共资源服务体系的过程中，应采取城乡一体化规划、分步建设实施，切实通过城镇化引导城镇群区域率先缩小城乡差距、实现区域共同繁荣。所谓城乡一体化，就是要改变过去城乡发展在生产、生活方式上的巨大差距，建立以工促农、以城带乡、工农互惠、城乡一体的新型工农城乡关系，强调城乡发展规划、基础设施、资源配置、产业布局、生态建设、社会管理、公共服务等领域的一体化。“推动大中小城市和小城镇协调发展”，“促进城镇化和新农村建设协调推进”，科学引导人口和产业的有序流动，促进不同区域的合理分工。在更大的地域范围内优化空间布局和生产要素，积极培育重点城市群，以此来统筹解决大城市交通拥堵、环境污染、人口膨胀等突出问题。

全面提升城市功能需要加快城市综合交通网络建设。《关于深入推进新型城镇化建设的若干意见》中提出要“全面提升城市功能”建设，全面提升城市功能要求，加快城市综合交通网络建设。优化街区路网结构，建设快速路、主次干路和支路级配合理的路网系统，提升城市道路网络密度，优先发展公共交通。大城市要统筹公共汽车、轻轨、地铁等协同发展，推进城市轨道交通系统和自行车等慢行交通系统建设，在有条件的地区规划建设市郊铁路，提高道路的通达性。畅通进出城市通道，加快换乘枢纽、停车场等设施建设，推进充电站、充电桩等新能源汽车充电设施建设，将其纳入城市旧城改造和新城建设规划同步实施。此外，加快城市群建设要求编制实施一批城市群发展规划，优化提升京津冀、长三角、珠三角三大城市群，推动形成东北地区、中原地区、长江中游、成渝地区、关中平原等城市群。推进城市群基础设施一体化建设，构建核心城市 1 小时通勤圈，完善城市群之间快速高效互联互通交通网络，建设以高速铁路、城际铁路、高速公路为骨干的城市群内部交通网络，统筹规划建设高速联通、服务便捷的信息网络，统筹推进重大能源基础设施和能源市场一体化建设。

（三）交通运输需要适应新型城镇化带来的运输服务总量增长和品质提升要求

客运运力增长和运输品质提升的需求。城镇化是促进经济增长的强劲动力，也是诱发客货运输需求的重要源泉。我国新型城镇化发展进程，既伴随着新一轮农村人口向城镇的区域性转移，也包括传统产业、现代产业在城镇与农村之间的区域性转换与结构性调整。《国家新型城镇化规划（2014—2020 年）》中提出 2020 年常住人口城镇化率达到 60% 左右，户籍人口城镇化率达到 45% 左右，户籍人口城镇化率与常住人口城镇化率差距缩小 2 个百分点左右，努力实现 1 亿左右农业转移人口和其他常住人口在城镇落户。据预测，未来 10 年的新型城镇化过程中，我国城镇化率将有望提高 10 ~ 15 个百分点，这意味着将会有 1.5 亿左右的农村人口迁移到城镇。在这一过程中，伴随着人们收入水平的提升和生活质量的改善，人们的出行需求将呈现多样化、多频率、多层次等特征，国际、区际、城际、城市、城镇、城乡客运需求总量迅速扩张，对客运服务的安全性、便捷性、舒适性、时效性等也提出了更高要求。

工业化进程与产业布局的运输需求。与此同时，在新型城镇化发展进程中，我国将从主体功能区、区域经济梯度转移关系的角度，针对性地进行城镇产业的空间性重组与结构性分工，围绕城镇二、三产业分工所产生的货物运输需求也将呈现多元化趋势，在煤炭、矿石等传统大宗物资跨区域运输需求稳步提升的同时，城镇群之间及其内部小批量、高价值、高频次货物运输需求也将快速增长。新型城镇化发展派生出日益增长且日趋多样的客货运输需求，必然要求交通运输服务供给与之相适应，要求在顺应城镇化发展趋势，大幅提高客货运输服务能力的同时，进一步强化各种运输方式的高效衔接，深入推进一体化运输服务，全面提升客货运输的服务效率和水平，更好满足货物优质运输、及时送达，旅客购票方便、出行准点、安全顺利、便捷换乘等需要。

（四）交通运输需要在应对全球气候变化和能源消费革命中发挥重要作用

碳总量控制逐步提高碳排放峰值管控的贡献度。我国向联合国提交的《强化应对气候变化行动——中国国家自主贡献》已确定了到2030年左右二氧化碳排放达到峰值并争取尽早达峰的目标，并计划到2030年非化石能源占一次能源消费比重提高到20%左右。目前我国仅公路水路运输能耗就占到全国石油及制品消耗总量的30%以上，根据当前趋势预测，交通运输行业二氧化碳排放在2030年难以达到峰值。因此，2030年达峰目标的提出意味着我国交通运输业未来一段时间将需要承担艰巨的减排任务，必须通过更加有力的管理措施和更加有效的技术手段，不断优化用能结构，节约燃油消耗，减少温室气体和污染物排放，加快行业低碳化进程，才能有效支持国家气候变化战略，缓解能源供需矛盾。绿色交通作为未来新型城镇化建设的重要组成部分，在推进生态文明建设、实现社会经济发展绿色化的进程中，要勇于担责，发挥应有作用。

交通运输业需要在我国能源消费革命发挥重要作用。2014年，习近平总书记和李克强总理分别主持召开中央财经领导小组第六次会议和新一届国家能源委员会首次会议，提出了“推进能源消费、供给、技术、体制革命和全方位加强能源国际合作”的能源工作总要求，明确了“节约、清洁、安全”的能源战略方针。中国交通运输领域消耗的石油，超过了全国石油消耗总量的40%，预计这一比例在2020年可能达到60%以上。交通运输业需要在我国“能源消费革命”发挥重要作用，尤其是《国务院办公厅关于加快新能源汽车推广应用的指导意见》（国办发〔2014〕35号）中指出，未来随着运输装备的技术革新，交通运输业将在“能源消费革命”中扮演重要角色。

（五）交通运输需要提升在城镇化过程中对生态文明建设的更高要求

生态文明建设的宏观需求。党的十八大、十八届三中、四中全会和十九大对生态文明建设做出了顶层设计和总体部署，将生态文明建设纳入中国特色社会主义事业“五位一体”总体布局，中共中央国务院发布的《关于加快推进生态文明建设的意见》，再次明确了要求协同推进新型工业化、城镇化、信息化、农业现代化和绿色化，牢固树立“绿水青山就是金山银山”的理念，努力在生态文明建设的重要领域和关键环节取得突破，加快推动生产方式绿色化和生活方式绿色化。《意见》中提出，推进生态文明建设要大力推进绿色城镇化，大力发展绿色建筑和低碳、便捷的交通体系，推进绿色生态城区建设。2015 年中共中央、国务院印发的《生态文明体制改革总体方案》中要求加快建立系统完整的生态文明制度体系，明确提出了构建自然资源资产产权制度、国土空间开发保护制度、空间规划体系、资源总量管理和全面节约制度、资源有偿使用和生态补偿制度、环境治理体系、环境治理和生态保护的市场体系、生态文明绩效评价考核和责任追究制度等 8 个方面的制度体系。《国家新型城镇化规划（2014—2020 年）》中要求实现城镇化水平和质量稳步提升，把生态文明理念和原则全面融入城镇化的全过程，坚定不移地走集约、智能、绿色、低碳的新型城镇化道路。我国当前的环境质量形势十分严峻，大气、水、土壤污染问题严重威胁人民群众健康和社会稳定发展。《关于深入推进新型城镇化建设的若干意见》中明确要求牢固树立创新、协调、绿色、开放、共享的发展理念，坚持走以人为本、四化同步、优化布局、生态文明、文化传承的中国特色新型城镇化道路；要求积极推进农业转移人口市民化，加快城市综合交通网络建设，大城市要统筹公共汽车、轻轨、地铁等协同发展，推进城市轨道交通系统和自行车等慢行交通系统建设等。2015 年开始实施的新《环境保护法》，对于污染治理提出了更为严格的排放控制要求和责任追究制度。《大气污染防治行动计划》、《水污染防治行动计划》、《土壤污染防治行动计划》三大污染防治计划陆续进入目标期，这些行动计划的关键目标和主要任务均要求污染物问题得到有效控制。未来中长期是加快大气、水、土壤等环境质量改善的关键时期，也是为实现 2030 年减排承诺打下坚实基础的关键时期。

促进城市可持续发展。中国的城镇化和城市发展面临的问题是城市高速的经济增长与新型城镇化进程以及土地、水资源、能源和基础设施等持续发展的基本条件之间存在尖锐的供求矛盾。在传统的城镇化进程中一些城区“摊大饼式”的扩张，空间开发无序，重经济建设、轻环境保护，重城市建设，轻管理服务，导致城镇建设粗犷低效，交通拥堵问题严重，水、空气、土壤等环境污染加重，管理运行效率不高、公共服务供给能力不足，这既不利用提高居民的生活水平，也不符合我国的基本国情。必须加快转变城市的发展方式，优化城市空间结构和管理格局，提高城市规划、建设管理水平，要增强城市经济、基础设施、公共服务和资源环境对人口的承载能力，强化城市产业、就业支撑，完善基础设施和公共服务设施有效预防和治理城市病。要推进创新城市、绿色城市、智能城市和人文城市的建设，全面提高城市内在品质，要完善城市治理结构，创新城市管理方式，提升城市社会的治理水平。一方面要求按照有重点、有限制、优化开发区域自身条件和功能定位，通过交通运输的差异化布局与配置，引导城镇化的开发方向，控制开发强度，调整空间结构，实现可持续发展；另一方面则要求将“绿色”理念，贯彻到交通运输基础设施建设、服务供给、装备发展及技术进步等各领域和各环节，提升交通运输自身的绿色发展能力与水平，为城镇化绿色发展提供有效支撑与保障。

二、发展特征

(一)我国经济发展水平和城镇化水平处于快速发展阶段

城镇化将成驱动经济发展的强大动力，也带来了大量的交通运输需求。根据城镇化发展的S形曲线，我国目前城镇化率为57.35%，远低于发达国家80%的平均水平，也低于人均收入与我国相近的发展中国家60%的平均水平，正处于城镇化发展的中期阶段(城镇化率为30%～70%)，这一阶段的典型特征是城镇化的加速发展，在未来20年，我国城镇化还将继续处于快速发展阶段，城镇化发展空间还很大。目前，我国经济发展水平与城镇化处于同步快速发展阶段，由图5-1所示，随着我国城镇化率的稳步提高，我国人均GDP呈快速上升趋势，2015年，城镇化率到达56%，人均GDP达到50251元。在《国家新型城镇化规划(2014—2020年)》中，明确提出城镇化的持续快速的提高，会使更多农民通过转移就业提高收入，通过转为市民享受更好的公共服务，从而使城镇消费群体不断扩大、消费结构不断升级、消费潜力不断释放，同时也会带来城市基础设施、公共服务设施和住宅建设等巨大投资需求，是保持经济持续健康发展的强大引擎。经济合作与发展组织(OECD)发布的《中国经济调查》报告指出，中国的新型城镇化将成为中国经济增长的主要驱动力。

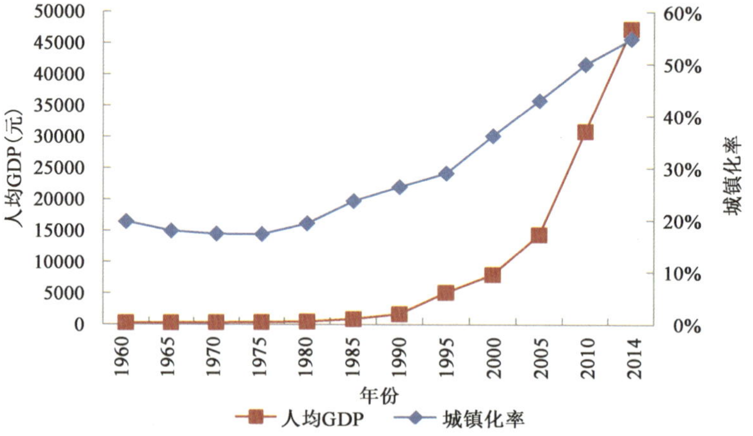

图 5-1　中国 1960 ~ 2014 年人均 GDP 与城镇化率发展状况

城镇化发展水平存在地区差异性，我国地区城镇化和经济发展水平差异巨大。改革开放以来，我国东、中、西部地区的城镇化发展速度存在明显差异，这一显著差异迅速改变着我国城镇化发展格局。刘盛和通过计算得出，1990 ~ 2000 年，东部和南方省区的城市化发展较快，而北方和中西部省区的城市化发展较慢。聂飒则指出，1990 ~ 2006 年，东部地区的城市化发展速度相当快，年均增长率是中部地区的 2.45 倍，是西部地区的 4.1 倍。由此可见，1990 ~ 2006 年，东部地区的城市化发展速度远远高出其余两个地区。中部地区相对于西部发展较快，但相对于东部发达地区则仍较为滞后；西部地区与东部发达地区城市化发展程度相比，其差距仍十分显著。图 5-2 为 2006 ~ 2015 年全国和东中西部地区代表省市经济与城镇化发展历程，从图中可看出，中西部地区代表省份经济发展略低于全国水平，远低于东部地区大城市水平。而以北京为代表的东部地区大城市经济非常发达，城镇化水平也超过了 80%，达到了发达国家水平，增速较为平缓。中西部地区的陕西省、湖北省等，城镇化水平低于全国平均水平，但是发展速度高于北京等大城市，正处于城镇化快速发展期。

（二）新型城镇化背景下的交通运输需求增长迅速

在过去 15 年里，我国客运需求年增长率维持在 5% ~ 10%，公路方式占据主导，铁路次之，航空和水运比例较小，但由于铁路和航空出行距离较长，其客运周转量比例较客运量比例高。货运量年增长率集中在 5% ~ 10% 的区间，公路为主要的货运交通方式，水运货运量维持增长，公路货运量较为稳定。就货运周转量而言，水运占主导地位，这是由于内河航运及海运的货运距离较长。总体而言，货运周转量年增长率在10% ~15%,且与经济增长及货运总量增长一致。根据我国历年GDP与客货运量数据进行的相关性分析,GDP与客运总量相关性呈极强的指数关系,而GDP与货运总量则呈现明显的线性相关。客货运量的增长与经济的增长相一致,我国经济发展总体上呈现东快西慢的特点,客货运的规模也呈现东部、中部、西部逐渐减弱的阶梯分布。结合与城镇化密切相关的我国产业发展水平判断,至2030年,我国城镇人口将保持快速增长势头,城镇化率年均大约增加1个百分点,预计2020年达到60%左右,2030年达到70%左右,至2050年达到80%左右。

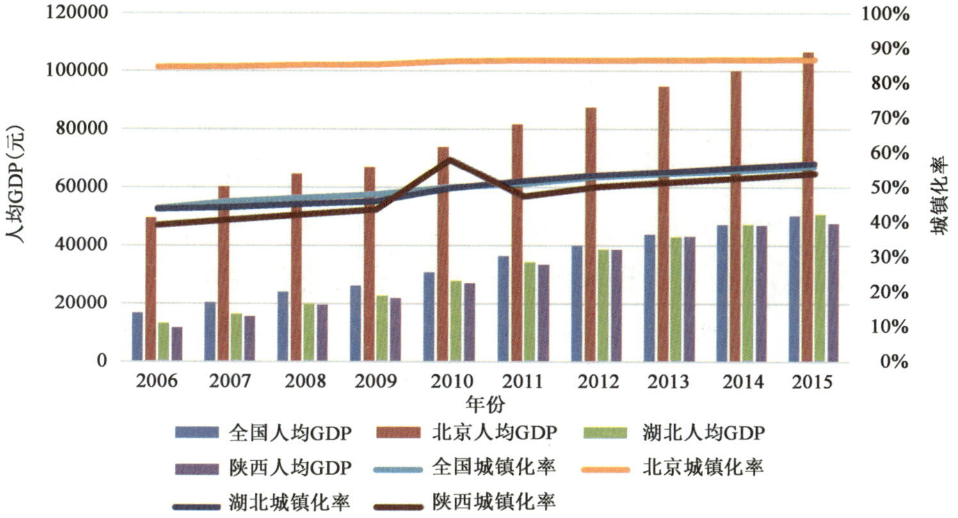

图5-2 经济发展与城镇化发展的区域差异

(1)城镇化过程引起的客运需求迅速增长

据有关统计表明,城镇居民消费水平是农民平均消费水平的3.5倍左右,同时,城镇化率与旅客运输量之间存在显著的线性相关关系。另据统计,我国城镇化率每提高1个百分点,旅客运输量增加7.21亿人次,旅客周转量增加698.9亿人公里。因此,随着城镇化的推进,人口规模增加、城镇人口比重提高、城市居民交通消费比重加大等因素,将推动旅客运输需求保持较快增长。

(2)城镇化过程引起的城市交通、城际交通和城乡交通需求增长

根据城镇化发展的一般规律,当城镇人口占比超过45%或50%时,城镇化发展的主要特征是人口从小城市进入大城市,大城市优先发展,我国正处于大城市快速发展的阶段,因此未来大城市交通的需求将不断增长。同时,依据我国城镇化的空间结构特点,未来我国城镇化的发展在空间上将以若干城市群为主体,城

市之间的交通需求将随着人口的聚集以及相应产业集群形成，出现快速增长的特点。其次，由于我国城镇化的人口结构特点，存在大量的农民工进城的现象，在这一阶段，城镇与农村之间有着紧密的联系，客货交流需求旺盛。

（三）新型城镇化水平随着工业化水平稳步推进

在世界各国的一般发展模式中，在工业化初期和中期，城镇化水平随工业化水平加速推进，且城镇化的速度会超过工业化的速度。而中国的情形正好与之相反，城镇化推进的速度远远低于工业化推进的速度。改革开放以来，随着城镇化推进的速度明显加快，城镇化与工业化的偏差呈下降趋势，城镇化滞后的状况随着工业化水平虽然得到了改善，但仍然没有根本改变。随着人均收入增加，工业增加值比重和城镇化率也稳步上升。中国城镇化水平从总体上讲是滞后的，不仅仅表现为滞后于本国的经济发展水平、工业化水平，也表现为滞后于世界同等发展水平或同等收入水平国家。

同时，随着新型城镇化进程推进，客运强度与社会经济发展呈正相关，即经济发展水平高的地区客运强度大，不仅派生性需求量大大增长，而且其空间范围也呈扩大态势。其中长株潭城镇群的人口数与珠江三角洲城镇群人口数接近，但由于人均 GDP 仅为珠江三角城镇群的 1/3，因此客运出行次数要少将近 1/3 左右。此外，货运强度与经济发展水平成反比，即经济发展水平高的地区和阶段，货运强度低，经济发展水平低的地区和阶段，货运强度高。城镇化初期，生产主要还是低附加值的产出，采掘和原材料工业对大宗、散装货物的运输需求旺盛，运输需求的增长率高于经济的增长；到工业化发展中期，交通运输需求的数量仍在增长，但增长速度已低于工业化初期，与经济增长几乎同步，而运输需求开始多样化，对运输速度和运输质量的要求有所提高；到精加工工业时期，由于生产布局的改善，经济增长对原材料依赖的减少，货运需求的增长已低于经济的增长，但对运输服务的质量要求却越来越高。

（四）交通运输机动化水平显著提升

城镇化高速发展驱动机动化水平显著提升，二者进入同步快速发展时期。改革开放以来，国民经济持续迅速增长，城镇化和机动化水平也迅速提高（图 5-3）。虽然机动化进程起步较晚，但是发展速度比城镇化更为迅猛，近十年来,年均增长率更是达到了18.5%,因此,目前是中国城镇化和机动化同步快速发展期。

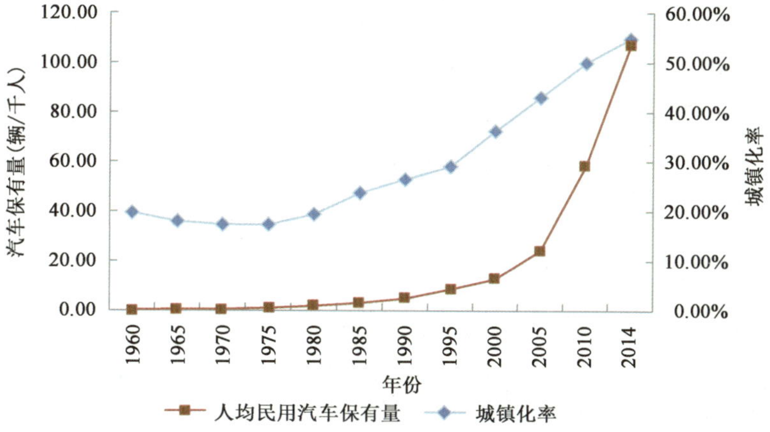

图5-3　我国历年城镇化与机动化水平

私人小汽车出行持续快速发展,大城市拥堵愈发严重。由于城市社会经济发展和人民生活水平提高,机动化水平迅速提高,人们的消费结构和出行结构都发生了重大变化,私人汽车消费日趋普遍,保有量增长迅猛(图5-4)。截至2016年底,全国私人汽车拥有量达14099.1万辆,而2001年时私人汽车保有量只有771万辆,15年内增长了18.3倍,年均增长率为21%,而且这种增长并没有停止的趋势,也就是说在未来一段时期内,我国私人汽车有拥有水平还将进一步上涨。机动化进程快速发展在我国大城市中表现得尤为突出,交通拥堵愈发严重,迫使北京、贵阳等城市纷纷出台摇号、限行等需求管理措施。

图5-4　1996~2016年全国私人汽车拥有量及其增长率变化图

从国家经济角度看,随着我国城镇化率的快速提升,交通运输机动化水平的提升及私人汽车消费的升温,不仅会给中国支柱产业之一的汽车产业带来发展契机,而且将带动众多相关产业迅速发展,这对于中国经济发展、产业结构调整都具有重大意义。然而,随着新型城镇化的发展,从交通可持续发展及城市环境角度来看,越来越多私人小汽车的出现,会导致交通能源消耗巨大、道路交通堵塞日益严重、交通事故频发,空气质量下降、城市环境恶化等问题。从交通运输装备发展来看,未来一段时间内私人汽车拥有量将持续高增长状态,而公共交通工具和出租汽车数目则呈现缓慢增长的态势,这将直接影响城市交通的出行结构,同时也会造成城镇化进程中交通能源消耗的快速上涨。

(五)居民出行方式发生了显著变化

城市建成区面积迅速增加,居民出行距离和出行次数较快增长。我国城市建成区面积不断扩大,并从 2000 年开始增长速度有加快的趋势,2003 年增长率达到第一个峰值后开始下降,2008 年的增长率降到最低,2009 年以后又开始快速增长(图 5-5)。2001 年我国城市建成区面积为 24026.6 平方公里,到 2015 年已增长至 52102 平方公里,期间,年均增长率为 5.7%。

图 5-5 2004 ~ 2015 年全国城市建成区面积及其增长率变化图

城市建成区面积的迅速扩大,将会引起我国城镇居民出行距离的加大。根据相关研究报告显示,居民日常出行距离大多集中在 3 ~ 8 公里。70% 以上的城市居民日常出行时间主要集中在 15 ~ 30 分钟和 30 ~ 60 分钟两个时间段,有 1.6% 的市民出行时间在两个小时以上。北京、上海、天津、广州等城市居民日常出行时间较长。

以北京市为例，全市居民日出行量迅速增长，居民出行总量从2000年的69.28亿人次上升到2015年的120多亿人次，增加了约73.0%，15年间平均年递增4.8%。2015年常住人口出行总量达到3200万人次/日（不含步行出行量）。随着北京城市空间的扩大和小汽车使用强度的增加，居民出行距离显著增长（图5-6）。2005年北京市居民出行距离达到9.3公里/次（不包含步行），2016年北京市居民出行距离达到12.2公里/次（不包含步行），比2005年提高了31%，比2000年提高了32.5%，有16%的市民每天花在路上的时间达到1.5小时，远高于其他城市。

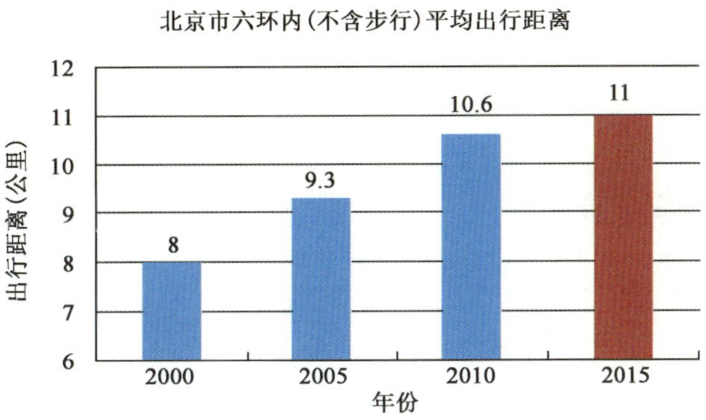

图5-6 北京居民出行总量及距离增长图

在城市居民出行比例结构中，公共交通出行比例相对较高。从出行比例结构来看，“消费维权与两型社会建设”论坛上公布了“中国城市居民出行方式选择调查报告”，调查显示，城市居民选用公共交通出行的比例是56%，远远高于其他方式。另外，有32.5%的居民选用私家轿车出行，步行排在第三位，占20.1%，自行车或电动自行车占16.5%，出租车占14.7%。相比较其他城市，北京与广州居民选择公共交通工具出行的比例较高，分别为71.5%和72.5%。必须指出，上述出行比例，存在多选择和重叠，只是一个大体上的比例，说明了公共交通的重要性。调查表明，有73.9%的居民愿意改变现有出行方式，其中超过60%的居民愿意选择私家车代替现有出行方式，而购车原因是公交车过于拥挤，速度慢。经济发达城市居民较其他城市居民选择公共交通出行方式的意愿要高。

（六）地区低碳交通发展水平差异化明显

地区城镇化发展的不均衡性将导致各地区城市空间分布形态的差异。伴随着经济和城镇化的快速发展，大量人口逐渐向东部地区城市集聚，特大城市和大城市数量迅速增多，形成了京津冀、长三角、珠三角等若干特大和大型城市群，中部地区城市分布均衡，西部地区人口主要集中在大中城市，形成了若干以中心城市为核心的区域性中心城市群，如长株潭、成渝城市群等。从城市空间形态来看，东部地区的城市发展已经由单体化向群体化发展，由散点化形态向相互联结的一体化形态发展；而中西部地区由于中心城市的经济发展水平不高，经济总量较小，对周边地区辐射能力有限，多为“点—轴”式或“强中心 + 外围组团”的单中心发展模式。在制定新型城镇化背景下交通发展战略时，要综合考虑我国东中西部地区发展水平和城市空间形态的差异，结合地区发展实际制定地区交通发展战略。

三、发展趋势

（一）结构因素趋势分析

（1）货运需求结构趋势分析

未来中长期，货运需求并没有出现重大的模式结构变动，低速载货农用车逐步被更高效、清洁、安全的卡车所取代。根据清华大学中国车用能源研究中心预测，国内船运以及管道运输的模式份额基本保持在10%和15%左右；铁路和公路运输作为货运交通的主体，形成了较为显著的竞争关系；随着燃油价格的不断上涨，铁路以其低廉的运输成本和大容量的运载能力，将长期仍然保持着大通道运输的重要地位。

一是铁路货运比重将有所提升。未来10年，铁路运输中的大宗物资运输需求增长放缓，同时干线产成品运输需求增长加快，铁路运输的货物结构出现结构性调整，综合分析，到2020年，我国铁路货运的需求比重，考虑到运输效率，节能减排等因素应适当予以加大。同时，结合铁路在未来一段时期的快速发展特征，其运输供给水平不断提升，基于目前铁路货运需求高于实际货运规模的基本情况，随着铁路设施能力在未来10年的增长，尤其是高速铁路修建释放的大量货物运输能力的投入，到2020年铁路实际承担的货运比重将比当前有所提升。2020年以后，随着原材料等大宗物资运输需求的稳定，铁路货运仍将处于稳定增长态势。

二是公路货运比重仍将保持，因为“门到门”的优势终究是不可替代的。随着工业化的完成，以及产业结构的升级发展，未来数十年我国公路货运需求将呈现持续增长的态势，在需求的结构中，比重也不断上升。结合运输供给相关情况，由于在2020年前，我国铁路运输能力将得到较大提升，到2020年，铁路运输的发生量将得到快速提升，从而使得公路运输发生量比重略有下降。2020年以后，随着公路运输运行水平的提升，和铁路运输供需的稳定，公路实际运输比重仍将持续保持。

三是水运货运比重在2020年后逐步下降，民航和管道货运比重持续增加。结合自然条件，未来水运航道的发展规模有限，且随着工业化的完成，我国货运结构不断调整，水运需求比重将在2020年后逐步下降。随着产业的升级发展，结合民航货运的替代性较弱的特征，未来民航货运需求将一直呈现增长态势，基础设施快速发展，民航运输实际发生比重结构逐步提高。未来我国能耗需求仍处于不断提高的态势，能源消费结构中，天然气比重不断提高，油气区域间调配需求增长，管道运输的需求比重将有所提升，结合管道设施的快速发展特征，未来管道运输的发生结构将有一定的提升。

（2）客运需求结构趋势分析

城际客运需求结构趋势：铁路客运和民航客运比重将不断上升，公路客运所占比重有所下降。结合未来客运空间结构调整以及人民出行需求的质量结构总体趋势判断，随着城镇化进程加快和人民收入水平提高，客运出行需求将增长迅速。其中，随着高铁运输快速推进，铁路客运的分担比重不断提升；民航在中长距离上的优势进一步体现，运输比重也将不断上升；公路运输在中距离上受到高速铁路的挤压，在短距离上受非市场化的私家车出行将的分流，未来公路客运的需求增长将放缓。随着城市化的发展，以及居民消费特征的变化，城市群之间、城市之间具有快速、舒适等服务要求的较高端客运需求将不断提升，基于相关研究的结论，这些需求在1000公里以上通常由民航承担，在500～1000公里以内通常由高铁承担，因此未来铁路、民航的客运需求均呈现快速增长的态势。同时我国高铁、民航将获得较快发展，运输服务能力增长较快，实际发生的运输将呈现快速增长的情况。根据清华大学中国车用能源研究中心分析，城际交通中，民航客运的比例稳步提升，分别从2010年的15%，增长到了2050年的37%；公路客运在民航的竞争压力下，丧失城际交通的主体地位，模式份额从2010年51%，下降到了2050年23%；铁路部门的客运，由于高铁技术的发展，基本保持了既有份额，与公路形成了三足鼎立的竞争关系；船舶客运由于速度极慢，且航道和自然汛情等多因素影响，自2005年至今，水路客运周转量在60～80亿人公里之间波动，增长态势不明显。

城市客运需求结构趋势：城市轨道等高速运载工具发展趋势大幅上升，而乘用车比重出现先增长后下降的趋势。随着居民收入的逐步提高以及大城市"禁摩"的影响，更多居民选择了使用舒适度更高、速度更快的乘用车作为主要的出行方式，摩托车的份额在2050年会逐步下降到5%以下。根据清华大学中国车用能源研究中心分析，公交客车由于运行服务速度较慢，运力供应不足等原因，模式份额始终保持着缓慢衰减的趋势，将从2010年的21%下降到2030年的17%，并会长期保持这一较小模式份额。乘用车在2010～2030年，挤占了公交车和摩托车等慢速交通工具的模式份额，比例从55%迅速上升到73%，但由于机动车数量激增造成了城市交通拥堵问题，使乘用车实际交通服务不断下降，到2050年下降到60%左右。轨道交通的发展，以其换乘方便、班次时间稳定、频度较高、价格适中等优势，模式比例稳健上升，将从2010年的3.2%，上升到2050年的20%左右。

(3)交通能源结构趋势分析

据预测未来的交通运输业，能源消耗强度持续下降，资源产出率大幅提高，非化石能源占一次能源消费比重达到15%左右。且会发展核能和可再生能源等清洁电力以及在已有煤电厂应用CO_2捕获与封存(CCS)技术。如按规划(CE)发展，核电和非水电可再生能源发电占比分别达15%和10%后，电力能源的碳强度可由目前的297.7CO_2 e/MJ下降到210.3CO_2 e/MJ，降幅达30%；内燃机车增加生物柴油比例，2020年二代生物柴油碳排放强度由目前的79g CO_2 e/MJ下降到6.0g CO_2 e/MJ，下降幅度达90%。

(二)技术因素趋势分析

(1)铁路运输：重大技术趋势分析

从目前铁路的运输设备来看，大部分已经老化，需要更新换代，使用节能产品。同时，新设备也存在节能技术进一步提高的空间。比如，高速动车组虽然大大提升了速度，但同时能耗也相应提升。如何在保持高速度的同时，有效降低能耗，实现能效的最大化，也是未来研发新型动车组需要攻克的技术难关。由此可看出，无论是技术改造还是新技术的研发，都需要在关键节能技术方面实现突破。

当前,我国主要运输装备及核心技术水平与世界先进水平存在较大差距。从技术节能的角度看,中国铁路低碳运输迫切需要运输工具的重大技术突破。首先,机车节能技术要实现较大突破,从运输工具看,铁路能耗大部分发生在机车上,因此,机车节能是关键,无论内燃机车、电力机车,还是目前动车组,都面临着节油、节电技术进一步提升的问题;其次,是车辆制造技术要实现突破,车辆自重状况对机车牵引产生影响,从而对能耗产生影响。国外车辆发展的趋势是轻量化,而我国车辆技术与之相比,还有一定的差距,目前,我国机车拥有量为2.1万台,仅次于美国的2.4万台。客车和货车拥有量,高居世界各国之首,因此,改进数量庞大的车辆制造技术,是我国中长期铁路低碳发展面临的一个关键技术问题;三是发电车,发电车节能效果直接影响耗油量,因此,实现发电车突破对油耗意义重大。总而言之,上述三类交通运输工具如果能实现重大技术突破,将对低碳铁路的发展产生重大影响。

(2)公路运输:重大技术趋势分析

一是引导汽车减排技术发展,有效降低公路运输的碳排放量。当前,我国汽车技术状况与发达国家相比还比较落后,汽车的能耗与排放水平与国外先进水平相比还有一定差距。2017年,我国乘用车平均油耗为6.05升/百公里,已达到欧洲标准,比日本略高0.6升。未来中长期,我国将在发动机、车身重量、附属设备耗能和制动能耗回收等方面提高车辆减排技术水平,具体措施见表5-2。

车辆技术方面的节油途径与措施　表5-2

提高行驶效率	减小行驶阻力	减小空气阻力:改进车身形状、改善通用件结构
	车身轻量化	减小滚动阻力:改进轮胎
		使轻量化:轻型材料、轻型设计技术
	提高驱动系统	使构成部件、附属器轻量化:辅机、电器设备轻型化
		提高驱动系统的传动效率:优质轴承、离合器
		改进变速装置:应用AMT、DCT等高效变速器
发动机高性能化	改进现有发动机	提高热效率:高温化、改善燃烧、减少冷却损失
		改善部分符合效能:可变正时、可变排气量等
		提高机械效率:降低运转部件的摩擦损失和驱动辅机的损失
		采用电子控制实现最优化:微机控制

续上表

发动机高性能化	开发替代发动机	研制高效率发动机循环:斯特林发动机、兰金循环
		利用化学能:燃料电池
		利用氢能:氢气发动机、氢燃料电池
		利用电能:改良蓄电池、电动车

二是积极推进新能源与替代燃料汽车技术发展。新能源汽车是指电动汽车、混合动力汽车和氢动力(又称“燃料电池”)汽车。替代燃料汽车是指以 CNG、LPG、车用乙醇、二甲醚和生物柴油等燃料为动力的汽车。如图 5-7 所示,未来中长期,我国城市公共交通车辆的主要技术发展趋势正逐步从传统汽车向纯电动汽车和燃料电池汽车的转变。未来中长期,为了达到保证能源供应安全以及减少二氧化碳排放的双重目标,车用能源正经历着低碳化和清洁化的进程,燃料技术发展从提高传统汽柴油的油品质量,到 CNG、LPG、车用乙醇和生物柴油等清洁燃料,终极目标是实现通过可再生能源制氢,真正实现车辆用能零排放的目标。

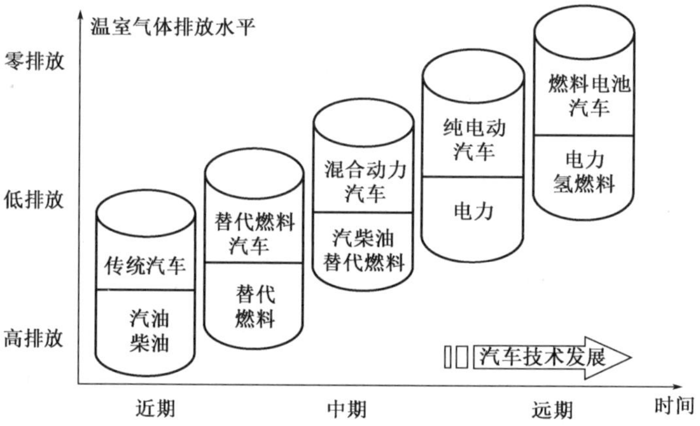

图 5-7　交通工具及燃料技术的发展趋势图

三是新能源车辆仍然存在较多的技术问题,远期有突破的可能,但短期内难有重大突破。虽然以电动汽车为代表的新能源汽车,通过近几年的努力已取得关键的技术进步和突破,但依然面临着巨大的技术、融资、市场和政策的挑战,因此,要求全球各国广泛和深入的协调,多方联营解决这些问题。国际能源署(IEA)署长范德胡芬提出,据国际能源署的分析预测,到 2050 年,交通领域汽车二氧化碳排放量要占总量的 1/5。为达至目标,到 2050 年,至少有 3/4 的汽车都须进行电动化的转变。2013 年 6 月,欧洲知名咨询公司罗兰贝格通过将包括德国、法国、意大利、美国、日本、中国、韩国七大主要汽车制造国的电动汽车市场加以比较,并从技术、产业以及市场发展等方面详细分析了各国电动汽车行业发展现状，认为全球电动汽车的制造前景不甚乐观。根据相关趋势分析，中国的电动汽车市场从长期来看仍会保持向上发展的势头，但在短期内取得重大技术突破的可能性不大，而中远期有可能取得重大技术突破，并改变交通运输装备结构。

（3）水路运输：重大技术趋势分析

沿海和内河船舶能效技术水平与国外差距较大。交通运输工具的节能减排技术突破，是水运行业低碳发展强有力的推手。因此，加强科技创新和组织重大技术专项攻关始终是低碳发展的基础性工作。目前，我国远洋船舶的能效技术水平已接近国际水平，但沿海和内河船舶与国外相比差距还很大，其中内河运输船舶油耗比国外先进水平仍高20%以上。随着未来船舶大型化、船舶节能技术应用及清洁能源运输装备技术问题的解决，水路运输仍有巨大的节能潜力。

大力发展船舶节能新技术，积极开发并采用节能新船型和先进动力系统。《公路水路交通节能中长期规划纲要》中提出的主要任务之一即为研发推广新一代节能型运输船舶。通过建立健全船舶节能设计规范、评价体系和技术标准，大力发展船舶节能新技术，积极开发和采用节能新船型和先进动力系统，鼓励采用新技术、新材料、新工艺和新结构提高船舶设计制造水平，积极优化新船型及其主尺度线型，优化设计减轻船舶自重量，优选先进推进器、低转速大直径螺旋桨，采用节能型柴油机，提高燃油效率，加大双尾船型等节能新船型推广力度，提高节能船型比重。到2020年，力争使新增船舶运力中节能船型的比重达到80%，预期可使单耗同比2015年下降2.0%左右。

（4）民航运输：重大技术趋势分析

一是精细化飞行管理技术。该技术是在大量飞行数据的积累与分析的基础上，对飞机及发动机性能、油耗数据、节油操纵技术等进行充分了解，从而在不影响飞行安全的大前提下，对飞行进行精细化管理。主要包括：航路优化、配载优化、爬升/下降剖面优化、飞行速度和高度优化、飞行中空调等系统管理优化、减少盘旋等待、进近程序优化及着陆与滑行优化等技术。未来中长期，该技术的完善和推广将成为民航节能减排的重要动力。

二是大力发展空管新技术。空管新技术主要包括：缩短飞机地面滑行时间技术（滑行路线优化、停机位分配优化、飞机推出时机控制、针对多跑道机场提供优化的跑道分配、多跑道管制运行模式）、飞机航路飞行优化（4D航迹规划优化、绕飞航路临时航路规划优化、直飞航路的动态扇区划设）以及流量管理（高直线度的航路网规划、协同决策的优化放行、高效准确的天气情况预报和飞行策略预案、气象信息同步技术）等。未来中长期，空管新技术和精细化飞行管理技术相结合，将共同支撑起降低飞行油耗这一目标，成为推动民航节能减排的主要动力。

三是积极推进航空生物燃料的应用技术。2011 年 10 月 28 日，国航、中石油、中航油、美国 Boeing 公司和 Honeywell UOP 公司在北京首都国际机场成功进行了中国首次可持续航空生物燃料的验证飞行。尽管目前学术界对航空生物燃料整个循环生命周期的碳排放情况尚未形成统一意见，但在欧盟 ETS 相关规则中认定，航空生物燃料的碳排放为零。同时，在我国石油进口依存度连年突破国际警戒线的情况下，大力开展生物燃料应用研发，可为我国能源安全提供保障，同时也为节能减排目标贡献力量。未来中长期，随着我国航空生物燃料产业化步伐的推进，且价格随着原料供应、生产规模的不断扩大而逐渐下降，民航企业对航空生物燃料的需求将不断增加。推动航空生物燃料的应用技术，将从根本上降低行业碳排放，根据 ATAG 报告，到 2020 年航空生物燃料技术对全球航空运输节能减排的贡献率将达到 10%。

四是推进新型发动机/飞机的研发应用。提升发动机/飞机的燃效水平，也是非常重要的节能手段。航空运输行动组织（ATAG）有关报告指出新型发动机的研制和应用将有望在现有基础上改善燃效 15% 左右。同时纵观自 20 世纪 70 年代以来以飞机和发动机设计改善为主要原因的燃油效率方面的进步，一半以上归功于在发动机设计和技术方面的改进与创新，另外则归因于机身设计的创新。随着我国国产“大飞机”及新型发动机的应用，将会打破我国民航业现有机队主要由国外机型构成的局面，2018 年 7 月，在 CAAC（中国民用航空局）、EASA（欧洲航空安全局）代表参加下，我国在上海完成了 C919 飞机全机 2.5g 机动平衡工况极限载荷静力试验。标志我国大飞机研制又迈进了一大步。从而开启了我国能从飞机结构方面，自主开展高效节能，降排工作。届时民航业节能减排工作将实现真正意义上的管理与技术双管齐下。

五是积极推进节能减排技术在机场设计中的应用。机场节能工作应伴随于整个机场“选址→规划→设计→施工→运行→发展”全生命周期。目前在实际工作中，因机场已经投入运行，所以主要从运行与发展环节考虑开展节能减排工作。机场节能设计主要包括：充分利用自然条件（太阳能、风能等）、使用节能环保建筑材料、建筑物采用节能外形(遮阳、自然通风、雨水收集等)、节能设备选型等。未来中长期,将在机场全生命周期中,通过节能设计,从根源保证机场"资源节约、环境友好",从而为后续能源管理工作打下坚实基础,避免重复投资、反复改造,确保节能减排工作效率,该技术是推动机场节能减排工作的根本途径。

综上所述,我们将我国交通运输的重大技术突破及发展趋势见表 5-3。

中国交通运输技术水平趋势及目标分析　　表 5-3

铁路	电力化铁路发展新型燃料技术	电力化铁路占比 2020 年将达到 65% 以上。主要是二类措施降低电力生产碳排放强度。发展核能和可再生能源等清洁电力;在已有煤电厂应用 CO_2 捕获与封存(CCS)技术。如按规划(CE)情形,核电和非水电可再生能源发电分别达 15% 和 10% 的清洁电力发展,电力能源的碳强度可由目前的 297.7CO_2 e/MJ 下降到 210.3CO_2 e/MJ,下降 30%。内燃机车增加生物柴油比例。2020 年二代生物柴油碳排放强度由目前的 79(g CO_2 e/MJ)下降到 6.0(g CO_2 e/MJ),下降幅度达 90%
公路	智能交通系统新能源车辆新技术可再生能源广泛应用	ITS 信息技术、数据传输技术、电子传感技术、电子控制技术,将极大地实现节能减排。 混合动力汽车(HEV)纯电动汽车(BEV,包括太阳能汽车)燃料电池电动车(FCEV)氢动力。如以车辆驱动系统燃料经济性计汽油机将从目前的 MJ/km 3.288 到 2020 年下降到 2.795,柴油机将以目前的 MJ/km 2.740 到 2020 年下降到 0.700,电动汽车能源利用效率比传统燃油车高 45% 以上
水运	新型动力和新能源应用船舶设计优化技术	船用超低排放高效柴油机,燃料电池技术,船用新能源和替代燃料技术(风能、太阳能、液化天然气、二代生物柴油等),经 2000 ~ 2010 年统计研究,我国水上运输以千克标准煤/千吨公里计算的能耗量以年均 6.4% 的速率下降。 在未来 2020 ~ 2030 年,新材料技术将在船舶等以更快的应用,如船底气腔技术,减少阻力,摩擦,船体减重与设计优化,高速高效地实现节能减排
城市交通	新能源电动车、信息化出行、车路协调技术	2020 年,运输装备:新能源汽车在交通运输行业的应用初具规模,在城市公交、出租汽车和城市物流配送等领域的总量达到 30 万辆;其中新能源公交 20 万辆,新能源出租和物流配送车辆 10 万辆。 能源结构:城市客运年均单位人次能耗比"十二五"年均下降 10%;年均单位人次 CO_2 排放比"十二五"年均下降 12.5% 信息化:城市公共交通一卡通覆盖率 90%,交通基本要素数字化率 100%

续上表

航空	国际减排目标和标准体系实施	根据由各国航空公司组成的LATA提出的：到2020年燃油效率每年提高1.5%；到2020年开始，航空CO_2排放总量零增长；到2050年CO_2排放水平比2005年下降50%；技术根据IEA提供资料主要是机身减重和空气动力学优化，发动机技术如航空管理
管道	新技术的应用	应用变频调速装置减少阻尼、优化流量，运用仿真技术，监控管道运行，在输油管道中加大清洁能源驱动的比重

（三）需求因素趋势分析

（1）经济发展水平趋势分析

未来中长期，中国经济发展将很大程度上取决于全球环境变化，以及中国国内已存在的结构性力量。未来二十年，世界经济与贸易将呈现“趋势性放缓”、结构转换等阶段特征，中国经济处于经济增长阶段换挡和经济新常态时期。投资需求和出口需求增长速度趋势性下滑将导致中国经济转变为中速增长阶段，过去依靠“高投资、高出口”的高速增长模式将在经济增长速度转换的过程中不断改变。贸易保护主义的抬头将延缓全球的经济发展。为此，我们的经济增长必须高度重视扩大内需上，同时，以“一带一路”、“长江经济带”、“京津冀协同发展”、“东北老工业基地振兴”为主的新的区域经济发展思路引领中国区域经济发展形成新格局，以新型城镇化发展推动城市群建设将带动需求发展，成为国内经济新的增长点。中国进出口贸易转入平稳发展阶段，外需对经济的拉动作用将进一步降低，贸易增长方式将由过去依赖大规模数量增长的阶段向提高质量增长转变。党的十八大报告提出，要确保到2020年实现全面建成小康社会的宏伟目标，实现国内生产总值比2010翻一翻。据此测算，到2020年我国国内生产总值将达到65000亿美元（按2000可比价计算，下同），2010年到2020年，年均增长率为7.2%左右。2012年，财政部、国务院发展研究中心和世界银行联合发布了《2030年的中国：建设现代、和谐、有创造力的社会》的研究报告，该研究认为，如果不考虑动荡因素，2021～2025年和2026～2030年中国GDP年均增长率将分别为5.9%和5.0%。据此测算，我国GDP将在2030年达到110000亿美元，2020～2030年，年均增长率为5.4%左右。世界范围内来看，自20世纪60年代后，主要发达国家GDP年均增长率呈现逐步放缓的趋势，70年代后，年均GDP增幅均小于5%，基本上在4%以下。目前，我国人均GDP基本上与发达国家70年代初的水平相近。因此，综合考虑测算，2030年到2050年，我国GDP年均增长率为3.5%左右。到2050年，GDP总量将达到220000亿美元。

根据世界银行和国务院发展研究中心预测，未来中长期中国经济增长速度趋势见表5-4。

中国经济增长远景展望　　表5-4

	1995~2010年	2011~2015年	2016~2020年	2021~2025年	2026~2030年
GDP潜在增长率	9.9%	8.6%	7.0%	5.9%	5.0%
就业增长率	0.9%	0.3%	-0.2%	-0.2%	-0.4%
劳动生产率的增长率	8.9%	8.3%	7.1%	6.2%	5.5%
经济结构(期末值)					
投资/GDP	48.6%	42.0%	38.0%	36.0%	34.0%
消费/GDP	47.4%	56.0%	60.0%	63.0%	66.0%
工业增加值/GDP	46.7%	43.8%	41.0%	38.0%	34.6%
服务业增加值/GDP	43.1%	47.6%	51.6%	56.1%	61.1%
服务业就业占比	34.6%	42.0%	47.6%	52.9%	59.0%

(2)人口和城镇化率发展趋势分析

城市化进程处于快速发展阶段，城镇化率2030年前稳步增长。对于城镇化发展模式和人口的预测，学术界主要有两种观点：一是以国研中心和世界银行为代表的，根据世界城市化发展规律，认为我国正处于城市化快速发展的中期阶段，且仍将在较长时期内保持快速推进的状态。根据联合国《世界人口展望(2010版)》预测，2020年、2030年、2050年我国人口将分别达到14.14、14.32和13.94亿人次；结合与城镇化密切相关的产业发展水平判断，至2030年，我国城镇人口将保持快速增长势头，城镇化率年均大约增加1个百分点，预计2020年达到60%左右，2030年达到70%左右。受限于土地、生态、资源等外部环境约束，2030年至2050年预计我国城镇化率的速度将逐步下降，至2050年我国的城镇化率预计达到80%左右。二是以中国社会科学院为代表的，认为“当前中国城镇化已进入减速期”，强调中国城镇化应走“多样化城镇化之路，坚持大中小城市和小城镇协调发展的原则”。根据中国社会科学院城市发展与环境研究所《新时期中国城镇化转型的方向》一文，“到2020年，中国城镇化率将达到60%左右，根据城市型社会的阶段划分标准，届时中国将进入中级城市型社会；2030年中国的城镇化率将达到68%，预计到2033年前后达到70%，这意味着中国城镇化快速推进的空间还有20年左右的时间，之后中国将进入城镇化缓慢推进的后期阶段；2040年中国的城镇化率预计达到75%左右，将进入高级城市型社会；2050年中国的城镇化率将超过80%，达到81%左右，总体完成城镇化的任务。相应地，到2020年，中国将新增城镇人口1.26亿，2030年新增城镇人口2.41亿，2050年新增城镇人口3.5亿左右。”可见，虽然两种观点对于未来城镇化发展模式有所差异，但在人口与城镇化率发展的中长期预测上基本吻合。

“两横三纵”的城镇化战略格局将逐步形成。根据相应研究未来通过培育和发展能辐射全国性的重点城市群体系，以大城市为依托，以中等城市为重点，加快推进城镇化进程，最终形成主体功能区规划的“3＋18”城市群格局。其中，珠三角、长三角和环渤海三大城市群，将形成能够容纳5000万到1亿人口的具有国际影响力的特大城市群；哈长、海峡西岸、中原、长江中游、北部湾、成渝、关中等地区，将形成一批3000万～5000万人口的大城市群。此外，《国家新型城镇化规划(2014—2020年)》中提出，根据土地、水资源、大气环流特征和生态环境承载能力，优化城镇化空间布局和城镇规模结构，在《全国主体功能区规划》确定的城镇化地区，按照统筹规划、合理布局、分工协作、以大带小的原则，发展集聚效率高、辐射作用大、城镇体系优、功能互补强的城市群，使之成为支撑全国经济增长、促进区域协调发展、参与国际竞争合作的重要平台。构建以陆桥通道、沿长江通道为两条横轴，以沿海、京哈京广、包昆通道为三条纵轴，以轴线上城市群和节点城市为依托、其他城镇化地区为重要组成部分，大中小城市和小城镇协调发展的“两横三纵”城镇化战略格局。

(3)机动车保有量趋势分析

在预测未来机动车保有量趋势时，本节引用了清华大学中国车用能源研究中心的研究结论，认为在交通行业的技术在中短期内不发生重大突破的情况下，预测了我国中长期机动车保有量，预测结果见图5-8。道路机动车的保有量，延续了2000年以来的趋势，发生了爆发式的增长，总量从2010年的7800万辆到2050年增长为5亿辆，城市乘用车在其中是主要的增长源。城市居民的千人保有量水平达到了380辆水平，农村居民千人保有量达到了130辆水平，全社会平均约320辆左右，属于中低保有量水平。货车2050年的保有量总量较2010年翻了一倍，而客车保有量从2010年280万辆到2030年增长为590万辆，之后一直保持着这一数量。

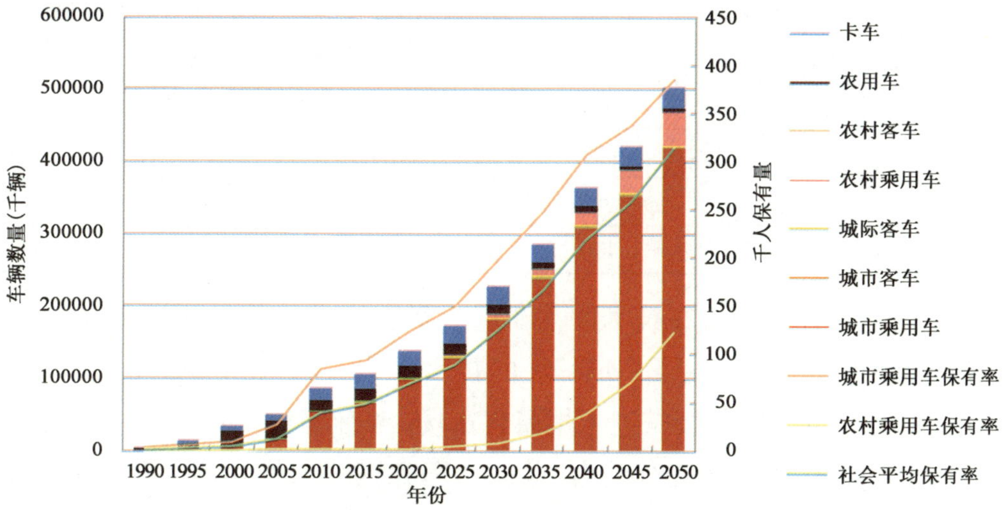

图 5-8　我国中长期机动车保有量

除道路机动车外，其他模式的交通运载工具也发生了与模式结构相对应的变化。摩托车总体数量从近 1 亿辆下降到了 3210 万辆，城市轨道交通列车数量翻了 20 倍，货运火车随着货运需求不断提高，数量在 2010 年基础上翻了 5 倍，民航客机的数量在 2010 年基础上增长了 10 倍。我国中长期各类运载工具保有量见表 5-5。

我国中长期各类运载工具保有量(单位：千辆)　　表 5-5

运输类型	运输工具分类	2010 年	2020 年	2030 年	2050 年
城市客运	摩托车	95677	89480	61218	32108
	乘用车	51940	96039	179391	416433
	客车	480	862	1259	1892
	城市轨道	8	29	60	238
城际客运	客车	2155	3107	3778	2836
	火车	52	64	95	98
	民航	1.6	3	5	11
	船舶	13	5	2	1
农村客运	摩托车	118323	136232	151041	58711
	乘用车	612	1065	4067	48099
	客车	145	236	500	702

续上表

运输类型	运输工具分类	2010 年	2020 年	2030 年	2050 年
货运	农用车	13500	15356	13013	2895
	卡车	17620	21990	26110	31986
	火车	622	944	1450	2943
	民航	2	2	2	2
	船舶	170	209	261	372

在动力技术结构方面，在技术成本渐进下降和成品油价格逐渐走高的因素驱动下，新能源车辆技术，实现了一定程度的技术替代。以乘用车技术结构为例，在2020 年汽油混合动力汽车最先进入规模化市场，占有率约 8%，2030 年后，新能源车辆技术开始加速，插电式混合动力、电动汽车和燃气汽车份额有较大提升，2050 年，传统汽油车占比为 35%，汽油混合动力占比 22%，CNG 汽车、插电式混合动力和纯电动车占比分别约 5%、10% 和 10% 左右，其他替代燃料技术和车辆技术的市场份额较小（图 5-9）。对于客车、货车等商用车，技术替代的比例则更低（图 5-10）。从整体预测结果上看，混合动力汽车成为参考情景中最主要的动力替代技术，而 2050 年远期的车辆技术能源消费，仍然以汽油路线为主体。

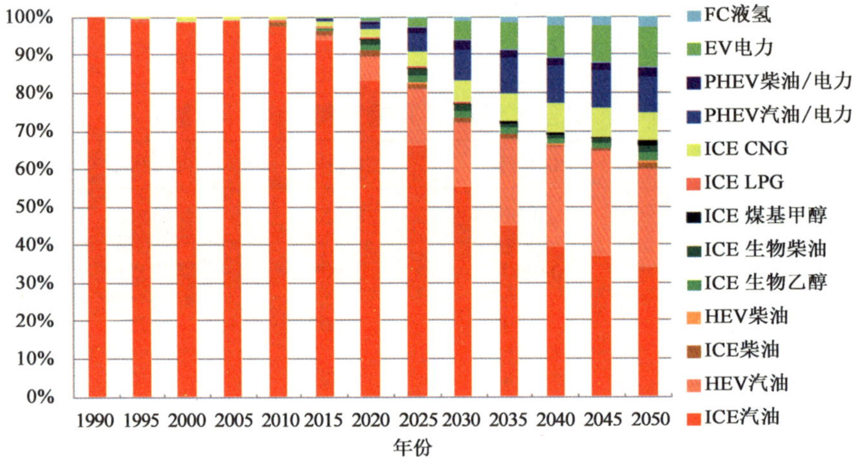

图 5-9　我国中长期乘用车动力技术结构

（4）居民出行次数趋势分析

居民人均出行次数随城市规模的增大而减少。出行次数的多少与出行目的、城市规模、城市布局、生活方式、工作方式、家庭经济状况、交通设施、通信设施、城市环境质量等因素有关。为准确地掌握城市居民的出行特征，自 20 世纪 80 年代以来,我国许多城市开展了居民出行调查工作。大多数城市的居民人均出行次数在3次/(人·日)以下,少数城市居民人均出行次数超过3次/(人·日),如珠海、石家庄、徐州等城市。根据统计城市(以当年数据为准)的规模,将其分为2大类,第Ⅰ类分为2小类,其中人口超过500万的城市,包括北京、上海、广州、杭州、南京、深圳,这类城市人口多,城市规模很大,居民出行距离远,相应的出行次数减少,这些城市的平均居民人均出行次数为2.129次/(人·日);人口在100万~500万的城市,包括南宁、苏州、贵阳、乌鲁木齐、福州、合肥、邯郸、汕头、常德、无锡,这类城市的规模较大,但比500万以上人口城市要小,居民出行次数要多,这些城市的平均居民人均出行次数为2.560次/(人·日);第Ⅱ类是人口在100万以下的城市,包括丹东、瑞安、黄石、福清、安陆,这类城市规模较小,城市范围小,居民的出行距离不远,居民出行次数要多一些,这些城市的平均居民人均出行次数为2.780次/(人·日)。由此可以看出,一般情况下,居民人均出行次数随城市规模的增大而减少。表5-6在分析了长三角区域、湖北省和陕西省所对应的三个城市群案例的人均年出行距离后,总体而言,未来城际出行距离呈增加趋势,但不同出行目的的出行长度变化有所差异,城际出行交通方式受城市群交通发展水平、各种交通方式的费用、安全性和便捷程度的综合影响。就出行方式比例而言,随着私人机动化交通的不断发展,公路仍是主导出行方式,占比超60%,铁路稳定在20%左右,由于长距离出行的增加,航空出行比例在不断升高,公路比例有所减少。

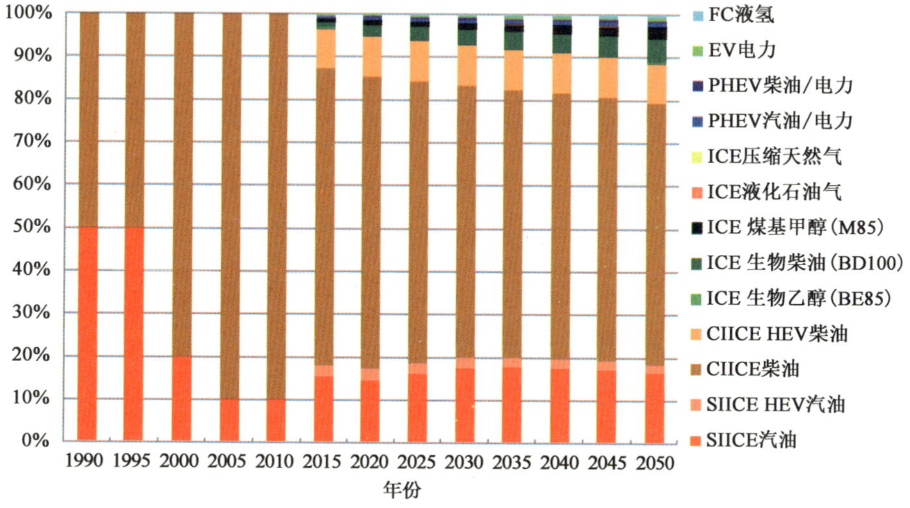

图5-10　我国中长期货车动力技术结构

城市群各方式人均年出行距离汇总表(不含水运)　　表 5-6

年份(年)	长三角人均客运周转量(公里·人)				湖北省人均客运周转量(公里·人)				陕西省人均客运周转量(公里·人)			
	合计	公路	铁路	航空	合计	公路	铁路	航空	合计	公路	铁路	航空
2000	2035	1633	260	142	1207	773	391	43	1259	640	491	128
2005	3485	2717	367	401	1734	996	651	87	1920	932	756	231
2010	5085	3837	519	730	2811	1794	856	160	3206	1804	1123	280
2015	6711	4900	789	1022	4498	2886	1404	208	4079	2558	1179	341
2020	8726	6155	1060	1511	5459	3444	1731	284	5062	3170	1420	475
2025	10714	7308	1385	2022	6703	4195	2126	382	6215	3835	1769	611
2030	12784	8462	1736	2585	7999	4971	2536	492	7415	4519	2135	762
2035	15170	9748	2155	3268	9492	5858	3007	627	8799	5298	2561	940
2040	17947	11193	2655	4098	11230	6883	3554	794	10410	6194	3060	1155
2045	20422	12681	3038	4703	12779	7824	4043	912	11845	7037	3489	1322
2050	22786	14100	3405	5281	14258	8723	4510	1025	13216	7840	2895	1481

私家车拥有量的迅速增加将导致城市居民出行特征有所转变。机动化是城市社会经济发展到一定阶段的必然产物,相较于其他出行方式,由于小汽车在出行中拥有速度、舒适和门到门等方面的优势,未来中长期,私家车拥有量的迅速增加可能导致城市居民出行特征出现一些新的变化。一是公务车使用的观念亟待转变。公务车的过度使用占用了大量资源能源,公务车出行时间长、出行距离大是造成城市交通拥堵、环境空气污染的原因之一。二是出行距离和时耗有所增长。一方面小汽车扩大了居民的活动半径,另一方面活动能力的增加也促使居民住宅向近郊迁移,于是出行距离相应增加。三是居民出行高峰持续时间延长。在途时间的增加是产生这种状况的主因,部分车主为了避开高峰提前出行也使这种状况加剧。在北京,路面交通已出现道路车流量大、高峰时间延长、平峰时间流量不减、拥堵路段和拥堵程度总体上升、双休日、节假日机动车出行量增大及发生交通拥堵和交通事故的频率增加等一系列新特点。

(5)交通运输量趋势分析

我国城市和城际运输客运需求量快速上升,农村客运需求量增长缓慢(图 5-11)。由于居民人均收入的提高和人口数量的增长,客运周转量将发生迅猛的增长,客运周转量从 2010 年的 62960 亿人公里,到 2030 年和 2050 年将分别增长到142550亿人公里和203050亿人公里,增长速度接近于线性。人均机动化出行里程翻了2.3倍,从2010年的0.6万公里左右提高到了2050年的1.4万公里,反映了全国交通机动化水平将得到迅速普及。城市交通和城际交通,成为未来我国交通增长的主体。未来中长期,由于我国城市化进程较快,以及大量的农村人口流向城市地区,但须指出尽管机动化水平在不断提高,但农村交通客运周转量仍然维持着小份额,增长相对缓慢。

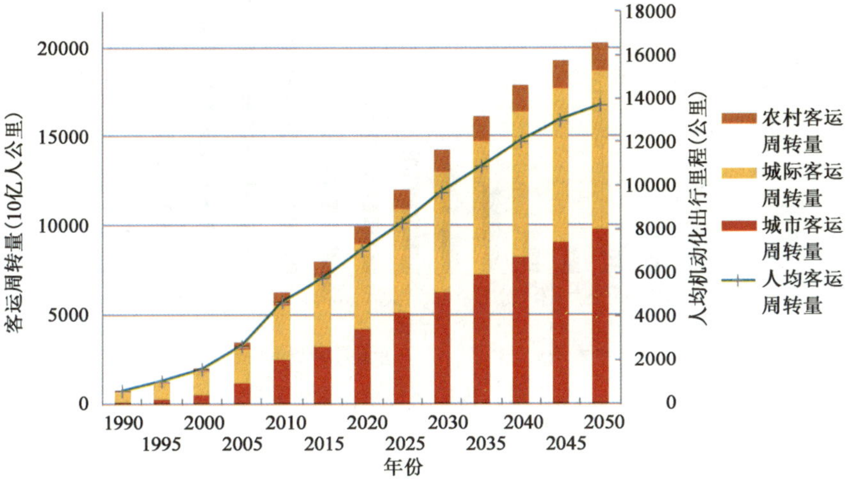

图5-11　客运周转量需求分析

未来中长期我国货运周转量需求将呈现稳步增长态势。由图5-12可见,未来中长期,我国货运周转量将从2010年的96470亿吨公里增长到2050年的363360亿吨公里。基于模型中GDP需求弹性渐变降低的设置,货运需求的增速没有与GDP增长同步挂钩,单位GDP的货运周转量承载率从2010年的2.5下降到2050年的0.8左右。反映了由于第三产业的发展带来的经济结构性变动,使国民经济对于货物运输的刚性需求在逐步降低。同时,未来中长期,我国单位GDP货运强度将降低。

城市群的客货运需求结构随着新型城镇化的发展不断优化。以长三角城市群为例,客运以公路为主,航空发挥了重要作用,铁路客运周转量占比低;尽管长三角地区高铁快速发展,但航空客运周转量从2004年开始超过铁路,长三角城市群客运周转量年增长率为5%～10%,与长三角地区的经济增长相吻合。长三角城市群货运主导方式为水运,这是由于水路运输及港口码头资源和货运交通基础设施成为城市群货运交通运输发展的基本前提,对货运需求有重要的导向作用,而产业结构调整是未来城市群货运交通需求的关键影响因素。如图5-13所示，未来中长期，长三角客运周转量从2010年的7600亿人公里，增长到2050年的34410亿吨公里，是2010年的4.5倍；货运周转量从2010年的28870亿吨公里增长到2050年的142800亿吨公里，是2010年的4.9倍。

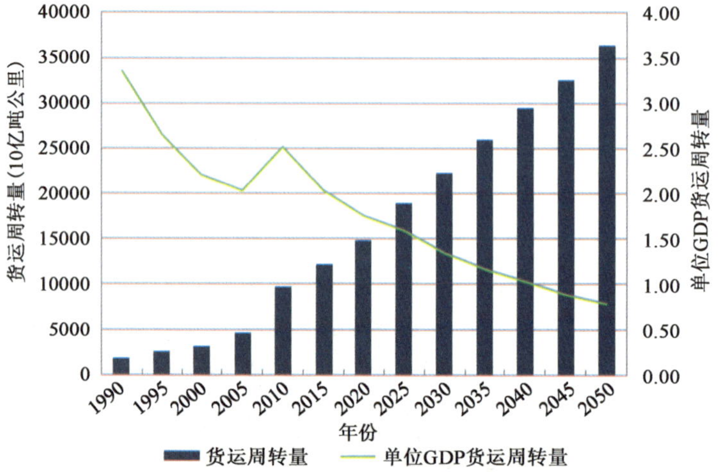

图5-12 货运周转量需求分析

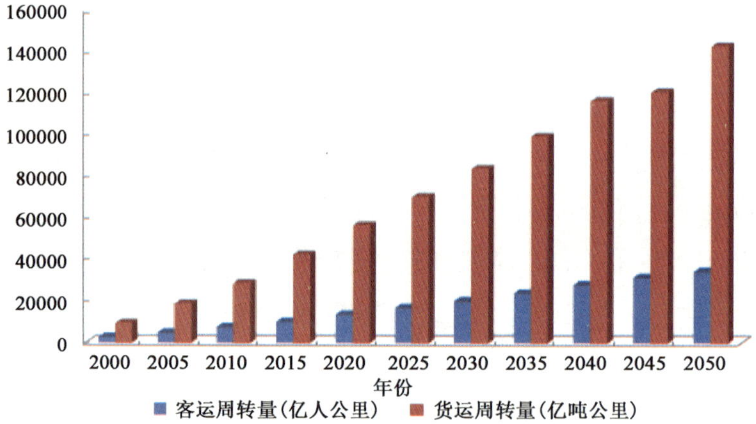

图5-13 长三角城市群货运周转量需求分析

第六章　新型城镇化背景下交通运输碳排放情景分析

城镇化是经济发展和社会进步的必然结果,我国城镇化正进入快速发展期,城镇化率从1978年的17.9%提升到2016年的57%,年均提高1.02个百分点。城镇化发展方式及对产业结构的影响,势必带动交通运输用能结构的调整,对交通运输能源与碳排放提出新的要求。本章建立了新型城镇化背景下中国交通运输能耗需求及碳排放情景分析模型,意在研究确定未来新型城镇化背景下中国交通运输行业碳排放结构和发展趋势。

一、研究方法

从建模方法看,当前世界能源需求预测分析模型工具可以分为自上而下模型(可计算一般均衡模型,Computable General Equilibrium;投入产出模型)、自下而上模型(BESOM,K. C. Hoffman 1973;MARKAL,L. G. Fishbone 1983;MESSAGE模型,S. Messner 1995)和混合模型(MARKAL-MACRO、IIASA开发的MESSAGE-MACRO、日本开发的AIM模型组合)三类,这三类模型基于不同的构建理论,有着不同的前提假设,但都得到了广泛的应用。其中,自下而上模型的优势在于能够深入细致地描述能源系统内各种技术未来的发展趋势,能够判断各种具体能源种类未来的需求量,但是这类模型需要提前给定来自经济系统的能源需求,即未来总的能源消耗量并不是由模型预测得到,因此从根本上说,自下而上模型的主要功能不是预测未来经济发展趋势,而是在给定经济发展趋势的情况下,对能源结构进行某些情景设计下的优化分析。

考虑到未来相当长的时间内，随着新型城镇化的发展，交通需求将会快速增长，而不同的政策选择将会导致不同的交通发展模式，从而对未来能源需求产生重大影响，加之在应对全球气候变暖背景下，低碳交通技术的发展将适逢其时，特别是高效非化石燃料地面交通技术的发展将会推动未来交通部门朝着车辆节能化、动力电气化、排放清洁化的方向发展，在这种情况下，利用自上而下的均衡模型或者优化模型难以模拟未来技术发展的突变，而采用终端用能分析的 LEAP 模型，并通过情景设计的方式，分析、展望未来不同的能源需求趋势，探讨单位能源强度、单位碳强度的演变，更加直观、简洁，且针对性强。

（一）模型框架

与发达国家相比，中国的能源统计体系和范围略有不同，能耗统计主要按单位（含企业、事业和个人）进行。交通运输部门的能源消费仅涵盖交通运输仓储邮电业，在交通运输业中，能源仅包括公路、铁路、水运、民航、管道以及城市公交部门的能源消费，而工矿企业用于运输的能源消费，并没有体现到交通部门之中。最近十多年，中国家用汽车拥有量增长幅度很迅猛，但能源消费纳入在民用部门。按中国统计分类的交通运输部门的能源消费占全社会的比重不到 10%。

为了全面、系统地研究新型城镇化背景下我国交通部门能源消费与碳排放需求，分析未来我国交通运输领域节能降耗方向，探讨交通部门碳排放峰值及其对策，为在宏观规划中处理好交通可持续发展问题提供决策参考，同时便于国际对比，本研究将中国的交通运输系统分为城市客运、城间客运、货运、港口四部分，对交通用能需求进行全口径的分析。对于城市客运，主要通过分析不同城市类型的交通模式优化、燃料替代、技术进步所带来的节能减排潜力；对于城间客运与货运，主要通过分析公路、铁路、水路、航空以及管道等运输方式的优化调整以及技术进步所带来的节能减排潜力。相应地，交通运输部门能源需求预测也由以上四部分的能源消费组成（图 6-1），主要包括以下方面：

（1）铁路运输包括运输过程（牵引与辅助走行）能耗，不包括辅助生产过程（车站）能耗。

（2）公路运输能耗特指营运性公路运输车辆、非营运型公路运输车辆的燃油消耗。

(3)水运能耗主要指内河、沿海的船舶燃油消耗。

(4)航空能耗主要指民用飞机的燃油消耗。

(5)城市客运能耗指城市地面公交(公共汽电车、出租车)以及轨道交通、家用汽车、摩托车等的能源消耗。

(6)港口主要指港口企业装卸生产和辅助生产的耗能总量,不包括港口生活用能和其他用能量。

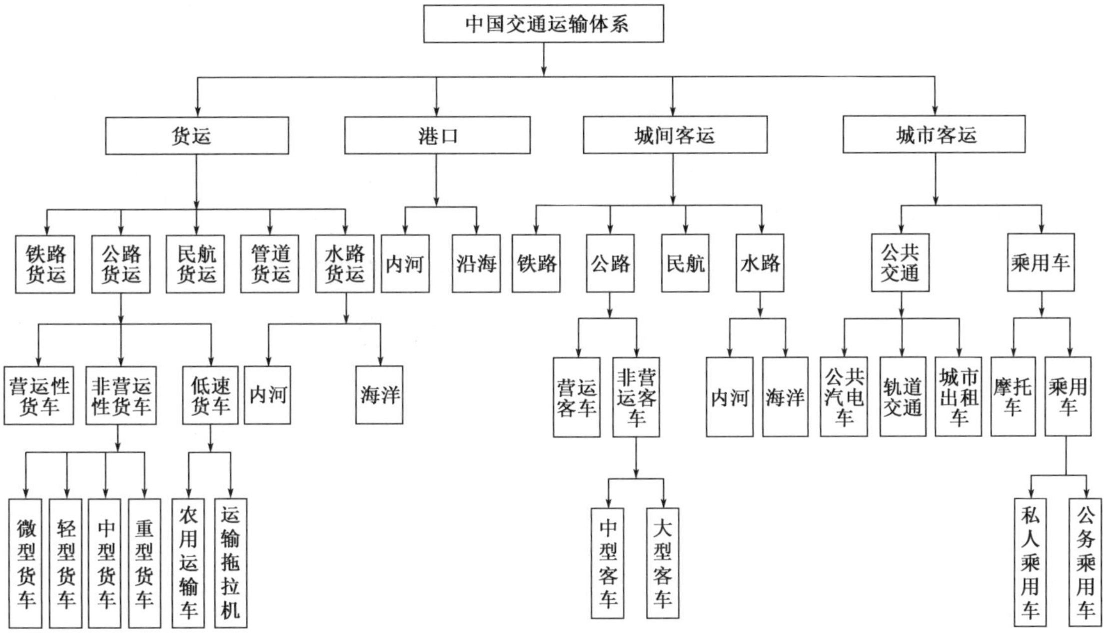

图6-1　LEAP模型中交通部门划分示意

伴随着城市化进程的加速,中国的城市交通部门的能源需求存在很大不确定性。采取家用轿车、摩托车等个人交通出行为主的方式,城市客运用能将会出现跳跃式的发展;而随着城市群的发展,采取公交、地铁等轨道交通运输方式比例将进一步加大,城市交通用能将也会发生显著变化。此外,中国所选择的不同城镇化发展模式,也会对城市交通用能与货运用能产生影响,如果是特大城市为主的发展方式,中国资源地、消费地分离的局面将会使得货物运输居高不下,运输距离不断拉长;而中小城镇为主的发展方式将大大减少货运需求,但同时会增加中小城市的客运个体交通出行方式。在LEAP交通模型框架中,将城市客运分为公共交通和私人交通两部分,在公共交通中,又分为公交、出租和地铁,个体交通中又分为家用轿车和摩托车,并且对每种运输模式下的交通工具及燃料类型进行了设定。

按照以往研究经验，中国目前货车年运行距离约3万～8万公里，单车耗油量是私家车的10倍以上，如果通过合理的工业布局减少货运需求，通过交通模式优化减少公路货运比重，通过燃料效率改进与燃料替代，将可能取得明显成效。因此，在模型设置中将未来公路货运作为重点研究内容，课题组将其分为营运性货车、低速货车以及拖拉机三类，低速货车分为重型、中型、小型货车和微型，分别进行针对性的考虑，同时也对相应货车的燃料类型进行了设定。

需要说明的是，本研究的基年数据主要根据国家统计局公布的能源平衡表，并根据交通部门能源消费特点进行校核。由于历史上中国交通运输邮电业的能源消耗主要是交通营运部门的能源消耗，并不包括企事业单位自备车辆能源消耗，而且不同的政府管理部门有不同的管理权限，比如，曾经是城际交通运输营运归交通部管理，城市公共交通归建设部和公安部管理，低速汽车归农机部门管理，因此不同的统计数据有不同的统计口径，涉及公路交通运输能耗统计的数据范围见表6-1。为了对全社会交通用能及其未来的趋势进行展望，同时也便于国际比较，课题组对于全口径的交通用能进行了测算，有关道路交通用能的测算口径如下。

营业性公路运输能耗：营业性公路运输能耗是指城市以外道路旅客运输（不包括城市公共交通）、公路货物运输能耗，公路辅助用能如照明、采暖用能归入商用部门建筑物用能。

城市地面交通能耗：城市地面交通能耗包括公共汽（电）车客运、轨道交通以及出租车的运行能耗。

非营业性社会及私人民用汽车能耗：非营业性社会货车能耗主要体现在公路货运中，非营业性社会客车能耗主要体现在城间客运中，私人民用汽车能耗主要体现在城市交通用能中。

摩托车能耗：主要体现在城市交通用能中。

低速货车能耗：主要体现在公路货运中。

涉及公路交通运输能耗统计的数据范围 表6-1

序号	统计指标	包括范围	备注
1	交通运输、仓储和邮电业	包括2、3以及城市公交中的地铁	国家统计局
2	营业性公路运输	城际公路客货运输	交通运输部
3	城市地面公共交通	城市公交汽车、出租车	建设部
4	社会及私人民用汽车	可用一定模型测算	未统计

续上表

序号	统计指标	包括范围	备注
5	摩托车	可用一定模型测算	未统计
6	低速汽车(农用运输车)能耗	缺乏基本数据,估算	未统计
7	其他机动车(军车、工程机械车等)	本报告未考虑	未统计

(二)LEAP模型的基年和预测年

本研究主要探讨到2030年交通运输部门碳排放量变化趋势,同时考虑数据的可获得性。在LEAP模型预测中,将基年确定为2010年,预测年份包括2015~2030年,展望到2050年。

作为终端用能分析的工程模型,有关交通部门的服务水平、运输结构、能源效率水平均需机外输入到LEAP模型中,由LEAP模型模拟计算,因此,不同的情景设计,所要求的模型输入指标也不尽相同,从中可以比较不同政策措施下的交通用能变化趋势。具体而言,本研究中的LEAP模型主要参数设定考虑如下:

部门划分(Sector):鉴于近年来民用汽车的高速发展态势,同时交通用能统计没有纳入所有机动车的能源消耗,而铁路、民航、水运、管道等系统有比较完整的能源统计数据,道路交通用能相应成了本研究的重点和难点。本研究中的道路交通既包括营运部门的公路客运、公路货运,同时也包括非营运货运、客运和城市道路交通。对于城市交通,本研究将根据对未来不同的城镇化发展水平,分别对公共交通和私人交通进行定量分析。

活动水平(Activities):本研究涉及的交通部门活动水平,既包括宏观指标,如客、货运周转量,也包括交通工具的保有量,以及相关的使用率、年运行公里等等。

效率水平(Efficiency):有关不同运输工具的能源效率改进,主要基于现状回顾、国际比较、文献综述、行业发展目标以及出台的产业政策,以及最新的能效技术进展,进行具体分析和设定。如行业没有明确确定单耗下降目标,则根据该部门交通工具技术演变特点,并基于不同的情景设定,进行确立。

二、情景设计

新型城镇化发展,对中国交通运输部门能源需求体现在多个方面,如城市群间采取何种交通运输模式、未来城市群间和城市群内交通运输格局如何、交通工具的能效水平状况、未来公共交通与小汽车的发展关系、人均 GDP 增长与交通需求的取向等。也就是说，中国交通运输部门在未来几十年内，其系统结构存在着很大的不确定性。

课题组充分对比国内外城市化不同发展阶段的交通部门演变特点，充分考虑了交通部门新技术的演变和政策的实施力度，结合未来中国社会经济发展趋势和中国交通运输系统的发展现状，设置了三个情景（表 6-2）。

基准情景：以国家和各部门的相关社会经济规划为依据，假定政府预期的主要社会经济目标能够顺利实现，我国的新型城镇化全面推进，2030 年城镇化率为 70%，2050 年为 80%，体现在交通领域，道路、桥梁、铁路、民航等基础设施建设顺利推进，高速公路、高速铁路的进程保持“十二五”以来的快速增长态势，支线航空建设如火如荼，家庭轿车保有量伴随着居民收入水平的提高不断攀升。伴随着 2030 年工业化基本完成，交通客货运周转量增速趋缓，在预测期内，我国的经济格局、产业布局、客货运结构、不同交通模式的能效改进、替代燃料技术的发展没有大的变化或重大技术突破，而是处在渐进的演变过程之中。

低碳情景：该情景要求在新型城镇化发展的背景下，引导合理消费、促进能源效率提高、优化交通运输模式、推进清洁高效运输工具的应用以及推动交通部门技术进步等方面有重大的举措，并认为政府的宏观调控和推动可持续发展的政策效果十分显著。同时外部环境比较理想，特别是在工业化、城市化完成之前，能源相对快速的增长过程中（2015～2020 年），可以充分通过国际合作，引入先进的交通技术、设备与管理经验，同时，加大加快自主研发交通科技创新使得中国交通部门朝着高效、清洁的方向发展。2030 年以后，伴随着工业化和城镇化的逐步完成，与基准情景相比，无论是客货运周转量，还是运输结构、燃油经济性等方面，均会有显著提升。该情景可称为是“在具有现实可操性前提下，突出体现交通部门能源效率改进特点的政策情景”。

强化低碳情景：与低碳情景相比，该情景着重考虑在新型城镇化发展背景下，关键低碳技术获得重大突破并得到普遍利用，实现较低交通碳排放的情景。该情景中，低碳能源获得较好的外部空间，在新技术的合作研发、资金投入方面朝着低碳方向发展，体现的是在出现跨越性、突破性的城镇化、运输结构、低碳技术的前提下，中国交通部门在满足经济社会既定目标的条件下，实现碳排放量减缓乃至下降的低碳情景。

各情景的主要参数与特征　　表 6-2

	基准情景	低碳情景	强化低碳情景
GDP	2015～2020 年年均增长速度为 6.5%，依次每五年的增长率为 6%、5%、4.5%、3.1%、2.8%和 2.1%	2015～2020 年年均增长速度为 6.5%，依次每五年的增长率为 6%、5%、4.5%、3.1%、2.8%和 2.1%	2015～2020 年年均增长速度为 6.5%，依次每五年的增长率为 6%、5%、4.5%、3.1%、2.8%和 2.1%
人口	2040 年达到高峰在 14.7 亿左右，2050 年为 14.6 亿	2040 年达到高峰在 14.7 亿左右，2050 年为 14.6 亿	2040 年达到高峰在 14.7 亿左右，2050 年为 14.6 亿
城镇化率	2020 年城镇化率达到 60%，2030 年达到 70%，2050 年达到 80%	2020 年城镇化率达到 60%，2030 年达到 70%，2050 年达到 80%	2020 年城镇化率达到 60%，2030 年达到 70%，2050 年达到 80%
产业结构	经济结构有一定优化，2030 年后第三产业成为占据经济结构的主要成分，第二产业社会发展显示高物质消耗特点，重工业仍旧占重要位置	经济结构进一步优化，与目前发达国家的格局类似；新兴工业和第三产业发展快速，信息产业占据重要位置	经济结构进一步优化，与目前发达国家的格局类似；新兴工业和第三产业发展快速，信息产业占据重要位置
能源结构	按照目前国家有关政策对清洁能源和新能源车辆的比例进行设置	与目前政策相比，通过一定的政策引导，加强新能源车辆所占比例	进一步提高清洁能源和新能源车辆所占比例
国内环境问题	得到较好治理，但是仍然为先污染后治理，体现环境 KUZNETZ 曲线效果	得到较好治理，KUZNETZ 曲线的峰值和波谷有所缩小，从“∩”转向“⌒”	2020 年得到治理，但前期仍没有完全摆脱先污染后治理，KUZNETZ 曲线的峰值和波谷有所缩小，从“∩”转向“⌒”

交通运输需求与工业化、产业结构、人口收入水平等经济社会发展水平指标紧密相关。由于本研究中交通运输需求预测时间跨度较大，我国经济社会发展的不确定因素较多，为充分考虑各种可能的发展趋势，本研究借鉴了世界银行和国务院发展研究中心《2030 年的中国》中关于经济社会发展的预测，国家发展改革委综合运输研究所《低碳型综合交通运输结构优化研究》、国家发展改革委能源研究所和清华大学中国车用能源研究中心的有关研究报告，交通运输部相关规划和政策文件，得到 2030 年和 2050 年交通运输发展趋势（表 6-3）。

表 6-3

不同情景下交通运输方式发展趋势

情景类型		基准情景			低碳情景			强化低碳情景		
年份		2020	2030	2050	2030	2030	2050	2020	2030	2050
货物周转量（亿吨公里）	铁路	40140	65384	12394	35588	62966	110696	39070	60747	94302
	公路	104578	170346	355687	102814	156537	274817	100018	150880	240234
	水路	107925	131560	152756	105127	124429	141286	102796	118654	132193
	民航	258	449	906	255	428	814	251	405	752
	管道	4835	7157	9637	4699	6692	8835	4618	6267	7876
客运周转量（亿人公里）	铁路	15370	25935	48600	15216	25157	44226	14775	23622	37813
	公路	28219	46849	80578	27729	44909	74360	27269	43137	68948
	水路	93	103	110	92	100	105	90	97	101
	民航	8650	14360	24698	8408	13310	22017	8219	12642	19532
港口吞吐量（亿吨）		172	254	264	169	245	254	166	237	245
千人汽车保有量（辆）		260	310	355	245	295	330	220	280	310
电动汽车占比	公路货运	—	—	—	—	—	—	3%	7%	20%
	公路客运	0.8%	1.4%	3.7%	0.8%	1.3%	4.4%	1.6%	2.5%	4.9%
	城市公交	1.9%	3.6%	9%	2.4%	5.3%	13%	3.3%	11%	29%
	城市出租	5%	17%	30%	5%	17%	38%	5%	25%	50%
	私人汽车	8%	15%	25%	10%	17%	27%	12%	19%	29%

三、交通运输碳排放情景分析

根据城镇化发展进程和未来我国交通运输部门活动水平、运输结构和效率改进的分析，结合交通运输活动水平的预测结果，利用交通运输能耗需求与碳排放LEAP模型，可以分析得到新型城镇化背景下中国2030年交通运输二氧化碳排放结果及不同情景下的交通运输子行业二氧化碳排放量的预测结果，并且可以对2050年的二氧化碳排放量进行展望。

（一）三种情景下交通运输碳排放增长情况

随着城镇化的发展，全社会交通运输碳排放总量呈快速增长趋势，必须要采取强有力的政策和手段，才有可能在2035年后达峰。随着经济社会的快速发展，工业化和城镇化进程加快，我国交通运输行业需求将呈快速增长趋势。情景分析表明，三种情景下全社会交通运输碳排放总量均呈现增长趋势，特别是在基准情景和低碳情景下，碳排放总量持续增长，2050年前难以达峰，若采取更加严格的政策措施，加上技术进步和能源效率提高，在强化低碳情景下，交通运输行业碳排放增速可在2030年后逐渐放缓，并在2035年左右达到排放峰值（图6-2）。

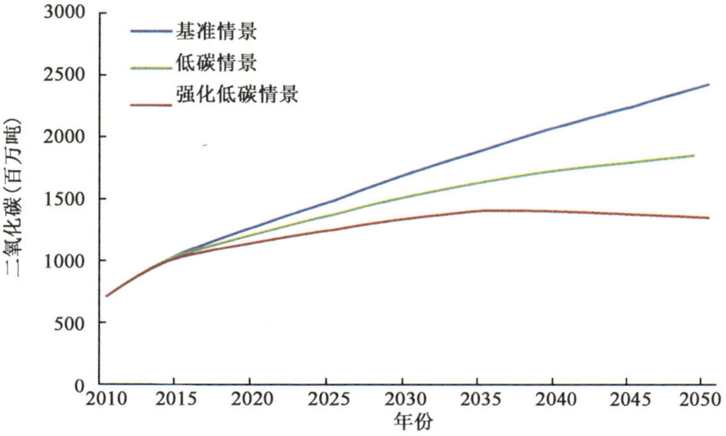

图6-2　我国2050年交通运输行业二氧化碳排放情景

基准情景下，碳排放增长速度较快，虽然单位周转量/客运量情况下的碳排放量有所下降，但是由于货运量和客运量增长速度高于单位碳排放下降速度，碳排放总量仍持续上升，2030年达到17亿吨左右，2050年达到24亿吨左右；低碳情景下，通过使用高效的交通工具、考虑一定的运输结构和运输工具燃料结构的改进及经济结构调整，从而带来相当活动水平的降低条件下，2030 年交通运输行业碳排放量将达到 15 亿吨左右；在强化低碳情景下，考虑到城市群间实现均衡发展，出行需求和货运运输需求降低、电动车等新能源车辆使用率提高、运输结构和运输工具燃料结构进一步改进，IT 技术融入生产生活的各个方面、活动水平得到更多削减等因素，2030 年交通运输行业碳排放量将达到 13 亿吨，2035 年达到 14 亿吨的峰值。

从以上三种情景对比分析来看，2030 年采取低碳发展情景，交通运输行业碳排放量比基准情景下降 11%；采取强化低碳发展情景，交通运输行业碳排放量比基准情景下降 22%，且能够在 2035 年左右达到峰值。自主贡献文件《强化应对气候变化行动——中国国家自主贡献》要求我国的二氧化碳排放 2030 年左右达到峰值并争取尽早达峰，根据美国、日本、欧盟等国和地区交通运输碳排放发展历程，交通运输碳排放达峰要滞后于工业，这是行业属性决定的。因此，交通运输行业的达峰应该在工业、建筑业之后。

（二）交通运输子行业碳排放情况分析

各子行业部门的碳排放情景分析的结果表明（图 6-3 ~ 图 6-5），随着经济增长和城镇化的发展，货运部门周转量增速加快，成为未来交通行业能耗占比最高的子行业，但碳排放年度增长率呈下降趋势；随着城镇化进程的推进，城间客运和城市客运碳排放增长率持续上升，但 2030 年后增长率开始下降。

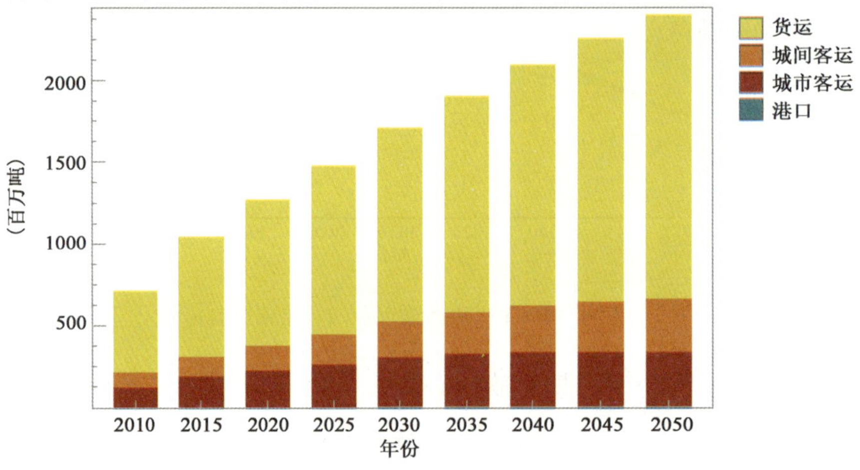

图 6-3　基准情景下交通运输碳排放结构

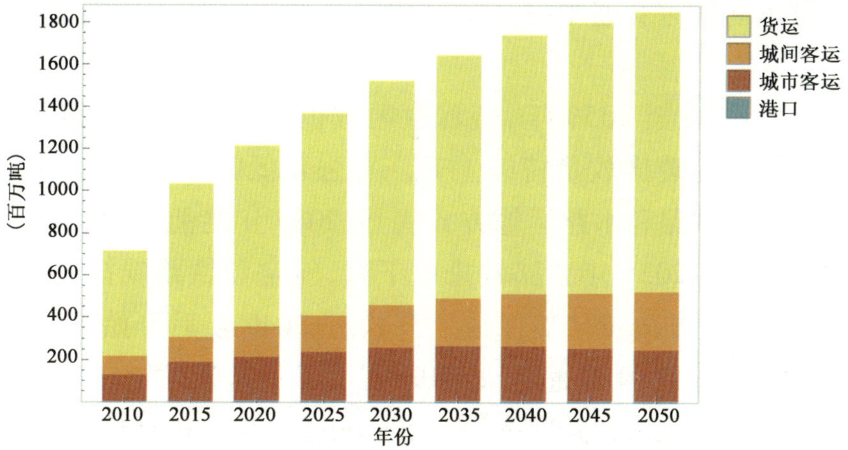

图 6-4　低碳情景下交通运输碳排放结构

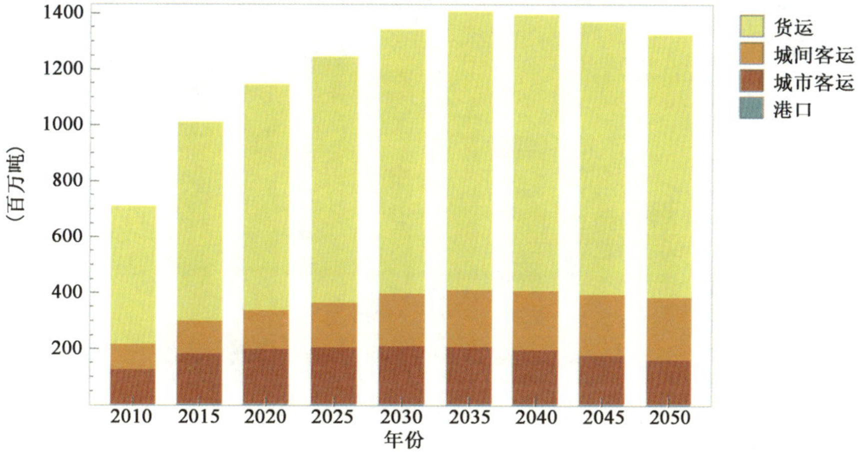

图 6-5　强化低碳情景下交通运输碳排放结构

(1)货运碳排放结构和趋势

在基准情景下,货运碳排放 2010 年占比为 69.14%,截至 2025 年前,占比持续增长,2025 年后增速放缓。强化低碳情景下,2020 年前占比持续增长,2020 年后增速放缓,2035 年后碳排放量开始下降。

运输结构的优化是未来货运碳排放总量和强度下降的重点关注方向。从运输方式来看,公路货物碳排放是未来碳排放增长的重点,占货运碳排放的 75% 以上,其中营运性车辆碳排放占货物碳排放的 55% 以上。不同货物运输方式的碳排放强度存在较大差异,公路运输碳排放强度约是铁路(货运)的 5 ~6 倍,是内河水运的 3 倍左右。在保持相同货物周转量的前提下,优化城市群内和城市群间交通结构,例如在城市间货运交通中提高铁路和内河水运的比重,都会降低交通运输行业碳排放。

在基准情景下,截至2050年,随着中国城镇化的推进及城镇化率的提高,各种运输方式的货运碳排放量持续上升。在强化低碳情景下,通过各种运输方式结构调整,并发挥铁路和水路运输方式优势,2035年之前,公路、航空和铁路货运碳排放量持续上升,2035年公路碳排放下降,航空和铁路碳排放量依然上升,2040年前水路货物碳排放量依然保持上升状态,2040年后开始下降。在城镇化发展进程中,通过运输结构的优化,能够既满足了货运运输需求,也能降低碳排放,是未来中国碳排放总量和强度下降的重点关注方向。三种情景下货物运输碳排放结构分别见图6-6～图6-8。

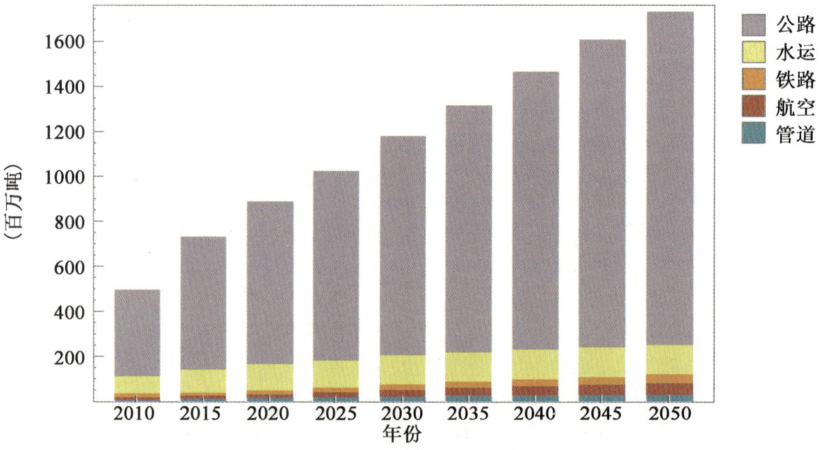

图6-6　基准情景下货物运输碳排放结构

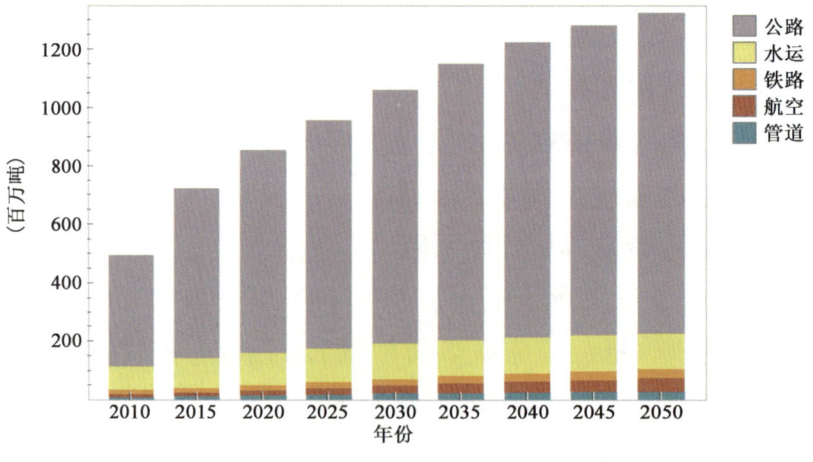

图6-7　低碳情景下货物运输碳排放结构

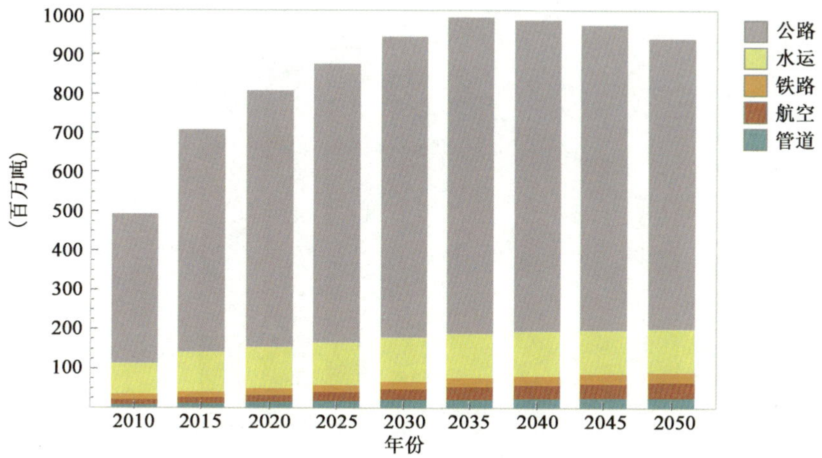

图 6-8　强化低碳情景下货物运输碳排放结构

清洁和新能源运输工具的使用能够降低货物运输碳排放总量和强度。从燃料结构来看,货运行业的碳排放主要来自化石燃料燃烧。基准情景分析显示(图 6-9),2030 年货运能耗 75% 来自柴油燃烧,汽油、燃料油和天然气占比分别为 6.5%、4.7% 和 8%;在低碳情景下(图 6-10),2030 年货运能耗 75% 来自柴油燃烧,汽油、燃料油和天然气占比分别为 5.6%、4.9% 和 8.0%;在强化低碳情景下(图 6-11),2030 年货运能耗 72% 来自柴油燃烧,汽油、燃料油和天然气占比分别为 5.8%、5% 和 8.4%。三种情景对比下,柴油比例有所下降,而电动汽车比例增加,电力能耗从基准情景的 0.58% 增加到强低碳情景的 3.09%,生物质燃料使用量也有所上升,因此,强化低碳情景下,非化石能源占比进一步提高。

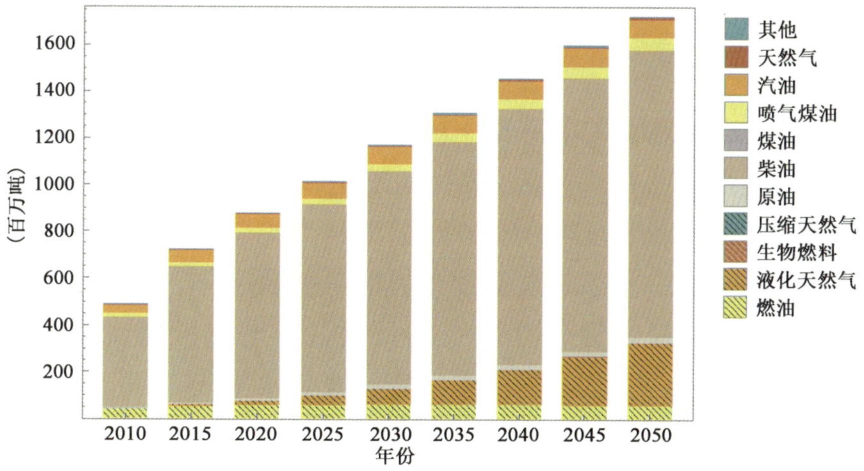

图 6-9　基准情景下交通运输行业货运碳排放组成

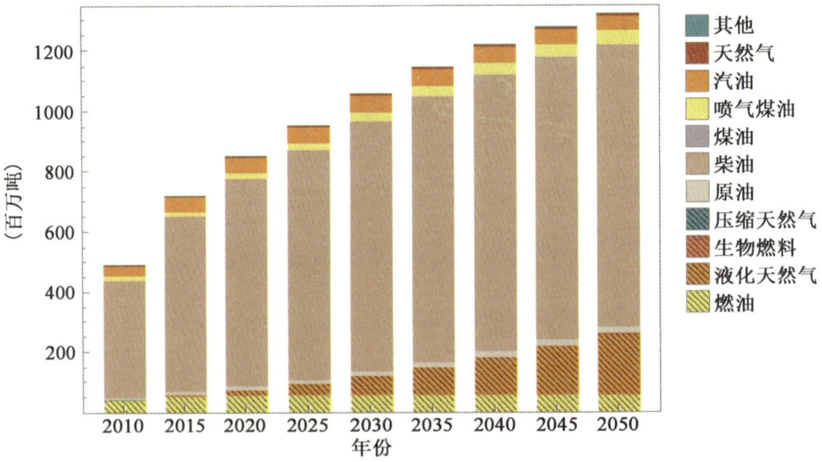

图 6-10　低碳情景下交通运输行业货运碳排放组成

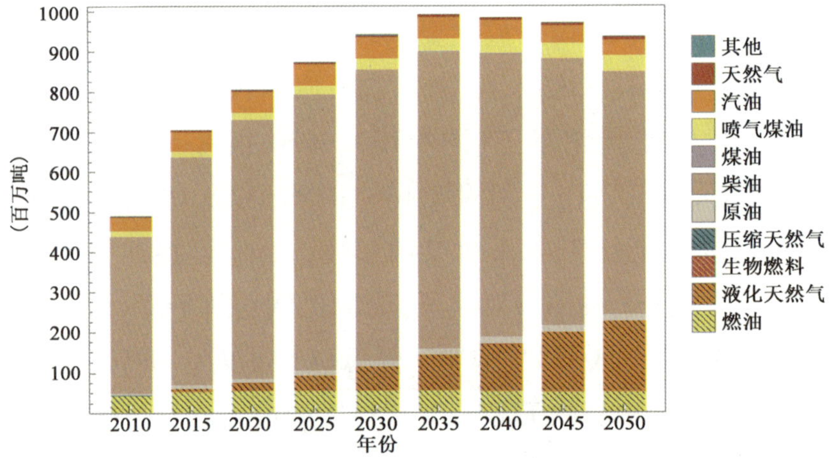

图 6-11　强化低碳情景下交通运输行业货运碳排放组成

技术提高是货运交通重要的减排手段。货运交通排放量大,是减排潜力最大的子部门。在城镇化快速发展阶段,货物运输量快速增长,通过交通运输设备的效率提高,2030 年强化低碳情景的碳排放量比基准情景下降了 19%,相当于 2.3 亿吨二氧化碳,这一结果主要来源于货车、船舶、铁路机车等交通工具的效率改进。能耗降低的关键途径为货车燃油经济性的提高,与基准情景能效改进水平相比,强化低碳情景下柴油、天然气等货车的能效改进水平为 12% 左右。

(2)城间客运碳排放结构和趋势

城镇化背景下城间客运碳排放会一直保持增长状态。随着新型城镇化的发展及我国较大的人口基数,交通运输的需求会越来越大,且对交通运输服务水平的要求会越来越高,因此,城间客运的碳排放会保持较高速度的增长。三种情景下城间客运碳排放组成分别见图6-12～图6-14。基准情景下,2030年公路客运的碳排放量是2010年的2.4倍;水路客运碳排放量增长较慢,2020年后呈下降趋势;铁路碳排放量增长较快,2030年将是2010年的2倍,这主要是由于城镇化发展,城市间交流增加,人们出行次数增加导致的。碳排放增长最为迅速的是航空客运,2030年碳排放比2010年的3倍还多,而且直到2050年依然会保持快速增长,一方面是由于随着经济社会发展,高端出行比例增加;另一方面,我国航空客运依然处于发展期,与欧美国家相比,航空客运还有很大的发展空间。因此,即使在强化低碳情景下,航空客运碳排放依然会比2010年增加2倍以上。

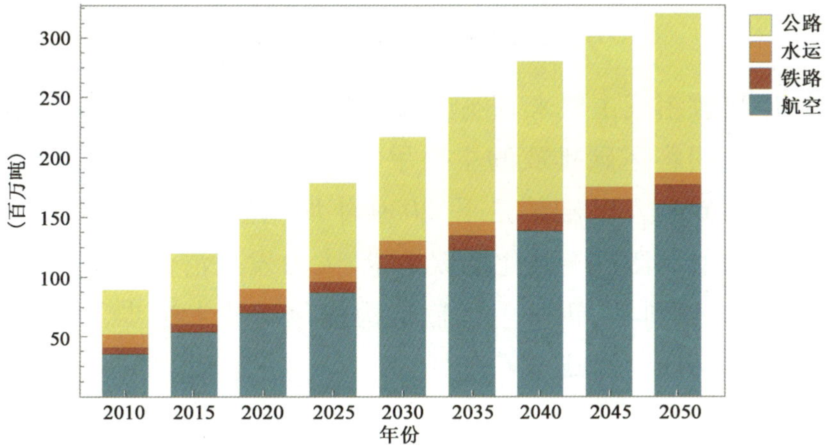

图6-12　基本情景下城间客运碳排放组成

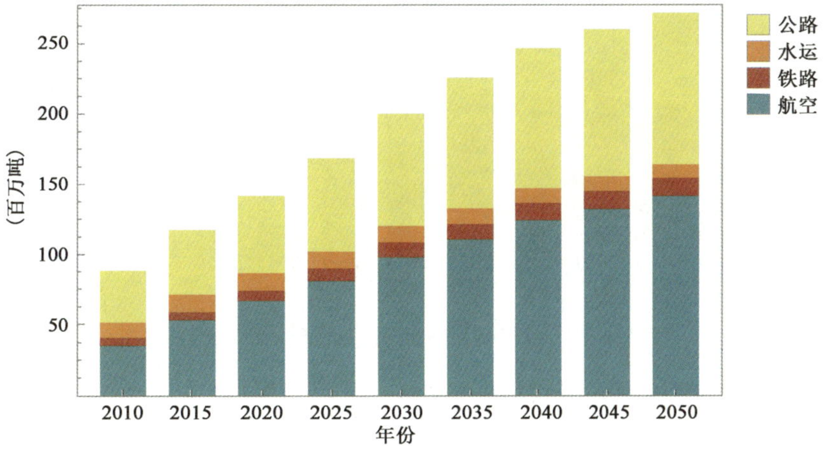

图6-13　低碳情景下城间客运碳排放组成

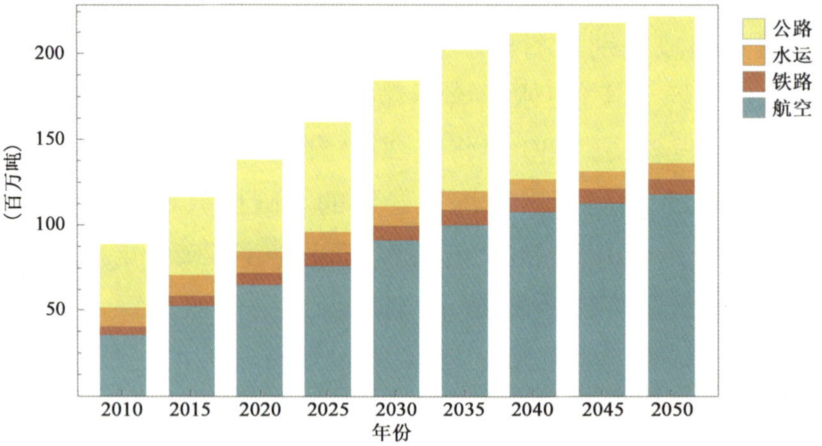

图 6-14　强化低碳情景下城间客运碳排放组成

城间客运碳排放组成主要来自航空燃油和柴油,大力发展清洁能源和新能源运输工具是降低城间客运碳排放的主要手段。三种情景下城间客运碳排放组成分别见图 6-15 ~ 图 6-17。基准情景下,2030 年城间客运碳排放的 80% 来自航空煤油和柴油。采取最为激进的强化低碳情景,大力发展清洁能源和新能源运输工具,能够有效地削减碳排放,再加上运输结构优化和技术进步,在该情景下,能够减少碳排放约 3200 万吨,约减少了 15% 。

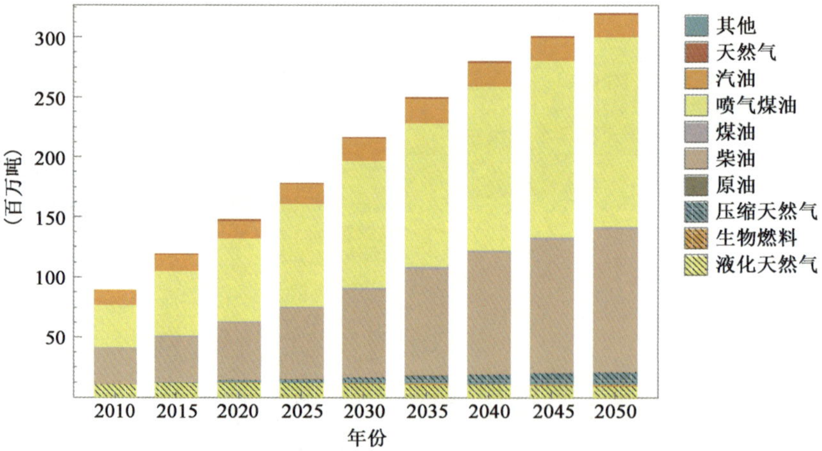

图 6-15　基准情景下城间客运碳排放组成

(3)城市客运碳排放结构和趋势

继续推行公交优先发展的策略能够有效减少碳排放。城镇化发展背景下,2030 年之前我国城市客运量增长将保持较高的速度。在城市客运中,较为节能低碳的出行方式是公交、轨道（地铁）等公共交通方式，私家车、出租车不仅能耗高，而且占用较多的停车位及城市道路等公共资源。近10年来，我国城市奉行“公交优先”的理念，大中城市普遍加快了轨道交通和快速公交的建设。按照目前政策，2035年左右公交碳排放达到峰值，之后开始下降，而社会交通碳排放持续增长，按照目前的发展速度，到2030年我国私家车保有量将超过2.4亿辆，比2014年增长近3倍。私家车碳排放量将持续增长，如果采取控制私家车数量、提高市区停车费、大力推广电动汽车等措施，2030年能减少碳排放8100万吨，2035年后私家车的碳排放量将呈下降趋势。三种情景下城市客运碳排放组成分别见图6-18～图6-20。

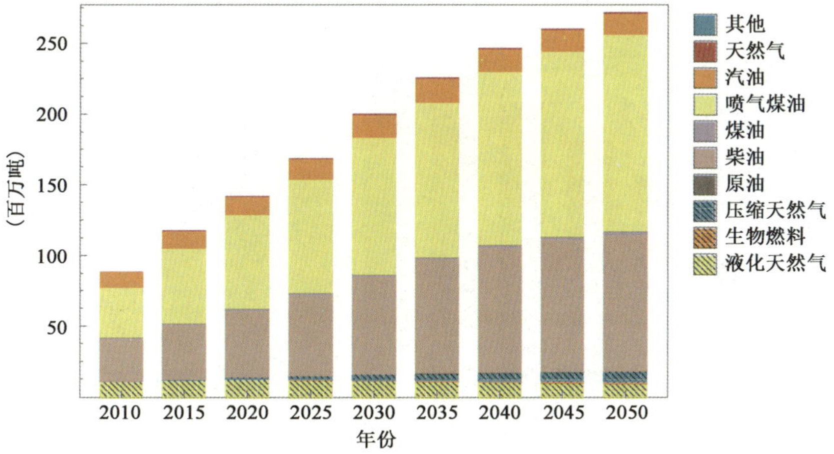

图6-16　低碳情景下城间客运碳排放组成

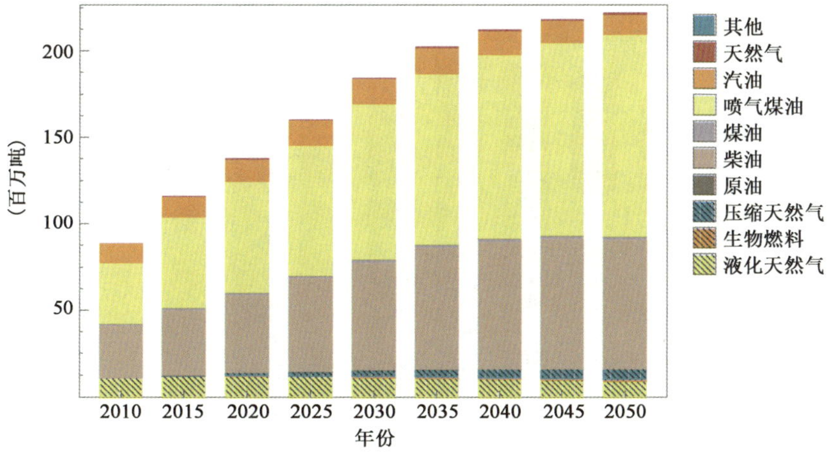

图6-17　强化低碳情景下城间客运碳排放组成

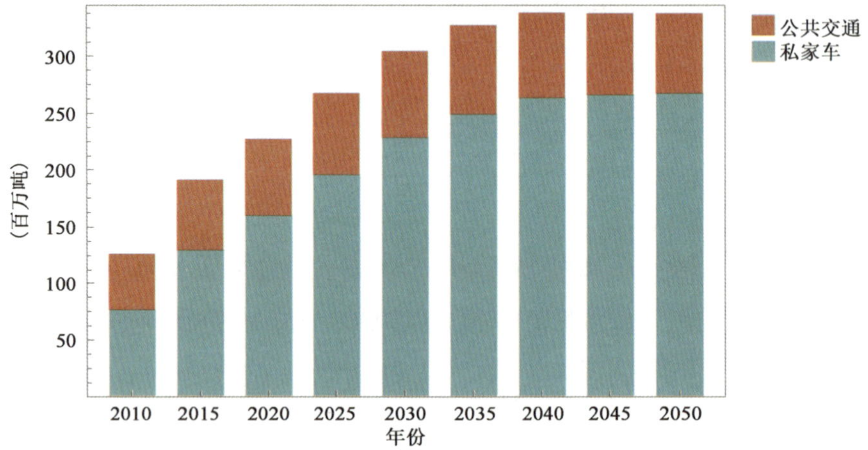

图 6-18　基准情景下城市客运碳排放组成

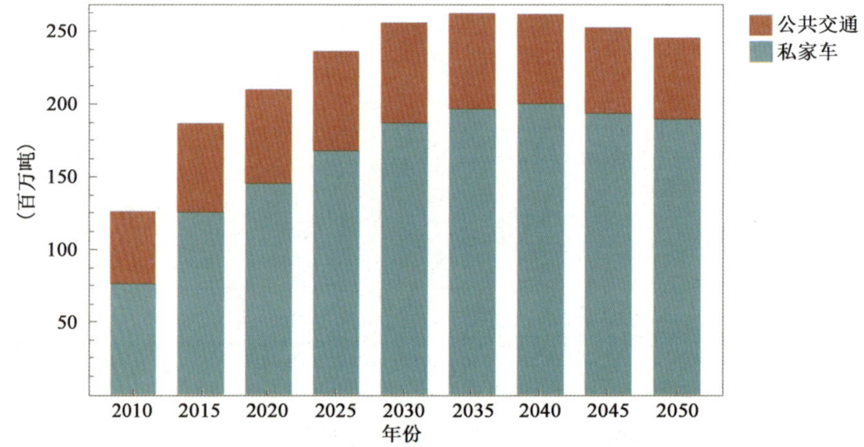

图 6-19　低碳情景下城市客运碳排放组成

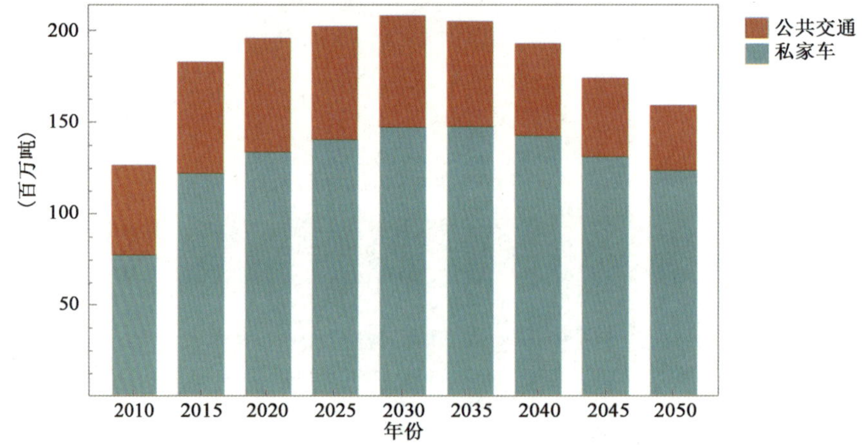

图 6-20　强化低碳情景下城市客运碳排放组成

燃料结构优化是控制城市交通碳排放的重要手段。三种情景下，城市客运碳排放组成分别见图6-21～图6-23。在基准情景下，2030年城市公交中电动汽车占比5%左右，出租车占15%，碳排放量在2030年左右达到7600万吨。在强化低碳情景下，加强采用天然气替代传统的汽油、柴油车等，大力发展插入式混合动力汽车、电动汽车、燃料电池汽车，实现燃料的多样化，2030年城市公交中电动汽车占比11%左右，出租车25%，碳排放量在2030年左右达到6100万吨，减少了20%。私人交通未来保有量增长最快，相关的碳排放增长也是相当可观的，2030年私人交通碳排放量在基准情景下会达到交通运输排放总量的13.4%，但如果采用更加激进的燃油经济性标准并提高电动汽车、燃料电池汽车等新能源汽车的应用比例，采用节能、降碳和结构调整等措施，私人交通在低碳情景和强化低碳情景碳排放分别比基准情景下降36%和18%。

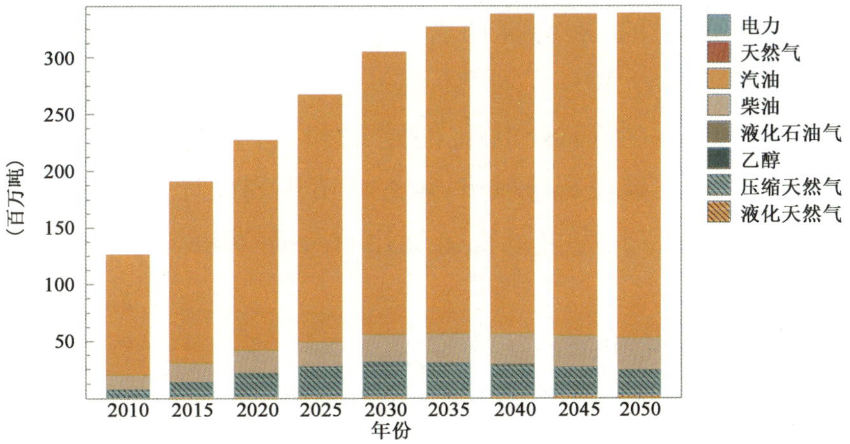

图6-21　基准情景下城市客运碳排放组成

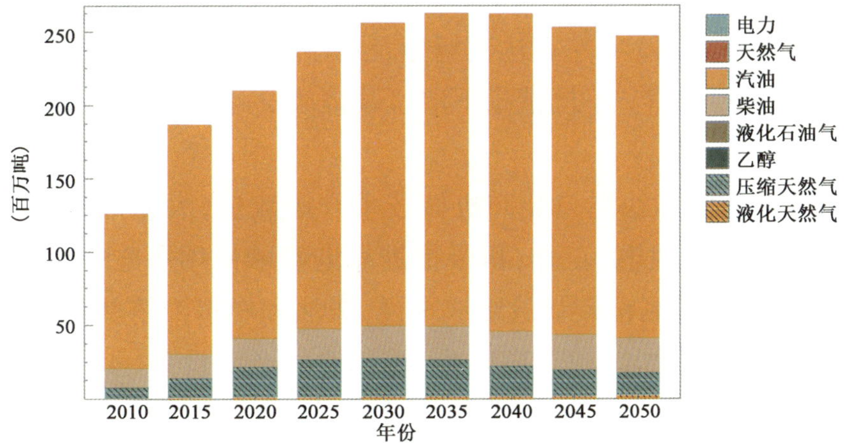

图6-22　低碳情景下城市客运碳排放组成

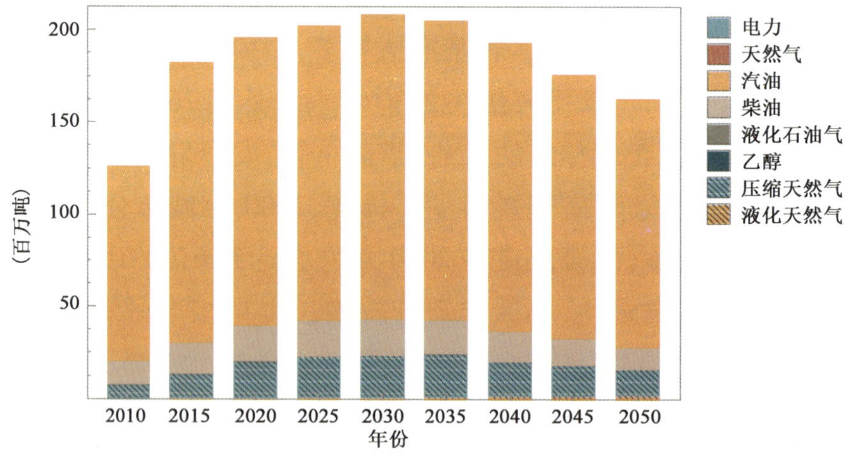

图 6-23 强化低碳情景下城市客运碳排放组成

重视城市空间结构设计能够有效地减少碳排放。城市交通依赖于城市内部空间设计,城市发散性扩展会推动居住和工作空间的分离。与发散性城市相比,紧凑型城市能节省 30% 的能源,其中大部分归功于交通节能。紧凑型城市、城市多中心开发、小街区、优化的建筑和路网设计都可以减少的出行需求,降低交通活动水平。建设智慧城市,做好城市规划设计是先于交通的条件,它具有一定的锁定效应,因此应该重视公交出行导向发展,如(TOD)等对交通的影响。

(4)港口碳排放结构和趋势

港口在交通运输碳排放中所占比例不大,2010 年约为 0.52%,三种情景下 2030 年所占比例约为 0.6% 左右。情景分析表明,2030 年我国港口碳排放依然保持较快的增长速度,主要是因为港口吞吐量逐年上升,2030 年后,港口吞吐量增速放缓,在低碳情景下,2040 年左右达到峰值,强化低碳情景下,采取积极的减排手段,2035 年左右达到峰值。不同情景下港口碳排放量趋势变化及港口碳排放结构组成见图 6-24 ~ 图 6-27。

近年来,我国沿海加快港口装卸机械技术升级改造,大力推进港口集装箱轮胎式起重机(RTG)"油改电"工作,积极推进靠港船舶使用岸电,港口的碳排放强度已大幅度下降。但从目前碳排放组成来说,柴油和燃料油依然是主要的碳排放源,情景分析显示,通过加快淘汰高耗能、低效率的老旧设备,引导轻型、高效、电能驱动和变频控制的港口装卸设备发展,2030 年强化低碳情景将比基准情景减少碳排放 350 万吨。

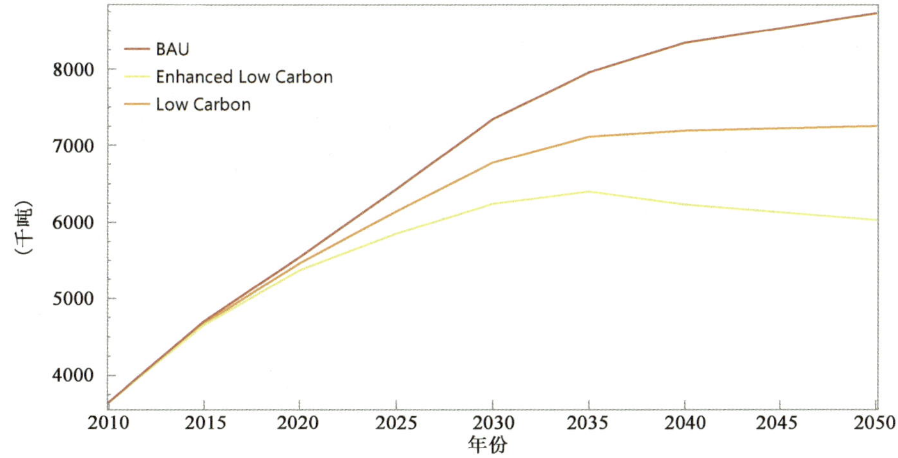

图 6-24　不同情景下港口碳排放量趋势变化

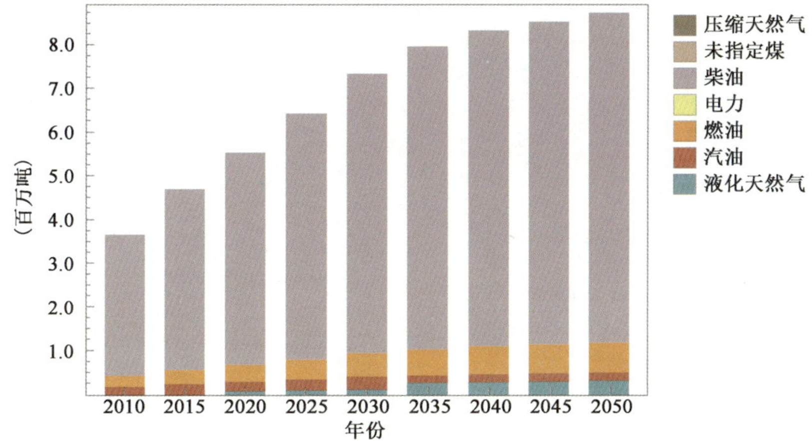

图 6-25　基准情景下港口碳排放结构组成

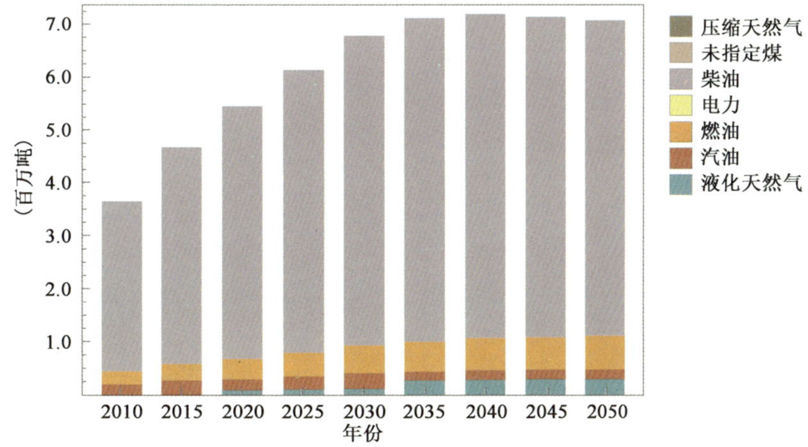

图 6-26　低碳情景下港口碳排放结构组成

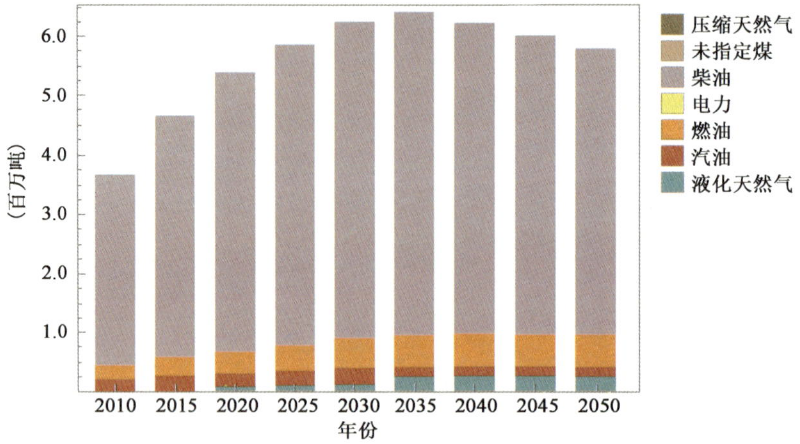

图 6-27　强化低碳情景下港口碳排放结构组成

第七章　适应新型城镇化的低碳交通运输发展战略

一、发展思路

深入贯彻落实习近平新时代中国特色社会主义思想和党的十九大精神，按照加快推进生态文明建设和全面深化改革的总体要求，把生态文明建设融入交通运输发展的各方面和全过程，建设适应新型城镇化发展的低碳交通体系，支持实现"生态文明"发展战略。坚持理念创新、科技创新、管理创新、制度体制创新，以提高能源利用效率、控制总量为核心，以建设具有示范意义的低碳交通城市为载体，优化基础设施空间布局，调整交通运输结构，全面促进资源集约利用，切实加大监管力度，有效发挥政府引导作用，充分调动多方积极性，倡导低碳出行，加快建成"以人为本、高效便捷、永续发展"的遵循新型城镇化发展规律的低碳交通运输体系。

二、基本原则

统筹规划，目标导向。低碳交通运输体系的构建要与新型城镇化发展、加快推进生态文明建设等国家目标协同推进，在此基础上统筹总体规划、战略布局，统筹区域之间的低碳交通体系发展，统筹城乡交通运输发展，统筹近期与远期发展，充分协调各方发展，科学有序推动低碳交通建设。

适度超前，先行引领。既立足当前，着力解决由于城镇化发展带来的对交通行业基础设施和出行服务需求提高的突出问题，打好低碳交通建设的基础；又着眼长远，加强交通运输顶层设计对城镇化布局的引领，持之以恒全面推进适应新型城镇化低碳交通运输体系建设。

因地制宜，彰显特色。由于资源禀赋的差异，我国各地区的城镇化发展水平并不均衡，东中西部的城镇化形态呈现区域差异性。提倡遵循城镇化形态的发展规律，因地制宜，建设适应不同城镇化模式的差异化低碳交通运输体系。

满足需求，约束供给。随着我国城镇化进程的不断推进，交通为人们提供的服务不再限于基本的出行需要，而更强调舒适、便捷的高要求，导致能耗的大幅提高。因此除了满足城镇化的发展需求外，需结合我国碳排放总量和能源供应量的约束，从能源资源的供应角度出发，在制定公平合理的分配方案前提下，追求相当能源条件下的最优服务水平。

政府引领，市场主导。正确处理政府和市场关系，更好发挥政府作用，强化政府在经济、法律、行政、技术等方面的治理能力建设，注重履行政府监管和激励引导的重要职责，更加尊重市场规律，坚持使市场在资源配置中起决定性作用，使适应城镇化的低碳交通发展成为市场主导、自然发展的过程，成为政府引导、科学发展的过程。

创新驱动，示范带动。按照全面深化改革的总体要求，以改革创新理念谋划适应新型城镇化发展的低碳交通运输体系，通过理念创新、技术创新、管理创新、机制体制创新，充分挖掘交通运输的低碳潜力，全面打造低碳交通城市群，低碳交通城镇，以低碳交通城市为载体，在创新驱动上发挥领跑示范带动作用。

三、战略目标

到2030年，适应新型城镇化的低碳交通运输体系基本形成，交通碳排放总量得到有效控制，行业能源利用效率提高，能源结构明显改善，综合交通网路能够适应并引领新型城镇化空间格局，交通基础设施布局与区域生态环境的协调性提高，环境效益显著提高，绿色低碳价值观在全社会得到推行，科技研发与推广应用水平显著提升，智能协同的交通运输管理和信息服务体系全面建成，科技创新驱动能力明显提高，低碳交通建设水平与新型城镇化发展及加快推进生态文明发展目标相适应。城镇化背景下低碳发展目标见表7-1。

交通运输碳排放总量错位达峰。到2020年，全国交通碳排放达峰贡献度为

9%，实现东部地区交通碳排放总量率先达峰，带动中西部地区低碳交通发展；到2030年，全国交通碳排放达锋贡献度为11%，中西部地区交通碳排放总量增速放缓，部分城市交通碳排放总量达峰。

提高低碳交通城市建成率。打造“十、百、千”低碳交通城市空间布局。到2030年，建设10个低碳城市群（省份），100个低碳交通城市，以及1000个低碳交通城镇。东部沿海地区的低碳交通城市比例达到100%，中部地区和西部地区低碳交通城市比例分别达到50%和30%。

资源利用更加高效。能源消耗强度持续下降，资源产出率大幅提高，交通运输二氧化碳排放下降率达7%。新能源和清洁能源比重达到15%左右。

低碳交通运输管理能力显著增强。体制机制与制度环境建设成效显著；低碳意识和素质显著提高；交通运输节能减排与低碳发展统计监测考核体系基本建成，低碳监管能力和支撑保障水平显著增强，交通环保产业服务产业2020年全国交通环保产业产值年均增速15%以上，到2030年为14%以上；低碳交通运输人才队伍建设及其管理体制、运行机制基本适应不同类型城镇化的低碳交通运输体系建设的需要。

城镇化背景下低碳发展目标　表7-1

指标分类	指　　标	城市类型/地区	2020年目标	2030年目标
贡献类指标	交通碳排放达峰贡献度	全国	9%	11%
	建设低碳交通城市达标率	东部沿海	80%	100%
		中部地区	30%	50%
		西部地区	10%	30%
	交通环保产业产值年均增速	全国	>15%	>14%
结构类指标	高速铁路覆盖城区常住人口80万以上城市比例	全国	92%	95%
	城市群内便捷	重点城市群（京津冀、长三角、珠三角）	2小时交通互联覆盖城市群内主要节点城市	1小时内交通互联覆盖城市群内主要节点城市
	建制村通客运班线率（行有所乘）	全国	100%	100%
	公交出行分担率	大中城市	30%	40%

续上表

指标分类	指　标	城市类型/地区	2020 年目标	2030 年目标
结构类指标	轨道交通出行占公共交通出行比例	大中城市	35%	50%
	拥堵指数	超特大城市(城区常住人口 1000 万以上)	4.5	3
		大城市(城区常住人口 500 万以上)	3.5	3
	交通新能源清洁能源使用比率	全国	15%	18%
需求类因素	交通行业营运车辆新能源汽车数量	全国	30 万辆	
	新能源汽车数量	全国	500 万辆	
技术类因素	人均交通碳排放	东部沿海	0.8～1.0	0.9～1.0
		中部地区	0.8～1.2	0.9～1.3
		西部地区	0.7～1.1	0.7～1.3

注:1. 交通碳排放达锋贡献度:交通(低碳情景 - 常规情景)/全国(低碳情景 - 常规情景) ×100%。
2. 建设低碳交通城市达标率 = 建成低碳交通城市数/该地区所有城市 ×100%。
3. 高速铁路覆盖城市行政区,城区常住人口 80 万以上城市比例 = 高速铁路覆盖常住人口 80 万以上城市/经过城市所在行政区域 ×100%。
4. 城市群内便捷是指覆盖城市群内主要节点城市的交通运行时间。
5. 建制村通客运班线率 = 通客运班线的建制村数/总建制村数 ×100%。
6. 公交出行分担率 = 公共交通乘坐出行总人次/出行总人次 ×100%。
7. 轨道交通出行占公共交通出行比例 = 轨道交通乘坐出行人数/公共交通乘坐出行总人次 ×100%。
8. 拥堵指数是综合反映道路网畅通或拥堵的概念性指数值,拥堵指数在 0 至 2 之间为“畅通”,2 至 4 之间为“基本畅通”,4 至 6 之间为“轻度拥堵”,6 至 8 之间为“中度拥堵”,8 至 10 之间为“严重拥堵”。
9. 交通新能源清洁能源使用比率 = 交通使用新能源/交通总能耗 ×100%,指标来源:《交通运输部关于加快推进新能源汽车在交通运输行业推广应用的实施意见》(交运发〔2015〕34 号)。
10. 电动车比例 = 电动车总数/机动车总数 ×100%。
11. 人均交通碳排放 = 交通碳排放总量/人口数。

四、战略取向

(一)总量控制,加快实现交通运输碳排放达峰

努力实现交通碳排放强度和总量目标“双控”。提出交通运输业控制温室气

体排放的强度控制目标，在排放强度逐步提高的基础上，同时研究引入交通行业碳排放总量控制目标，实现强度和总量“双控”。把交通碳排放、生态效益等指标纳入经济社会发展综合评价体系，大幅增加考核权重，强化指标约束。探索完善领导干部任期生态文明建设责任制、问责制和终身追究制。

提高交通运输业对全国碳排放达峰的贡献度。从国际经验上看交通运输碳排放呈现刚性特征，是最难达峰的领域。要实现全国碳排放达峰必须提高交通运输效率水平，降低交通运输总体能耗，逐步提升交通碳排放达峰贡献度（未来碳排放实际增长量与预测情景占比），到 2020 年交通碳排放达峰贡献度达到 9%，到 2030 年交通碳排放达峰贡献度达到 11%，力争到 2040 年交通运输碳排放总量达峰。

研究建设适应交通碳排放总量管理的碳排放统计及核算体系。拟建设的国家交通能源和碳排放数据库平台及城市级别交通能源环境数据库，为交通的科学决策、监测评价和精细管理服务。设立专门的城市交通能源管理机构，完善城市交通能源统计体系，建立城市交通节能的监测和激励机制，是应对全球气候变化，实现交通部门特别是城市交通节能目标的重要基础。

推动条件成熟的试点地区率先达到碳排放峰值。通过综合运用碳排放总量控制、市场机制和制度建设，推动我国分区域、分行业碳排放峰值依次出现。通过提高试点地区的低碳发展目标要求，促进东部经济发达地区率先达到碳排放峰值并有效控制交通二氧化碳排放增速。

（二）错位发展，差异化实现区域交通低碳目标

长期以来，我国城镇化形成了东中西阶梯式发展的格局，这种格局一方面受到历史与自然条件的影响，另一方面也受到我国非均衡发展战略的影响。与此同时，城市格局中，特大城市、大城市过度扩张，中小城镇发展不足，造成了城市病与城市吸纳农业人口能力不足并存的现象。十八届三中全会后，我国城市发展总体方针调整为引导发展城市群，严格控制超大和特大城市，合理发展大城市，鼓励发展中等城市，积极发展小城市和小城镇，形成城市群与大、中、小城市及小城镇协调发展的城镇化发展新格局，把城市群继续作为推进中国城镇化积极稳妥发展的主体空间形态，把小城镇作为中国推进城乡统筹发展、农民市民化的主要阵地和提升城镇化发展质量的重要手段。因此，在新型城镇化总体发展背景下，应结合

不同城镇化发展形态,差异化发展低碳交通。

(三)能源革命,推动交通业实现能源消费革命

国家能源安全是一个长远的战略,政府应加强指导调整交通运输用能方式的变革,即提倡发展低能源消耗的交通运输方式,以抑制或减缓交通运输活动大量消耗石油的发展趋势。2016年我国石油对外依存度接近65%,2017年,中国石油进口依存度升至72.3%,机动车石油需求占总石油消耗量的比例呈逐年增长的趋势,机动车燃油需求逼近全国总油耗量的一半,汽车交通将是造成今后中国石油需求增长的主要因素,鼓励高能耗的汽车交通运输方式转变到大力提倡发展低能耗的交通运输方式已迫在眉睫。解决我国交通运输高能耗问题核心是重视能源革命的同时更要重视能源消费革命。

实施清洁交通战略。推广天然气车辆、船舶;加快推进轮胎式集装箱龙门起重机(RTG)等港口装卸机械的"油改电"工作;深入开展铁路电气化改造;高度重视可再生能源的开发和使用,因地制宜地利用风能、太阳能、水能、地热能、海洋能等可再生能源,不断提高港口、民航机场、铁路和公路站场、沿线设施等附属设施中可再生能源的使用比例;开展清洁燃料专项行动,着力提高燃油品质。

推动新能源动力车的推广使用。坚持实事求是、循序渐进、稳步推进,大力支持推广油电、气电等混合动力汽车,同时积极试点应用纯电动、氢燃料电池等新能源车辆。

电动汽车和混合动力汽车应是未来20年的发展重点。通过汽车产业调整和振兴规划的实施,在全国推广近百万辆节能与新能源汽车,根据相关预测,在国家政策的鼓励下,我国新能源动力汽车在未来20年内能够形成1500万的保有水平(日本2020年的目标为1000万辆),将实现节油近1000万吨。因此,国家对新能源动力汽车的发展战略上,近期应以实现电动汽车和混合动力的产业化为重点,同时兼顾燃料电池车辆的开发。

提高综合交通运输体系的能源效率,调整运输结构。实现能源消费革命,是低碳降耗的必经之路,近期,党中央、国务院提出调整运输结构问题。习总书记强调,调整运输结构,增加铁路对大宗和长距离货物运输量。李克强总理指出,要采取综合举措特别是打通海铁联运"最后一公里",大幅提高集装箱海铁联运比例,为此,交通运输部落实三年行动计划,开展六项行动:一是铁路运能提升行动,

二是水运系统升级行动，三是公路货运治理行动，四是多式联运提升行动，五是信息资源整合行动，六是城市绿色配送行动。低碳交通运输发展，不仅要注重城市群基础设施低碳化、运输系统的高效率和可达性，而且也要注重提高能源利用效率，能效提升是低碳交通运输发展的重要实现途径。从交通运输统计数据来看，交通运输能耗总量不断提高，但从强度来看，交通运输能效水平提升更快，单位运输周转量能耗不断降低。随着发动机技术发展及燃油技术等级提升，智能化与信息化等管理手段的普及，空驶减少，同时通过运量合理配置车型，尽可能提高运输车辆的实载率，可以达到大幅提升能源利用效率，降低单位运输能源消耗和温室气体排放。

五、战略重点

（一）空间引领战略：加快建设引领城镇空间格局发展的综合交通体系

党中央、国务院统筹国际国内两个大局，把新型城镇化发展作为经济结构调整和经济增长的重大引擎，提出了“一带一路”倡议、京津冀协同发展、长江经济带等重大决策，提出了“两横三纵”城镇化空间格局。新型城镇化发展进程中，应加快构建引领城镇空间格局发展的综合交通体系。

构建高品质快速交通网，引领“城镇群”协调发展。围绕党中央提出的京津冀协同发展、长江经济带、“一带一路”三大重大决策以及“两横三纵”城镇化空间格局，落实交通基础设施建设规划，构建高效便捷的交通网络。在新型城镇化发展进程中，实现交通运输一体化是推进“一带一路”倡议的基础依托。交通一体化是疏解北京非首都功能和推动产业转移、优化京津冀城镇空间格局的先决条件，是京津冀协同发展的率先突破领域。重点建设长江经济带综合立体交通走廊，实现产业梯度转移和优化升级，是沿海沿江沿边全面开放的重要前提。《十三五综合交通规划》拟提出的“八纵十横”综合运输大通道格局将是支持“两横三纵”城镇化空间格局发展的关键因素，决定着城镇化的空间开发方向、利用效率和发展潜力。编制京津冀、长江经济带等重点区域“绿色交通一体化发展实施方案”，落实重点区域交通建设中的绿色环保工程。

强调城市群交通体系的优化，构建以多个中心城市为核心，“环＋放射”网络化的交通运输模式，支持区域中心城市地位的提升和辐射功能的发挥，疏散中心城市的拥堵,加强外围城市之间的沟通衔接,培育形成通勤高效、一体发展的经济圈交通系统。

超大城市群内部建成以轨道交通和高速公路为骨干,以普通公路为基础,有效衔接中心城市之间、中心城市和外围城市、外围城市和外围城市之间的多层次快速交通运输网络。建成以现代有轨电车等大容量、快速的地面公共交通为主体的城市机动车出行系统,实现高效、便捷的经济圈交通体系,轨道交通比重明显提升。成立城市群交通运输协调委员会,建立协调机制,促进区域间政策、标准的一致性,实现区域交通一体化、综合交通一体化,实现把区域内所有交通资源进行统一规划、统一管理、统一组织、统一调配,达到区域交通系统的整体优化,实现区域内交通设施资源共享、避免重复建设,有效节约建设资源和土地空间资源,加强城市间交通的衔接性,发展跨区域城际公交。

提升交通基础设施集约化水平。按照综合交通运输体系发展战略规划要求,补齐发展短板,发挥比较优势,实现相互衔接、畅通成网,推进各种运输方式协调发展,凸显整体优势和集约效能。加强综合交通枢纽及其集疏运配套设施建设,实现客运"零距离换乘"和货运"无缝衔接"。重点培育次区域城市群,确立交通枢纽地位。强调次区域城市群如辽中南城市群、山东半岛城市群、海峡西岸城市群、哈长城市群、中原城市群、江淮城市群、关中城市群、广西北部湾城市群和天山北坡城市群等的低碳交通体系培育和引导,加快完善基础设施建设,构建以中心城市为核心、放射性的交通运输网络,形成以公共交通等绿色出行方式为主体,各种交通方式协调的设施完善、服务多样、覆盖全面、换乘方便、绿色环保的城市中心地区交通系统,强调中心城市与外围城市的连接性,区域重要节点城市要完善城市功能,壮大经济实力,加强协作对接,实现集约发展、联动发展、互补发展,城市交通发展要求的多方式、多层次、多功能有效衔接,合理引导城市经济活动,构建促进社会可持续和谐发展的现代化城市综合交通体系。

以城际铁路建设为重点优化城市群运输结构。强化城市群间公路、铁路、民航和城市交通等不同运输方式的高效衔接,加快形成便捷、通畅、高效、安全的综合运输体系。加快建设与新型城镇化发展相适应,服务城市群间及内部旅客运输的城际铁路,重点建设京津冀、长三角、珠三角、长江中下游、成渝、海峡西岸、关中—天水等地区的城际铁路,力争到"十三五"末期,初步形成城市群内 2 小时便捷交通圈。

（二）综合运输服务提升战略：加快建设适应城镇发展需求的综合运输服务体系

落实《综合运输服务“十三五”发展规划》，综合运输服务将进入以结构调整、转型升级、提质增效为主要特征的发展阶段，需要转变发展理念、调整工作重心，主动适应和引领城镇化带来的服务需求加速升级、服务模式加速创新、运输结构加速调整、市场资源加速整合的行业发展新态势。

提高交通运输的组织效率。交通运输系统的高效率和高可达性是保障城镇化快速发展、提高人民生活水平的关键。高效率的交通运输系统，能够大大降低生产成本、物流成本，促进超大城市群和次区域城市群经济发展。高可达性，意味着保证绝大多数人的交通权利，为城市群间和城市群内出行提供可选择的交通系统。目前，我国综合运输体系尚未完全形成，各种运输方式之间往往各自为政，分头规划、建设与运营各自的线路和基础设施，执行各自的运输管理规则，缺乏有效协调与高效整合。这就使得综合运输枢纽建设滞后，各种运输方式的比较优势难以充分发挥，特别是内河发展严重滞后，相互之间缺乏有效衔接，综合运输整体优势和组合效率无法形成。因此，未来迫切需要进一步加快推进现代综合交通运输体系建设，优化运输结构，按照综合交通运输“宜水则水、宜陆则陆、宜空则空”的原则，合理配置运输资源。

提升综合运输服务水平和保障能力。完善综合运输服务衔接机制。制定完善多式联运系统、综合交通枢纽等建设、服务标准，实现各种运输方式标准的有效衔接。成立综合交通运输标准化技术委员会，统筹推进综合交通运输标准的制修订和实施工作。推进货运“一单制”、客运“一票制”、信息服务“一站式”，实现综合运输一体化服务。完善国家重大节假日等特殊时期运输服务协调机制，提升综合运输服务保障能力和水平。

（三）公交优先战略：大力缓解大城市拥堵，发展“城市公共交通”和“慢行系统”

优先发展公共交通工程。强化公共交通路权。加快完善国家法律法规，出台《城市公共交通条例》，对公共交通施行设施用地、投资安排、路权分配、财税扶持的“四优先”政策。实施“公交都市”示范工程，加快公交都市建设。加快城市公共交通的信息化管理水平。加快低能耗、低污染车辆的推广应用。推进城市公共交通一体化建设。建成以“公共交通 + 自行车/步行”为主体的高效低碳城市交通体系。

推动慢行交通方式发展。加快自行车专用道的建设,大力提倡自行车交通,适度发展自行车租赁事业,通过建立自行车专用道系统,为自行车用户提供较好的交通服务,保障自行车的行车安全,从而促使非机动交通方式的出行比例明显增加。编制城市慢行交通系统规划指南,加快慢行交通基础设施建设,发展城市公共自行车,加强慢行交通出行环境的整治。

推动小汽车燃油效率的提高。小汽车的平均百公里油耗由2005年的9.4升下降23%,达到2015年的7.04升,预计2020年进一步降低37%,达到5.89升左右,2030年下降到5.3升左右。

(四)创新驱动战略:实现低碳交通运输智能化

科技创新是加快低碳交通发展的重要支撑。要加强现代信息技术在交通运输业中的应用,加快交通运输智能化进程,加强信息化、智能化重大关键技术研发和推广应用,提高交通运输智能化水平。加快节能减排与应对气候变化先进适用技术和产品的推广应用,进一步提升科技创新对交通运输绿色低碳发展的驱动力和支撑力。

增强低碳交通科技创新能力。集中优势资源开展低碳交通重大关键技术攻关,着力突破制约低碳交通运输发展的技术瓶颈。在科研机制上,加强建设低碳交通科技投入稳定增长机制,努力实现从政府供给导向转至市场需求导向的彻底转变,逐步形成以政府为引导、企业为主体、社会和中介机构积极参与的交通科技投入体系。构建以企业为创新主体、科研单位和大学作为创新骨干的组织结构。

加快低碳科技成果转化与推广。加强先进适用的节能减排技术、产品的研发与推广,尤其是集装箱车辆、大飞机、高铁、电动机车、专业运输船舶、电动汽车、混合动力汽车、燃料电池汽车、高效节能城市轨道交通车辆、无轨电车和有轨电车等大型化、专业化、清洁化的节能环保型运载装备等具有重大带动作用的共性和关键技术的推广应用。建立低碳交通关键技术与产品推广应用的信息沟通和共享平台、鼓励性政策和管理机制。

加强营运组织智能化。加强现代高新技术应用研究工作,为交通运输现代化提供技术准备。交通运输管理部门注重从直接、经验式管理向间接、调控式管理转变。未来一段时期应大力推广智慧交通技术,提升超大城市群和次区域城市群的信息共享和对接水平，推广区域间客运异地联网售票、区域公交一卡通、区域高速公路 ETC 等，加快构建快速、高效的区域交通系统。提升小城镇的城乡公交一卡通覆盖率和公众出行信息覆盖水平。提升服务城市中心地区交通系统的科技创新水平。同时，交通运行监测网络更加全面、高效，重点营运车辆卫星导航系统入网率达到 100%。交通运输管理和服务的智能化水平显著提升，物联网技术等在交通运输全领域初步建成。

（五）均等服务战略：推进城乡交通基本公共服务均等化

推进城乡交通基本公共服务均等化，满足城乡民众对便捷出行、绿色出行的需求，不仅仅体现交通的人文关怀，同时也对合理疏解超特大城市的过度聚集、促进城乡一体的新型城镇化具有积极意义，体现了交通运输的基本服务属性。

实现城乡客运一体化服务。推进城市群内的城乡道路客运一体化，坚持农村公路的路、站、运一体化发展，扩大农村客运网络覆盖面。建立镇村公交发展保障制度，推动县镇班线公交化运行，促进城乡公交紧密对接，实现高水平城乡客运一体化。加快实施城镇客运班线公司化、公交化改造，推进线路资源整合，并与城市公交体系和镇村公交体系紧密对接，若干基本单元紧密协作，形成“蜂窝状”的城乡客运一体化网络。确保实现 2020 年具备条件的建制村 100% 通客车。坚持运邮结合、客货并举，统筹协调农村客运、农村物流、农村邮政协调发展，充分发挥农村客运场站、车辆在服务农村物流、小件快运和农村邮政等方面的组合效应。统筹协调城市公交和农村客运发展，提高城乡客运基础设施一体化水平、信息服务一体化水平和发展政策一体化水平，有效推进城乡客运一体化发展；积极推进农村客运公交化运营，缩短发班间隔、增加停靠站点，统一服务标准、车型配置、外观标志和车内配套设施；鼓励有条件的地区推进镇村公交，享受城市公共交通保障政策。扎实开展京津冀客运一体化改革试点工作，积极稳妥推进省际毗邻地区主要通道客运班线公交化改造，积极探索运营模式创新、许可方式改革、站点设置优化、票制票价完善等体制机制，并逐步推广到长三角、珠三角区域，引导重点区域加快推进城乡客运一体化发展。

试点先行，以中小城镇交通为重点，打造“十百千”低碳交通示范。围绕我国城市发展的总体要求，重点培育建设 10 个低碳城市群（省份）、100 个低碳交通城市以及 1000 个低碳交通城镇，形成具有示范效应的低碳交通城镇化形态，以低碳交通城市为载体,推动低碳交通建设取得显著成效。“十百千”低碳交通工程将聚焦基础条件好、需求迫切的重点地区,选择试点城市,分类开展低碳交通城市群、低碳交通城市、低碳交通城镇等多方面试点示范。

完善低碳交通评价机制。试点的低碳城市应满足相关的“评价指标”体系要求。紧紧围绕加快建立现代综合交通基础设施体系、节能环保交通运输装备体系、集约高效运输组织体系、绿色低碳科技创新与智能交通体系、绿色低碳交通治理体系等,在各城市群、各城市重点开展区域间城市交通一体化、城乡客运一体化改造、运输组织优化等绿色交通建设相关工作,加快构建适应城乡的低碳交通运输体系。

(六)交通需求引导战略:全面推行低碳出行方式

一是需求引导,培育低碳消费理念。引导居民树立尊重自然、顺应自然、保护自然的生态文明理念,形成以低碳生活为荣的社会风尚和低碳消费理念,推进生态文明建设。充分发挥政府、企业、消费者三大主体的作用。政府加强对消费者的引导,转变消费者的消费观念,鼓励消费者购买和使用节能环保型交通运输工具。积极推进新能源汽车试点示范。在示范推广的城市中,明确规定新增或者更新的公交、公务、物流、环卫车辆中的新能源车比例要求,确保公车采购及其他公共领域率先使用新能源汽车。

二是宣传引导,培育低碳出行方式。要构建低碳交通运输发展的长效机制,就必须积极培育并大力传播低碳交通文化。要推动低碳交通发展与行业文化建设有机融合,大力推进低碳交通文化理论创新,丰富低碳交通文化内涵,积极培育具有时代特征、行业特色的低碳交通文化,将其融入行业核心价值体系加以推广和弘扬。积极培育低碳交通文化新载体,结合低碳交通运输发展最新成果,探索建设一批交流推广科普展示平台,推动低碳交通文化传播。切实加强低碳交通宣传教育。广泛、深入、持久地开展形式多样的低碳交通宣传活动,组织开展经常性的绿色低碳交通培训教育、技术和经验交流工作,普及低碳交通的科学知识、实用技术、操作技能,全面提升全行业人员低碳理念与业务素质。完善公众参与机制,推动全民行动,充分发挥舆论引导和监督作用,发挥新型媒体在低碳交通宣传中的作用,大力宣传低碳交通建设先进典型及成功经验,做好“全国低碳日”、“无车日”等宣传活动,加强对社会公众的引导,倡导低碳交通出行方式和消费模式,鼓励选择公共交通出行，将低碳理念全面融入交通运输发展的各方面、各环节，大力推广普及低碳驾驶、绿色维修、节能操作、生态设计、绿色施工等理念与技术，使绿色低碳成为全行业乃至全社会的自觉行动。

三是加强超大城市和区域中心城市交通需求管理（TDM）政策创新。研究超大城市和重点区域城市实施恰当的交通需求管理政策，如限行限购政策、差别化停车收费、智能停车管理、交通拥堵收费、单双号限行、错时上下班等。研究制定新能源车辆的购置、使用优惠政策。如政府优先采购新能源汽车，为新能源汽车提供道路行驶优先权、停车优先权，减免道路附加费（如交通拥堵费、过路过桥费、养路费、停车费等）等。

（七）能力提升战略：完善低碳交通管理体系建设和提升管理能力

切实强化政策创新，针对超大城市群、次区域城市群和小城镇，建立健全有利于低碳交通运输发展的相关政策、法规、标准等制度体系，充分发挥政府对低碳交通运输发展的调控和引导作用。

一是建设国家交通能源和碳排放数据库。选择典型城市，建设国家城市交通、能源和环境数据库。数据库主要内容包括：交通基础设施系统、运营成本与效益、服务质量和可靠性、投诉率、运营投资、基础设施投资、车辆状况、公交优先道、安全、能耗、主要污染物排放、交通拥堵状况等。为城市交通决策、管理、监控、评价、研究提供基本数据，为城市交通的科学决策、精细管理和监测评价服务，并作为交通投资和公交补贴的依据之一。

二是建立健全统计监测考核体系。完善交通运输能耗统计监测和环境统计监测报表制度，稳步推进公路客货运、城市客运、沿海和内河船舶、港口能耗在线监测工作及数据库平台建设，加强交通环境统计平台和监测网络建设，建立标准统一的行业能耗及碳排放统计数据库。研究开展交通运输重点用能单位能源审计工作，逐步建立交通运输行业能源管理师职业制度。建立交通运输绿色低碳发展指标体系、考核办法、奖惩机制。

三是完善交通能源与排放统计指标体系。推动城市交通能源统计的规范性、公开性和系统性建设。做好城市交通运输企业（公交企业、轨道交通企业、出租车企业）、加油站、交管局、环保局的统计数据的规范性、系统性和公开性建设工作。增加城市交通的能耗统计和环境影响评价指标。在《中国统计年鉴》、《中国交通统计年鉴》和《各城市统计年鉴》等相关统计年鉴中,应增加不同城市交通方式的能耗和污染物排放的统计数据。

四是培育低碳交通第三方服务市场。认证一批低碳交通审核机构,赋予认证机构相应职能。整合节能和低碳产品认证制度,制定《交通行业节能低碳产品认证管理办法》,强化对认证结果的采信。将产品能效作为质量监管的重点,严厉打击能效虚标行为。完善节能服务公司扶持政策准入条件,实行节能服务产业负面清单管理,积极培育"节能医生"、节能量审核、节能低碳认证、碳排放核查等第三方机构,在污染减排重点领域加快推行环境污染第三方治理。

第八章　适应新型城镇化的低碳交通运输发展政策措施

一、深化交通大部门制改革，建立综合交通管理机制

一是推动国家层面出台综合交通发展的指导性文件。落实《交通运输部关于全面深化交通运输改革的意见》（交政研发〔2014〕242 号）关于加强综合交通运输制度建设，推动国家层面出台加快综合交通运输发展的指导意见。建立健全综合交通运输发展协调机制，建立健全和落实部与部管国家局之间的职责关系和工作运行机制，推动完善部管国家局与地方交通运输主管部门之间的工作协调机制，促进各种交通运输方式融合发展。

二是支持地方加快形成“大交通”管理体制和工作机制。交通运输主管部门负责本区域内综合交通运输规划、建设、管理与服务，统筹地方铁路、公路、水路、民航、邮政等管理，加快形成“大交通”管理体制和工作机制。城市政府要按照优化交通运输布局，发挥整体优势和组织效率，以建设和管理整体协调发展的原则，鼓励和支持各地加大综合交通运输改革探索，选择具备条件的地方建立综合交通运输改革试验区。发挥政策叠加优势，对改革试验区给予低碳交通试点相应政策扶持。

二、发挥交通规划引领作用，完善多规合一编制机制

建立绿色交通发展框架及评价指标体系。贯彻落实党的十九大关于全面深

化改革的战略部署，以生态文明制度体系建设为指引，制定时间节点明确、时间跨度较长的绿色交通发展路线图，为推进交通运输绿色发展，实现绿色交通治理体系和治理能力现代化，建立交通运输行业节能环保工作的倒逼机制，促进交通运输企业和地方自觉推动行业发展转型，加快行业转型升级，实现交通运输全面绿色发展。建立绿色交通评价指标体系。按照目标明确、责任落实、措施到位的基本要求，以加快转变交通运输发展方式转变为主线，以推动绿色交通发展为目标，在绿色交通发展框架的指导下，融合绿色交通发展的概念，从节能降碳、污染防治、生态保护、资源集约利用、监督管理等方面，建立健全行业绿色交通评价指标体系，评价全行业绿色交通发展现状，引领绿色交通发展方向，确保实现绿色交通运输体系的建设。

完善综合交通运输规划编制机制。制定出台综合交通运输规划编制与实施办法，服务国家“一带一路”、“京津冀协同发展”、“长江经济带”等战略决策，建立跨区域的交通运输规划编制协调机制。落实国家规划、政策、规定，完善各种运输方式规划编制工作机制，加强铁路、公路、水路、民航、邮政发展的统筹规划。完善交通运输规划项目征集和论证制度，充分发挥下一级交通运输主管部门和社会各方的作用。探索建立交通运输与国土、住建等部门之间多规衔接的规划编制机制。

扩大市县“多规合一”试点内容和范围 。将综合交通规划纳入市县“多规合一”试点规划体系，在国家发改委、国土部、环保部和住建部四部委联合下发《关于开展市县“多规合一”试点工作的通知》提出的全国28个市县开展“多规合一”试点的基础上，进一步强化综合交通规划的地位，并进一步扩大试点范围，鼓励城市群开展“多规试点”，鼓励更多市级开展以TOD为导向的“多规合一”试点。

三、完善交通法规标准体系，规范城镇低碳交通发展

尽快出台《城市公共交通条例》。加快完善促进城市公交优先发展的政策法规，国家尽快出台《城市公共交通条例》。通过城市公共交通立法，确立相应的法律制度，规范城市公共交通秩序，保障运营安全，维护各方当事人合法权益，依法促进城市健康和可持续发展。《条例》中应进一步明确城市公共交通的社会公益性和在城市交通中的主体地位，在财政预算、财税政策、资金安排、用地保障、设施建设等方面给予支持，坚持以政府供给为主，逐步建立起其他经营主体共同参与的多元化公交服务供给体制。健全公交市场准入和退出机制，经营许可应与服务

质量挂钩,通过采取国有主导、规模经营、有序竞争的方式,建立规范化的公交运营管理制度。

完善绿色交通相关的标准体系。制定交通运输行业节能减排标准体系表,是行业节能减排各类标准的顶层设计,更是行业开展各项节能减排工作的技术基础。研究制定《交通运输节约能源条例》等法规,建立健全相关配套规章、标准和制度体系。重点加紧完善营运车船燃料消耗和碳排放的市场准入和退出、重点企业节能减排监管、交通固定资产投资节能评估和审查等制度;研究制定节能减排标准体系建设专项行动计划,抓紧制定港口装卸机械、交通施工机械等燃料消耗和碳排放限值标准;完善公路桥梁工程节能设计、绿色施工等技术规范,不断提高交通运输节能减排管理的法制化、规范化和标准化水平。

筹备成立交通运输节能减排标准化技术委员会。负责组织和协调行业节能减排标准化相关工作的开展,或依托交通运输各专业标准化技术委员会,开展各专业领域内交通运输节能减排标准化工作,各级交通运输主管部门要强化对各专业领域内交通运输节能减排标准化工作的组织领导,狠抓落实,整体推进相关工作。

四、保障低碳交通资金投入,完善低碳交通财税政策

研究建立各级交通运输低碳交通专项资金等财政激励政策,探讨碳税、资源税、环境税等政策对交通运输低碳交通低碳发展的影响,研究收费、补贴等经济调节手段并提出对策建议,初步设想如下:

加大低碳交通财政投入。财政补贴政策是世界各国最为普遍的政策手段,因此,要进一步加大对低碳交通运输发展财政支持力度,继续在各级财政预算中安排资金,支持低碳交通试点示范、技术研发和推广应用、能力建设和宣传教育;加快低碳交通产品和设备的规模化推广使用,对购买使用低碳交通技术、产品的交通运输企业、个人提供补贴,积极创新财政资金管理模式和使用方式。

以能源价格改革为契机,完善低碳环保价格政策。加快推进能源资源价格改革,建立和完善反映资源稀缺程度、市场供求关系和环境成本的价格形成机制,逐步理顺传统化石能源与天然气等可替代能源的比价关系,起到对消费者的引导作用。出台阶梯价格等鼓励政策来加快推进港口岸电、天然气、混合动力、燃料电池、纯电动装备的使用推广,完善城市停车收费政策,建立分区域、分时段的差别

收费政策。至于推动环保产品的价格改革，要理解为广义的环保价格进行改革。

创新节能与新能源车辆的使用政策。通过财税激励、市场行为等手段大力推广节能与新能源汽车，以政府为表率，优先采购节能与新能源汽车，包括混合动力、纯电动的公交车、出租车、公务车等。按照车辆大小，给每辆节能与新能源车辆实施一定奖励，为节能与新能源汽车提供道路行驶优先权，停车优先权，减免道路附加费（如交通拥堵费、过路过桥费、养路费、停车费等），对汽车采用区别化信贷，依据低碳交通的性能差别制定对购买者的优惠政策，对于燃料电车、电动汽车，可对电池报废后，把电池拿到正规企业去拆解的车主给予一定奖励，鼓励电池回收利用。

完善低碳交通税费政策。综合运用免税、减税和税收抵扣等多种税收优惠政策，促进低碳交通技术研发应用。研究对低碳交通产品（交通运输企业）的增值税（所得税）优惠政策，企业购进或者自制低碳设备发生的进项税额，符合相关规定的，允许从销项税额中抵扣。实行鼓励先进节能低碳技术设备进口的税收优惠政策，落实促进新能源和可再生能源发展的税收优惠政策。在资源税、环境税、消费税、进出口税等税制改革中，积极考虑低碳交通运输发展需要，推动交通能源消费及碳排放相关税收政策调整。鉴于我国当前的税制重前期购置、轻后期使用的现状，建议积极推动交通工具有关能源消费及碳排放相关的税收政策调整，建议根据汽车碳排放量实行累进的汽车购置税，按照“高耗高排高税、低耗低排低税”原则，制定购置和使用环节的税收减免、贷款优惠政策，对低碳燃料采取差别税率，积极促进碳税、环境税等绿色税制改革。

研究绿色交通财税政策。研究建立符合地方实际的低碳交通经费投入政策和激励机制，探索节能低碳投资担保机制，拓宽交通运输低碳融资渠道；研究完善促进低碳交通运输发展的财税金融等激励政策，积极探索差异化的车船使用税、通行费等政策，密切跟踪研究碳税、燃油消费税、资源环境税、能源资源价格改革等对交通运输领域影响及对策。

建立城市交通的节能减排激励机制。建立城市交通的节能减排激励机制，并设立交通节能减排管理专项资金，经费来源于国家和地方财政预算，主要用于交通节能政策法规和标准的制定、公众宣传、教育培训、信息服务、奖励表彰等。对监测机制中反馈好的，即节能成效好的，城市给予追加基础设施投资预算等奖励，对节能成效不明显的城市予以相应的惩罚。

研究绿色交通财税政策。研究建立符合地方实际的低碳交通经费投入政策和激励机制，研究探索节能低碳投资担保机制，拓宽交通运输低碳融资渠道；研究完善促进低碳交通运输发展的财税金融等激励政策，积极探索差异化的车船使用税、通行费等政策，密切跟踪研究碳税、燃油消费税、资源环境税、能源资源价格改革等对交通运输领域影响及对策。

建立城市交通的节能减排激励机制。建立城市交通的节能减排激励机制，并设立交通节能减排管理专项资金，经费来源于国家和地方财政预算，主要用于交通节能政策法规和标准的制定、公众宣传、教育培训、信息服务、奖励表彰等。对监测机制中反馈好的，即节能成效好的城市给予追加基础设施投资预算等奖励，对节能成效不明显的城市予以相应的惩罚。

五、营造低碳交通市场环境，服务城镇经济转型发展

通过设置合理的鼓励和引导政策，推进交通运输节能服务产业的发展及交通运输节能减排的市场化运作。

建立交通产品能效“领跑者制度”和“绿色标识”制度。研究出台《交通行业产品“领跑者”制度实施方案》，建立“领跑者”制度，以企业自愿为前提，通过表彰先进、政策鼓励、提升标准，推动环境管理模式从“底线约束”向“底线约束”与“先进带动”并重转变。制定环保“领跑者”指标，发布环保“领跑者”名单，树立先进典型，并对环保“领跑者”给予适当政策激励，引导全社会向环保“领跑者”学习，倡导绿色生产和绿色消费。

积极推进交通运输节能减排的市场化运作。如合同能源管理、碳排放交易等；按照“高耗高排高税、低耗低排低税”原则制定汽车购置和使用环节的税收减免、贷款优惠政策；对低碳燃料采取差别税率，积极促进碳税、环境税等绿色税制改革，推进营运车辆碳排放准入与退出政策改革，进一步推进能源价格机制改革，如出台阶梯价格等来加快推进港口岸电、天然气、混合动力、燃料电池、纯电动装备的使用推广。

鼓励交通节能环保产业。2015 年，全国节能环保产业总产值达到 4.5 万亿元，依据交通运输部发布《2015 年交通运输行业公路水路环境保护评述》，公路、水路环境保护总投入仅为 167 亿元。应加快落实《国务院关于加快发展节能环保产业的意见》（国发〔2013〕30 号），组织实施一批交通领域的节能环保和资源循环

利用重大技术装备产业化工程，力争交通节能环保产业总产值保持快速增长。

六、实化交通需求管理手段，合理抑制高碳出行趋势

深化交通税费改革，抑制私家车出行需求。在政策调控上，需要充分利用经济手段，调整税费政策着力点、提高汽车使用成本：一是要提高车船购置费；二是逐渐提高燃油消费税征收水平；三是要在特大城市、省会城市，针对特定的路段和时段率先实施拥堵收费政策，促进交通方式加快向高容量的公交系统转移；四是要严格规范停车收费管理，在城市中心区、商业区和公交发达区域提高停车收费标准，取消公车无偿停放制度。

研究提出《关于建立城市公共交通票价体系和补贴补偿机制的指导意见》。指导意见要全面落实国家《关于优先发展城市公共交通意见的通知》和《关于优先发展城市公共交通若干经济政策的意见》的精神，按照"公众可支付、企业可承受、政府可负担、财政可支付"的原则，制定符合我国国情的公交票价体系；在对公共交通企业实行成本规制管理、严格实施成本费用评价、分析成本费用构成的基础上，建立公共交通政策性补贴和公益性补偿机制；公交补贴补偿机制要鼓励出行者对公共交通的选择，并与提升公交服务质量和行业管理挂钩。

合理引导小汽车使用。施行交通需求管理措施，加快实施差别化停车措施，开展"交通拥堵收费"或"低排放区"试点，实施错时上下班，鼓励电子商务、电子办公、视频会议等，鼓励购买低能耗、低排放汽车。有条件的企事业单位、政府部门等实行通勤班车、校车制度。积极开展绿色出行项目，以企业为主导优化企业员工的出行方式。通过制定和实施企业绿色出行计划，引导企业员工改变出行行为，更少更有效的使用小汽车，更多地采用绿色出行方式（公共交通、步行、自行车、拼车）。通过差别化停车收费、中心城区拥堵费的实施，以及低碳环保宣传的加强，引导小汽车使用者的观念转变，并逐步引导依靠小汽车出行的市民转向乘坐公共交通。

参 考 文 献

[1] 中华人民共和国交通运输部. 2010 中国交通运输统计年鉴[M]. 北京:人民交通出版社,2011.

[2] 中华人民共和国交通运输部. 2011 中国交通运输统计年鉴[M]. 北京:人民交通出版社, 2012.

[3] 中华人民共和国交通运输部. 2012 中国交通运输统计年鉴[M]. 北京:人民交通出版社, 2013.

[4] 中华人民共和国交通运输部. 2013 中国交通运输统计年鉴[M]. 北京:人民交通出版社, 2013.

[5] 中华人民共和国交通运输部. 2014 中国交通运输统计年鉴[M]. 北京:人民交通出版社,2014.

[6] 中华人民共和国交通运输部. 2015 中国交通运输统计年鉴[M]. 北京:人民交通出版社,2015.

[7] 中华人民共和国交通运输部. 2016 中国交通运输统计年鉴[M]. 北京:人民交通出版社,2016.

[8] 国家统计局工业交通统计司. 中国能源统计年鉴(1991)[M]. 北京:中国统计出版社,1992.

[9] 国家统计局工业交通统计司. 中国能源统计年鉴(1991—1996)[M]. 北京:中国统计出版社,1998.

[10] 国家统计局工业交通统计司. 中国能源统计年鉴(1997—1999)[M]. 北京:中国统计出版社,2001.

[11] 国家统计局工业交通统计司. 中国能源统计年鉴(2000—2002)[M]. 北京:中国统计出版社,2004.

[12] 国家统计局工业交通统计司. 中国能源统计年鉴(2004)[M]. 北京:中国统计出版社,2005.

[13] 国家统计局工业交通统计司,国家发展和改革委员会能源局. 中国能源统计年鉴(2005)[M]. 北京:中国统计出版社,2006.

[14] 国家统计局工业交通统计司,国家发展和改革委员会能源局. 中国能源统计年鉴(2006)[M]. 北京:中国统计出版社,2007.

[15] 国家统计局工业交通统计司,国家发展和改革委员会能源局. 中国能源统计年鉴(2007)[M]. 北京:中国统计出版社,2008.

[16] 国家统计局能源统计司,国家能源局综合司. 中国能源统计年鉴(2008)[M]. 北京:中国统计出版社,2008.
[17] 国家统计局能源统计司. 中国能源统计年鉴(2009)[M]. 北京:中国统计出版社,2010.
[18] 国家统计局能源统计司. 中国能源统计年鉴(2010)[M]. 北京:中国统计出版社,2011.
[19] 国家统计局能源统计司. 中国能源统计年鉴(2011)[M]. 北京:中国统计出版社,2011.
[20] 国家统计局能源统计司. 中国能源统计年鉴(2012)[M]. 北京:中国统计出版社,2012.
[21] 国家统计局能源统计司. 中国能源统计年鉴(2013)[M]. 北京:中国统计出版社,2013.
[22] 国家统计局能源统计司. 中国能源统计年鉴(2014)[M]. 北京:中国统计出版社,2015.
[23] 国家统计局能源统计司. 中国能源统计年鉴(2015)[M]. 北京:中国统计出版社,2015.
[24] 国家统计局能源统计司. 中国能源统计年鉴(2016)[M]. 北京:中国统计出版社,2016.
[25] 国家统计局能源统计司. 中国能源统计年鉴(2017)[M]. 北京:中国统计出版社,2017.
[26] 国家统计局. 中国统计年鉴(1990)[M]. 北京:中国统计出版社,1990.
[27] 国家统计局. 中国统计年鉴(1991)[M]. 北京:中国统计出版社,1991.
[28] 国家统计局. 中国统计年鉴(1992)[M]. 北京:中国统计出版社,1992.
[29] 国家统计局. 中国统计年鉴(1993)[M]. 北京:中国统计出版社,1993.
[30] 国家统计局. 中国统计年鉴(1994)[M]. 北京:中国统计出版社,1994.
[31] 国家统计局. 中国统计年鉴(1995)[M]. 北京:中国统计出版社,1995.
[32] 国家统计局. 中国统计年鉴(1996)[M]. 北京:中国统计出版社,1996.
[33] 国家统计局. 中国统计年鉴(1997)[M]. 北京:中国统计出版社,1997.
[34] 国家统计局. 中国统计年鉴(1998)[M]. 北京:中国统计出版社,1998.
[35] 国家统计局. 中国统计年鉴(1999)[M]. 北京:中国统计出版社,1999.
[36] 国家统计局. 中国统计年鉴(2000)[M]. 北京:中国统计出版社,2000.
[37] 中华人民共和国国家统计局. 中国统计年鉴(2001)[M]. 北京:中国统计出版社,2001.
[38] 中华人民共和国国家统计局. 中国统计年鉴(2002)[M]. 北京:中国统计出版社,2002.
[39] 中华人民共和国国家统计局. 中国统计年鉴(2003)[M]. 北京:中国统计出版社,2003.
[40] 中华人民共和国国家统计局. 中国统计年鉴(2004)[M]. 北京:中国统计出版社,2004.
[41] 中华人民共和国国家统计局. 中国统计年鉴(2005)[M]. 北京:中国统计出版社,2005.
[42] 中华人民共和国国家统计局. 中国统计年鉴(2006)[M]. 北京:中国统计出版社,2006.
[43] 中华人民共和国国家统计局. 中国统计年鉴(2007)[M]. 北京:中国统计出版社,2007.
[44] 中华人民共和国国家统计局. 中国统计年鉴(2008)[M]. 北京:中国统计出版社,2008.
[45] 中华人民共和国国家统计局. 中国统计年鉴(2009)[M]. 北京:中国统计出版社,2009.
[46] 中华人民共和国国家统计局. 中国统计年鉴(2010)[M]. 北京:中国统计出版社,2010.
[47] 中华人民共和国国家统计局. 中国统计年鉴(2011)[M]. 北京:中国统计出版社,2011.

[48] 中华人民共和国国家统计局. 中国统计年鉴(2012)[M]. 北京:中国统计出版社,2012.
[49] 中华人民共和国国家统计局. 中国统计年鉴(2013)[M]. 北京:中国统计出版社,2013.
[50] 中华人民共和国国家统计局. 中国统计年鉴(2014)[M]. 北京:中国统计出版社,2014.
[51] 中华人民共和国国家统计局. 中国统计年鉴(2015)[M]. 北京:中国统计出版社,2015.
[52] 中华人民共和国国家统计局. 中国统计年鉴(2016)[M]. 北京:中国统计出版社,2016.
[53] 中华人民共和国国家统计局. 中国统计年鉴(2017)[M]. 北京:中国统计出版社,2017.
[54] 谭荣华,杜坤伦. 特色小镇"产业 + 金融"发展模式研究[J]. 西南金融,2018(03):3-9.
[55] 中华人民共和国国家标准. GB 20997—2015 轻型商用车辆燃料消耗量限值标准[S]. 北京:中国标准出版社,2015.
[56] 中华人民共和国国家标准. GB 19578—2014 乘用车燃料消耗量限值标准[S]. 北京:中国标准出版社,2015.
[57] 中华人民共和国国家标准. GB/T 50280—98 城市规划基本术语标准[S]. 北京:中国建筑工业出版社,1999.
[58] 方创琳. 中国新型城镇化发展报告[M]. 北京:科学出版社,2014.
[59] 中国汽车技术研究中心. 中国汽车燃料经济性标准法规及政策研究[R]. 2003.
[60] U. S. Department of Energy. USA Transportation Energy Data Book[Z]. [S. I]: [s. n.], 2013.
[61] 日本能源经济研究所. 能源经济统计(2013 年)[Z]. [S. I]:[s. n.],2013.
[62] 陈勇. 中国可持续发展总纲 第 3 卷:中国能源与可持续发展[M]. 北京:科学出版社,2007.
[63] 蔡凤田,刘莉,韩立波. 公路运输能源消耗现状及其节能降耗对策[J]. 交通世界,2007(6):98-101.
[64] 张守营. 交通运输节能重在结构调整——访国家发展改革委综合运输研究员杨洪年[J]. 中国经济导报,2006(9).
[65] 孙贵安. 公路交通运输的节能对策[J]. 综合运输,2005(5):17-20.
[66] 甄小燕. 道路运输业节能减排大有可为[J]. 综合运输,2007(9):88.
[67] 周育峰,张浩然. 路面表面特性与汽车油耗关系研究[J]. 公路,2005(1):30-36.

[68] 北京能源效率中心. 中国交通运输系统"十五"及后十年节能潜力分析研究[R]. 2000.

[69] 朱跃中. 未来中国交通运输部门能源发展与碳排放情景分析[J]. 中国工业经济,2001(12):30-35.

[70] 傅志寰. 中国交通运输中长期节能问题研究[M]. 北京:人民交通出版社,2011.

[71] 李显生,王云龙,蔡凤田,等. 道路运输企业公营私营车辆能耗差异分析研究[J]. 交通信息与安全,2008,26(3):76-78.

[72] 张毅. 基于VSP的城市主干路机动车尾气排放研究[D]. 长春:吉林大学,2007.

[73] 张毅,张桓奇,欧阳斌,等. 城镇化和经济发展与绿色低碳交通关系研究[J]. 中国人口资源与环境,2014(11).

[74] 卞雪航,张毅,等. 国外城镇化背景下低碳交通运输发展经验借鉴与启示[J]. 交通运输规划与管理.

[75] FENG Zhenhua, OUYANG Bin, GUO Jie, et al. Study on low-carbon transport city evaluation: case study of Xi'an city[J]. Advances in Engineering Research, 2015(12): 51-54.

[76] 张新,张毅,郑晓彬. 基于供给侧结构性改革的低碳交通体系研究[J]. 北京联合大学学报(人文社会科学版),2016,14(2):104-111.

[77] 张毅,生态学基础理论视角下的高速公路建设——新时期生态高速公路建设实践与构想[J]. 交通节能与环保,2016,12(5):4-10.

[78] 李忠奎,张毅. 全寿命、多视角、全方位建设绿色低碳高速公路[J]. 中国高速公路,2013(9).

[79] 刘莉,董国亮,王云龙,等. 公路运输能源消耗统计指标研究[J]. 交通节能与环保,2008(3):16-22.

[80] 彭家惠,林学山,姜涵. 重庆市终端能源消耗计算与分析[J]. 建设科技,2008(19):109-111.

[81] 吴文化. 我国交通运输行业能源消费和排放与典型国家的比较[J]. 中国能源,2007,29(10):19-23.

[82] 高有景. 影响公路运输能耗的因素和节能途径[J]. 平原大学学报,2007,24(4):11-12.

[83] 张树伟,姜克隽,刘德顺. 中国交通发展的能源消费与对策研究[J]. 中国软科学,2006(5):58-62.

[84] 朱松丽. 交通需求和交通能源需求预测方法[J]. 数量经济技术经济研究,2004(5):100-108.

[85] 朱跃中. 中国交通运输部门中长期能源发展与碳排放情景设计及其结果分析[J]. 中国能源,2001(11):25-27.

[86] 张晓东,阳亮. 交通能源需求量组合预测模型研究[J]. 南京工程学院学报(自然科学

版),2008,6(2):62-66.
[87] 蔡凤田.公路交通运输领域节能减排对策[J].交通环保,2008(2):36-44.
[88] 史茂.铁路运输中机车能耗的浪费[J].上海铁道科技,2004(5):42-43.
[89] 国家统计局.2017年中国能源统计年鉴[M].北京:中国统计出版社,2017.
[90] 国家统计局.2017年中国交通统计年鉴[M].北京:中国统计出版社,2017.
[91] 国家统计局.2017年中国统计年鉴[M].北京:中国统计出版社,2017.
[92] 国际能源署.能源统计手册[M].[S.I.]:[s.n.],2017.
[93] 美国能源信息局.能源统计标准[M].[S.I.]:[s.n.],2008.
[94] 中国民用航空总局规划发展司.2017从统计看民航[M].北京:中国民航出版社,2017.
[95] 中华人民共和国行业标准.JT/T 711—2016 营运客车燃料消耗量限值及测量方法[S].北京:中国标准出版社,2016.
[96] 梅娟,范钦华,赵由才.交通运输领域温室气体减排与控制技术[M].北京:化学工业出版社,2009.
[97] 苏明,刘景宝.铁路牵引排放标准[J].国外铁道机车与动车,2006(5):46-47.
[98] PAUKERT H,叶彬.铁路内燃牵引排放要求——UIC环保法规[J].国外内燃机车,2003(2):44-47.
[99] BERGENDORFF M,刘晓光.降低欧洲内燃机车和动车的排放[J].国外内燃机车,2005(2):37-40.
[100] 余艳春,虞明远.我国公路营运汽车污染物排放量总量及预测[J].公路交通科技,2008,25(6):154-158.
[101] 王晓红.城际交通引导下的长三角城市群一体化研究[J].学术论坛,2013,36(9):112-118.
[102] 尹曦辉,贾元华,徐文学.城市圈综合交通需求阶段性特征分析——以武汉城市圈为例[J].交通运输系统工程与信息,2013,13(5):194-201.
[103] 吴越迪.促进城镇交通现代化的公共政策研究[D].哈尔滨:哈尔滨商业大学,2009.
[104] 吴兵,王艳丽,董治,等.高度城镇化背景下城市群交通特征研究[J].城市交通,2011,9(2):67-73.
[105] 沈强.公路交通与农村城镇化适应性评价方法研究[D].西安:长安大学,2009.
[106] 申金升,王浣尘,张国伍.交通规划若干问题的思考及交通规划论[J].经济地理,1994,14(4):16-21.
[107] 秦亦可.交通基建在城镇化过程中的推动:基于瑞典马尔默市的案例[J].现代城市,2013,31(5):24-26.
[108] 张卫星.交通网络与城镇化关系模型的应用——以中原城市群为例[J].商丘师范学院

学报,2007,23(12):119-122.

[109] 李冬梅,李文权,范东涛.快速城市化地区城市群交通发展研究[J].交通信息与安全,2013,31(5):25-29,35.

[110] 毛科俊.新型城镇化下城市轨道交通布局研究[J].综合运输,2015,37(1):52-54.

[111] 张亮,李开兵.新型城镇化发展背景下的高铁客运枢纽选址决策方法[J].城市道桥与防洪,2014(8):8-12.

[112] 杨正泽,王庆云.从城镇化视角看中国高速铁路发展[J].交通运输系统工程与信息,2014,14(4):11-16,29.

[113] 朱超,崔敏,高永亮,等.交通运输支撑新型城镇化发展战略研究[J].综合运输,2015,37(2):50-53,59.

[114] 程世东.新型城镇化背景下交通运输发展思路与重点[J].综合运输,2014(1):9-13.

[115] 陈胜武.浅析江苏城镇化与普通国省干线公路发展之间的关系[J].公路,2014(11):154-157.

[116] 芮一鸣.浅析新型城镇化发展形势下农村公路提档升级发展[J].公路交通科技,2014(12):451-453.

[117] 梅振宇,项贻强.城镇化进程中的农村公路网布局规划方法研究[J].华东公路,2006(4):70-72.

[118] 孙瑞者,双海军.基于城镇化演进的配套物流体系研究[J].物流技术,2014,33(12):37-39.

[119] 郭栋.浅谈低碳城市规划与可持续发展[J].山西林业,2015(2):45-46.

[120] 甄小燕,臧文义.推动新型城镇化下的市郊铁路发展[J].综合运输,2015(2):28-32,37.

[121] 王乐乐.基于新型城镇化的关中城镇群物流通道建设探析[J].物流技术,2015,34(1):174-178.

[122] 刘云龙,黄承锋.新型城镇化对城市交通发展影响研究[J].浙江交通职业技术学院学报,2015(2):126-130.

[123] 陈少芳.新型城镇化建设之交通发展浅析[J].交通企业管理,2015(5):43-44.

[124] 李铁.新型城镇化与交通发展[J].城市交通,2014(3):1-4.

[125] 苏腾,李晗.面向新型城镇化的长江流域城际客运体系战略[J].城市交通,2014(3):15-22.

[126] 樊一江.发挥综合交通枢纽在新型城镇化中的引导作用[J].综合运输,2013(9):4-9.

[127] 唐川.新型城镇化下城市综合客运枢纽规划的探讨[J].黑龙江交通科技,2014(12):193-195.

[128] 张鹏辉.常规公交与城市轨道交通出行方式转移行为研究[D].西安:长安大学,2012.
[129] 欧舟.城市居民出行行为及特征研究[D].长沙:长沙理工大学,2012.
[130] 李炬.城市居民出行调查的理论研究与实践[D].西安:长安大学,2011.
[131] 杨智伟.基于 ATIS 的交通出行信息选择行为及支付意愿研究[D].大连:大连理工大学,2010.
[132] 中国石油集团经济技术研究院.国内外油气行业发展报告(2015 年)[R].2015.
[133] 中华人民共和国交通运输部.2015 年交通运输行业公路水路环境保护评述[Z].2015.
[134] 张丽莉.基于活动的出行方式链选择行为模型研究[D].昆明:昆明理工大学,2012.
[135] 邱健.基于通勤出行行为的城市通勤绿道设计探索——以成都市光华大道通勤绿道规划设计为例[D].成都:四川农业大学,2012.
[136] 张煜坤.交通事件持续期内的出行者路径选择行为研究[D].成都:西南交通大学,2009.
[137] 王彪.考虑主观不确定性的出行选择行为研究[D].大连:大连理工大学,2013.
[138] 岳芳.上班出行行为特征研究[D].北京:北京交通大学,2008.
[139] 魏晓云.上海近郊城镇居民日常生活出行行为特征的分析——以上海嘉定区为例[D].上海:同济大学,2006.
[140] 交通运输部综合规划司.全国交通统计资料汇编(1990 ~ 2017)[Z].
[141] 韩会然.芜湖市居民购物行为时空特征及决策过程研究[D].芜湖:安徽师范大学,2012.
[142] 郭春玲,庄宇,张雅婕.公路交通与农村城镇化适应性的综合评价[J].重庆交通大学学报,2010,29(2):294-298.
[143] 樊一江.新型城镇化需要交通运输先行引领[J].综合运输,2012(7):46-50.
[144] 夏飞,叶莉,袁洁.中国公路交通与城镇化发展综合评价及其相关性研究[J].广西财经学院学报,2010,23(4):1-6.
[145] 李红梅,奚宽武.适应新型城镇化战略交通运输发展对策分析[J].学术论坛,2013,36(8):148-151.
[146] 郝俊卿.关中城市群产业集聚特征、机理及效应研究——以制造业为例[D].西安:西北大学,2013.
[147] 梁超.环境约束下中国城镇化效率及其影响因素实证研究[D].重庆:重庆大学,2013.
[148] 刘嘉汉.统筹城乡背景下的新型城市化发展研究——以全国统筹城乡综合配套改革试验区成都为例[D].成都:西南财经大学,2012.
[149] 徐宪平.围绕推进城镇化发展加快完善综合交通网络[J].综合运输,2013(1):4-8.
[150] 赵莹.我国长三角地区小城镇发展研究[D].福州:福建师范大学,2013.

[151] 姚钟华,许云飞,汪建江,等.浙江交通建设引领新型城镇化发展的对策研究[J].浙江交通职业技术学院学报,2014,15(1):78-82.

[152] 王娟.中国城市群演进研究[D].成都:西南财经大学,2012.

[153] 赖文俊.试析生态文明视野下的城乡规划发展[J].江西建材,2015(11):37.

[154] 于立."生态文明"与新型城镇化的思考和理论探索[J].城市发展研究,2016,23(01):19-26.

[155] 熊曦,张闻,尹少华,等.生态文明建设与新型城镇化协调度测度研究——基于全国各省份的数据[J].生态经济,2016,32(03):185-188.

[156] 胡学东.新型城镇化背景下城市建设用地绩效评价研究[D].北京:中国地质大学,2016.

[157] 尹鹏.吉林省新型城镇化发展的特征、机制与路径研究[D].长春:东北师范大学,2016.

[158] 邓韬,张明斗.新型城镇化的可持续发展及调控策略研究[J].宏观经济研究,2016(02):37-44.

[159] 庄学村,郑庆昌."绿色化"视角下新型城镇化生态文明建设路径探究[J].佳木斯大学社会科学学报,2016,34(02):57-59,70.

[160] 陆博.新型城镇化进程中农村生态文明建设研究[D].沈阳:沈阳师范大学,2016.

[161] 陆小成.中国新型城镇化的低碳创新驱动模式[J].生态环境学报,2016,25(02):359-364.

[162] 王婷婷.新型城镇化过程中的生态文明建设——以吉林省四平市为例[J].内蒙古电大学刊,2016(01):45-46.

[163] 刘舜,毋庆刚.新型城镇化进程中生态文明建设体系与对策研究[J].生态经济,2016,32(06):205-208.

[164] 陆小成.中国新型城镇化的低碳创新驱动模式[J].生态环境学报,2016,25(02):359-364.

[165] 侯蕊.新型城镇化建设中的生态问题及对策研究[D].杭州:浙江农林大学,2016.

[166] 于立."生态文明"与新型城镇化的思考和理论探索[J].城市发展研究,2016,23(01):19-26.

[167] 范燕燕.生态文明视阈下三明市新型城镇化建设研究[J].吉林省教育学院学报,2016,32(01):172-174.

[168] 代丽佳.新型城镇化进程中的生态文明建设研究[D].成都:西南石油大学,2016.

[169] 雷运清,赵继伦.我国主要城市群发展轨迹及新型城镇化途径研究[J].中山大学学报(自然科学版),2016,55(05):141-150.

[170] 王艳成.论新型城镇化进程中生态文明建设机制[J].求实,2016(08):57-61.

[171] 王婷,吴吟平. 福建省新型城镇化与生态文明先行示范区建设“一体化”发展研究[J]. 福建论坛(人文社会科学版),2016(10):207-213.

[172] 刘宝涛. 吉林省新型城镇化与土地健康利用协调发展研究[D]. 长春:吉林大学,2017.

[173] 裴玮,邓玲. 新型城镇化与生态文明建设协同推进的机理与实现路径[J]. 西北民族大学学报(哲学社会科学版),2017(01):106-113.

[174] 杨仪青. 新型城镇化进程中的我国生态文明建设路径探析[J]. 生态经济,2017,33(10):221-225.

[175] 杨洋,黄聪,何春阳,等. 山东半岛城市群新型城镇化综合水平的时空变化[J]. 经济地理,2017,37(08):77-85.

[176] 李德胜. 新型城镇化背景下区域土地生态安全研究[D]. 北京:中国地质大学,2017.

[177] 雷运清. 新型城镇化进程中政府主导下的基层治理研究[D]. 长春:东北师范大学,2017.

[178] 陈伟. 黑龙江省新型城镇化中政府生态治理的对策研究[D]. 哈尔滨商业大学,2017.

[179] 李季刚,孟玉龙. 推进我国新型城镇化内涵式发展[J]. 中国党政干部论坛,2017(08):94-95.

[180] 李继宏. 我国新型城镇化的生态文明建设研究[J]. 管理观察,2018,38(12):68-69.

[181] 孙心如,周学武,王占岐. 农村土地整治与生态文明建设耦合关系研究[J]. 水土保持研究,2017,24(02):267-271.

[182] 王金南,苏洁琼,万军. “绿水青山就是金山银山”的理论内涵及其实现机制创新[J]. 环境保护,2017,45(11):13-17.

[183] 林隆庆. 生态文明视野下的城乡规划转型发展[J]. 绿色环保材,2017(02):204.

[184] 许黎,曹诗图,柳德才. 乡村旅游开发与生态文明建设融合发展探讨[J]. 地理与地理信息科学,2017,33(06):106-111,124.

[185] 何育静,夏永祥. 江苏省产城融合评价及对策研究[J]. 现代经济探讨,2017(02):73-77.

[186] 顾晓波,欧向军,朱杰,等. 徐州区域性中心城市建设的问题与对策[J]. 江苏师范大学学报(自然科学版),2017(01):11-15.

[187] 朱德全,吴虑,朱成晨. 职业教育精准扶贫的逻辑框架——基于农民工城镇化的视角[J]. 西南大学学报(社会科学版),2018,44(01):70-76,190.

[188] 李新仓,王艳. 新型城镇化过程中农村土地法律制度研究——基于辽宁的实证调研[J]. 农业经济,2018(01):108-109.

[189] 熊湘辉,徐璋勇. 中国新型城镇化水平及动力因素测度研究[J]. 数量经济技术经济研究,2018,35(02):44-63.

[190] 谢锐,陈严,韩峰,等.新型城镇化对城市生态环境质量的影响及时空效应[J].管理评论,2018,30(01):230-241.

[191] 陈肖飞,郭建峰,姚士谋.长三角城市群新型城镇化与生态环境承载力耦合协调研究:基于利奥波德的大地伦理观思想[J].长江流域资源与环境,2018,27(04):715-724.

[192] 刘国斌,朱先声.特色小镇建设与新型城镇化道路研究[J].税务与经济,2018(03):42-49.

[193] 夏业领,何刚,王雯雯.基于SEM的新型城镇化水平影响因素分析[J].辽宁工业大学学报(社会科学版),2018(04):20-22.

[194] 白鹏飞.五大发展理念视域下我国新型城镇化建设路径探析[J].经济师,2018(06):161-162.

[195] 梁雯,孙红,刘宏伟.中国新型城镇化与物流协同发展问题研究——以长江经济带为例[J].现代财经,2018(08):69-80.

[196] 彭冲.云南农村居民对新型城镇化的政策认知研究[J].现代商贸工业,2018,39(23):24-27.

[197] 付屿晨,崔鹏,吉雪.新型城镇化背景下农村生态文明建设现状分析及路径初探——以南京市江宁区禄口镇为例[J].科技经济导刊,2018,26(15):109-110.

[198] 于法稳.绿色发展理念视域下的农村生态文明建设对策研究[J].中国特色社会主义研究,2018(01):76-82.

[199] 温铁军.生态文明与比较视野下的乡村振兴战略[J].上海大学学报(社会科学版),2018,35(01):1-10.

[200] 索晓霞.乡村振兴战略下的乡土文化价值再认识[J].贵州社会科学,2018(01):4-10.

[201] 蒋永甫,宁西.乡村振兴战略:主题转换、动力机制与实践路径——基于文献综述的分析[J].湖北行政学院学报,2018(3):84-89.

[202] 谢元.新时代乡村治理视角下的农村基层组织功能提升[J].河海大学学报(哲学社会科学版),2018,20(03):38-42.

[203] 罗心欲.基于本体性逻辑的乡村振兴战略内涵辨识[J].江汉学术,2018,37(3):71-77.

[204] 丁忠兵.乡村振兴战略的时代性[J].重庆社会科学,2018(04):25-31.

[205] 赵洁,范文国.徐州建设生态宜居城市的对策建议[J].江苏师范大学学报(自然科学版),2018,36(1):13-16.

[206] 杜熙.农村绿色发展与生态文明建设中的人口素质——基于困境与策略的探讨[J].理论月刊,2018(2):156-162.

[207] 费丽莎.生态文明构建视域下我国新农村生态环境治理路径的优化研究[J].教育现代化,2018(7):299-300,303.

[208] 郑晓云,吴亚娟. 我国新型城镇化项目理论研究现状——基于 CiteSpace 的文献计量分析[J]. 项目管理技术,2018(2):76-81.
[209] 陈肖飞,郭建峰,姚士谋. 长三角城市群新型城镇化与生态环境承载力耦合协调研究:基于利奥波德的大地伦理观思想[J]. 长江流域资源与环境,2018,27(04):715-724.
[210] 杨美山,侯西安. 论新型城镇化大时代地方政府生态文明建设[J]. 沈阳工业大学学报(社会科学版),2018,11(02):165-171.

后　记

——AFTER WORD——

本书在新时代城镇化与生态文明背景下，由中国清洁发展基金支持开展，研究以交通运输如何在“美丽中国”的建设中发挥好支撑作用为立意，以解决低碳交通如何引领及体现新型城镇化之“新”为出发点，以习近平“绿水青山就是金山银山”和新时代交通相关指示精神为指引，在理论分析、模型量化、战略构建、政策建模、制度设计、发展模式等方面均开展了相应努力。

从战略层面，尝试回答交通运输在生态文明建设和城镇化建设中如何发挥好先行官作用，绿色交通的功能定位是什么、朝什么方向发展、如何发展等重要问题；从理论层面，尝试回答了城镇与交通运输碳排放的时空关系、数理关系，并进行了趋势推演，预测未来情景，提出了交通对国家碳排放总量及峰值管控的贡献度，初步提出了差异于发达经济体的低碳交通“中国模式”；从政策层面，提出了新型城镇化的低碳交通战略目标、战略重点、战略任务，其中包含一些在理论层面推演得到的具体政策建议，如基于对运输结构调整的生态效益量化提出了运输结构调整政策，通过对交通与空间格局的演化分析提出以低碳交通运输引领生态空间格局、产业格局、城乡空间发展等政策。相应的研究成果以论文、专报等多种形式和渠道得以发布。

书稿是课题组全体成员数次讨论、思想碰撞、反复研究的成果，研究的分工如下：在李忠奎、欧阳斌的指导下，由张毅进行了内容框架设计；城镇化与新型城镇化基础理论部分的研究由曹子龙承担；城镇与交通的现状及时空关系、二者排放的量化关系模型等部分由张毅承担；交通能耗排放影响因素分解、情景预测部分由凤振华、毕清华承担；城镇交通问题分析由陈书雪、王双承担；国外低碳交通发展规律及启示由卞雪航、张毅承担；战略与政策由张海颖、欧阳斌、张毅等人撰写。徐萍指导了本书的编写工作。全书由张毅统稿及修改，欧阳斌审稿。王婉佼、达亚彬、严义斌、王雪成等人承揽了数据处理及繁杂的事务性工作。

我们感谢石宝林、周晓航、王先进，生态环境部李艳丽、蒋巍、刘强，交通运输部苏杰、刘东、高建刚、范杰、陈钟、任大伟、杨建刚、杜彩军、焦雯雯等同志在各个环节给予的帮助和鼓励！

我们感谢江亿院士、杜祥琬院士、徐华清、吴文化、李作敏、王晓曼、关昌余、虞明远、张桓奇、赖怀福、张跃军、康艳兵、刘强、张国华、鲁杰、周园、李凌岚等专家和学者在研究的不同阶段给予的意见和指导！

感谢所有对本书有贡献的人。

白驹过隙，从研究立项至书稿出版历时四年，让人高兴的是本研究提出的若干政策已陆续转换成行动，并可以为若干的具体措施提供理论支撑。诚然在过程也难免存在遗憾，欢迎一切形式的讨论和批评建议！作者邮箱：4043665@ qq. com。

作　者

二〇一九年三月